'87체제'를 넘어
새로운 대한민국

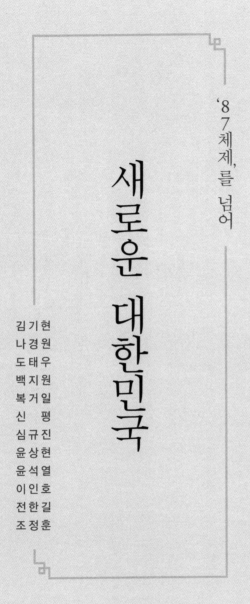

'87체제,를 넘어

새로운 대한민국

김기현
나경원
도태우
백지원
복거일
신 평
심규진
윤상현
윤석열
이인호
전한길
조정훈

YANG 양문 MOON

곱디고운 그대여
하늘에서 붉은 꽃비 내리고
기쁨의 눈물 땅을 어루만지네
그대 주저 말고 어서 와
지치고 시든 이 몸 잡아주소서

들어가기 전에

2025년 4월 4일 윤석열 대통령이 헌법재판소에서 파면되었다. 허탈한 마음을 다잡으며, 지난 해 12월 3일 비상계엄 이후 벌어진 여러 일들을 하나의 역사적 기록으로 남겨야 한다는 강한 의무감을 가진다. 나아가서 우리가 가진 새로운 나라를 만들겠다는 꿈의 흔적을 남겨야 한다. 윤 전 대통령이 직무에 복귀할 수 있었더라면 바로 그 작업에 착수할 수 있었겠으나, 그 일이 시대적 과제인 이상 언젠가는 실현될 것이다. 바로 곧 닥칠 대선에서도 이것이 주된 논쟁의 포인트로 떠오를 것이다.

'새로운 대한민국'은 지금의 제6공화정에서 제7공화정으로 넘어가는 것을 의미한다. 조금 더 구체적으로 말하자면, 친중국, 친북한의 고식적 노선을 벗어나 세계를 향하여 문을 활짝 열고 그와 동시에 내부적으로 자유와 창의의 정신을 더욱 확고하게 사회운영의 밑바닥으로 앉히는 방향으로 나라를 변모시키는 것이다. 그러면 과거 '87체제'의 성립에서부터 시작하여 비상계엄의 발동, 그로 인한 탄핵 정국의 과정들을 한번 펼쳐보자.

전두환 정권의 말기인 1987년 6월에 이르러 대통령간선제에 대한 국민들의 광범한 저항이 국민직선제의 관철이라는 테제 밑에 들판의 불길처럼 타올랐다. 결국 그해 10월에 대통령직선제를 담은 새로운 제6공화국 헌법이 여야 합의에 의해 제정·공포되었다. 그해 6월의 항쟁 이후 형성된 제반 정치·사회 체제를 '87체제'라고 흔히 부른다.

　　'87체제'에 의한 사회재편의 현상은 순조로이 진행되었다. 이에 따라 6월 항쟁의 주역이자 '87체제'를 수립시킨 주인공인 운동권 학생과 시민운동가, 노조운동가들이 대거 이 사회의 주역으로 등장하였다. 법조계에도 다수 들어갔다. 이들과 이들에게 동조하며 힘을 키워나간 세력을 포괄하여 한국에서는 진보진영이라고 한다. 한국에서 보수와 진보의 이분적 용례는 대단한 허위의식에 차있으나, 여기서는 이를 무시하고 통례에 따라 그들을 진보라고 부른다.

　　그런데 그로부터 40년 가까이 세월이 흐르며 '87체제'의 주역들 및 그 동조자들은 체제의 이익을 독점하는 기득권자들로 변해갔다. 총칭하여 이들을 '진보귀족'이라고 부를 수 있다. 그들은 제6공화정에서 그들의 기대에 어긋나게 만약 보수진영의 정부가 들어서면, 집요하고 치밀하고 은밀하게 연대하여 대규모 시위나 탄핵 등의 방법으로 정부의 힘을 빼버렸다. 물론 진보의 정권이 들어서면 정부 요직에 무더기로 중용되었다.

　　노조는 그들의 충실한 첨병이 되었고, 대부분의 언론과 문화계는 탄핵정국에서 보듯이 그들의 우호세력으로 바뀌었다. 이에 따라 진실은 공공연히 왜곡되고, 그들이 하겠다고 나선 '카톡검열'처럼 그들은 막강한 제도적·비제도적 권력을 행사하며 우리 사회의 또 다른 압제자로 나타났다. 그러면서도 강자인 그들을 약자로 교묘히 위장하고, 민주화의 깃발 밑에서 가짜 강자인 반대쪽을 탄압했다. 이렇게 해서 그들은 사상적, 이념적으로 완전히 기울어진 운동장을 만들어 놓았다.

그리고 진보귀족의 하위개념으로, 최근에 확인된, '우리법연구회' 혹은 '국제인권법연구회' 출신으로 서부지법이라는 한 법원 전체와 헌법재판소를 장악한 '법복귀족'을 들 수 있다. 법복귀족은 '사법의 독립'이라는 허구적 명분에 따라 외부의 간섭을 물리친 채 자신들의 장악범위를 점점 넓혀왔다.[1]

이번에 보았듯이 법복귀족은 서부지방법원이라는 한 법원을 거의 '해방구'화하였으며, 헌법재판소 전체를 좌지우지하는 힘을 유감

---

[1] 우리는 '사법의 독립'이 마치 지고의 가치를 가지고 있는 양 오해한다. 그러나 강력한 사법권의 독립을 실현시키기 위한 수단은 사법부를 반부패나 다른 책임성 실현의 수단으로부터 절연시킬 위험성이 크다. (Hiram E. Chodoshi, *Global Justice Reform*(New York and London: New York University Press, 2005, 92) 이렇게 해서 법관들이 부패한다면 그들에게 보다 많은 독립성을 수여할 정당성(legitamacy)과 통합성(integrity)의 결여로 이어지고, 또 재판지연의 가능성이 증대한다. (op. cit, 81) 문재인 정부에서 김명수 대법원장이 시종일관 '사법의 독립'을 주장하며 사법정책을 추진한 결과는 위에서 말한 이론이 예측하는 것과 정확하게 일치한다. 그리고 김 대법원장 체제하에서 진보법관들의 숫자가 대량으로 불어났고, 그들이 바로 이번 탄핵정국에서 엄청나게 중요한 역할을 수행했다.

없이 발휘하였다. 역시 우리법연구회 출신인 공수처장이란 자의 막무가내 칼춤으로 어지럽더니, 좌편향의 뻔뻔스런 판사들로 득시글거리는 서부지방법원을 보며 우리는 놀라움을 금할 수 없었다. 그러다가 탄핵재판을 한다는 헌법재판소를 쳐다보고는 실로 경악하지 않을 수 없었다. 소장 대행의 막중한 역할을 하는 문형배 재판관이 털끝만큼의 염치도 없이 대통령 파면을 급히 서두르며 마음대로 재판의 안건을 농락하고, 소송지휘권을 남용하는 모습을 똑똑히 보았다. 그들이 가진 어둡고 불길한 실체를 깨달으며, 나라의 장래를 생각하고 분개하지 않을 수 없었다. 법을 통한 정의와 공정의 실현이나 우리 헌법의 밑바탕인 지고한 민주주의, 재판절차상의 인권의 존중 같은 고귀한 이념은 슬프게도 속수무책으로 그들의 거친 손끝이 문질러 사라지게 했다.

윤석열 전 대통령의 12.3 비상계엄은 처음에는 거의 모든 계층의 사람들로부터 대단히 잘못된 것이라는 평가를 받았다. 왜 그가 비상계엄을 선포하였는지에 관한 국민적 이해와 공감이 거의 없었다. 이런 상태에서 그의 탄핵소추가 12월 14일 국회에서 의결되고, 이어 헌법재판소에서 탄핵소추에 대한 재판이 전개되었다. 탄핵정국이 덮은, 차갑고 고통스러운 12월이었다. 그 영향으로 보수는 과거 박근혜 탄핵정국 이래 다시 완전 궤멸 상태에 이른 것 같았다.

그러나 반전이, 아니 기적이 일어났다. 점차 윤 전 대통령의 비상계엄을 선포한 참뜻[2]이 국민들에게 전달되며 그가 돈키호테처럼 처절히 혼자서 싸워왔던 대상이 윤곽을 드러내기 시작했다. 그 대상은 다름 아닌 '87체제'가 낳은 광범한 기득권 질서였다. 그들은 윤 정부 하에서 자의적으로 탄핵소추를 남발하고, 걸핏하면 특검법안을 남용하였으며, 징벌적 예산편성권 사용에 의해 국가기능의 일부를 거의 마비시켰다. 그리고 윤 전 대통령에 대한 체포와 구속, 탄핵심판에서 그 기득권 질서가 예사로 행한 편법, 탈법과 불법이 우리 눈앞에서 버젓이 전개되었다. 무례하고 교활하였다. 차츰 그가 가진 분노의 정당성이 이해되기에 이르렀다. '다수의 폭정'에 의해 우리 헌법이 예정한 민주주의가 근본부터 흔들리고 있다는 점에 대한 국민적 이해와 공감의 범위가 점점 넓어졌다. 그런 중에 청년층을 중심으로, 그의 진의를 받아들이며, 그를 대신해 잘못된 '87체제' 기득권질서에 저항하는 광범한 국민운동이 '탄핵반대'의 기치를 걸고 세차게 일어났다. 역설적으로, 이것은 '87체제'를 세운 1987년의 '6월항쟁' 이후 처음 있는 일이었다.

'87체제'의 수혜자들 혹은 변화의 물결을 인식하지 못하거나 인식할 용기를 내지 못한 자들은 사회변혁운동의 실체에 관하여 눈을 감고, 이를 아주 소수에 한정되는 '극우의 반동'으로 몰아갔다. 이와 같은 기성 언론을 거의 모두 포함하는 광범하고 노골적이며 편파적인 '극우몰이'에도 불구하고 새로운 질서를 갈구하는 민심의 물결은 점점 더 거세졌다.

---

2   윤 전 대통령이 왜 비상계엄을 선포한 것인지에 관해서는 다른 어느 글이나 방송, 동영상의 화면보다도 이 책 3편에 실린 윤 전 대통령의 헌법재판소 최후변론의 글을 읽어보면 명확하게 이해할 수 있다.

이 새롭고 거대한 물결의 용틀임은 '87체제'에 의한 직접적 수혜세력 혹은 그 주변의 옹호 및 동조세력인 한국의 진보가 안고 있는 본질적 한계에 대한 반발이다. 진보의 세력은 친중국, 친북한의 과거 회귀적 입장을 벗어날 수 없다. 또 이에 따라 자연스럽게 전체주의적 성향으로 흐른다. 그와 함께 그들이 가진 특성 즉, 명분에의 과도한 집착, 배타적 세계관 등이 사실은 조선조의 긴 역사를 통해 형성된 위정척사(衛正斥邪) 의식의 맥을 잇는 것이다. 이에 따라 그들은 기층민중의 민족적 정서에 강한 호소력을 가졌다는 점을 인정한다. 그들이 가지는 이와 같은 전반적 특성에 대한 단호한 반대가 새로운 물결의 핵심이다. '87체제'가 지속된다면 우리는 전체주의적 획일적 사고가 지배하게 된 '제2의 홍콩'으로 될 뿐이라는 확고한 인식이 젊은 이들 사이에 뿌리내렸다.

지금 우리가 누리는 미증유의 경제적, 사회적, 문화적 번성은 중국과 연계된 대륙회귀세력에 의한 것보다는 미국, 일본, 유럽 등과 연계하는 해양진출세력에 의한 것이 대부분이다. 따라서 진보는 우리가 번창을 계속해 나가기 위해서 열어야 하는 미래의 문을 불가불 닫아버리게 될 것이라는 강한 우려를 새로운 물결을 이끈 주축들이 하지 않을 수 없었다.

한편 진보세력이 가진 전체주의적 면목은 탄핵정국에서 보인 대단히 오만한 점령군 행세에서도 잘 엿볼 수 있었다. 그것은 그들이 압도적인 권력을 쥐게 되는 경우 어떤 자세로 국정을 운영할 것인가를 미리 보여주는 것이었다. 그들은 탄핵정국의 초반부터 엄청난 기세를 보이며 기성 언론, 그리고 공수처, 경찰, 검찰 나아가서 법원, 헌법재판소까지 포함한 엄청난 연합군의 무력을 형성했다. 이 힘을 바탕으로 그들은 지극히 거만한 자세로 국민 위에 군림하였다. 그들은 저항하는 구체제의 잔존세력을 거침없이 '극우', 혹은 '내란동조자'로 낙인찍으며, '민주파출소'라는 해괴한 조직을 통해 비난, 매도, 고발 등으로 사회적 격리를 하는 온갖 '인격형벌'을 자행하였다. 하지만 이것은 약과다. '다수의 폭정'이 그 압제의 정도를 상승시키며 앞으로 어떤 일이 일어날지 예상조차 힘들 만큼 무서운 일이다. 이번 대선에서 그쪽의 후보가 당선된다면, 법원의 일부만 제외하고 국가권력은 하나로 통합된다. 민주화 이후 처음으로 닥치는 과도한 권력의 통합현상이다. "절대권력은 절대 부패한다."는 영국의 정치가 액튼(Acton)경의 경구가 실감 난다.

그런데 제도권 언론에서 벗어나 인터넷 세상에서 새로이 등장한 유튜브 등 1인 미디어는 그들이 미처 장악하지 못하였다. 수많은 1인 미디어들이 뭉쳐, 젊은 세력의 활기와 새로운 시대의 흐름을 타고 극적으로 여론의 반전을 이룩하는 데 큰 힘을 행사했다. 어떤 수단으로도 그들은 이 젊은 활기 그리고 진실한 정보의 전달을 잠재울 수 없었다. 점점 가히 기적적인 여론의 반전이 일어났다. 그럼에도 그들이나 기성 언론은 여전히 '극우의 준동'으로 폄하하며 조롱하였다. 하지만 그들은 부옇게 오염된 창을 통해서 세상을 내다보았다. 그 때문에 바깥에서 벌어지는, 새로운 시대를 만들어가는 웅대하고 아름다운 힘의 표출을 제대로 보지 못하고 있었다.

탄핵정국에서 전개된 이 엄청난 반전의 파노라마는 단적으로 말하자면, '87체제'에 대한 저항이자 이를 극복하기 위한 몸부림이다. 그리하여 자유가 충만하고 개방적인 세계 질서에 항속적으로 편입되는 새로운 질서, 새로운 나라를 만들기 위한 필사의 함성이었다. '87체제'에 저항하는 수많은 청년, 그리고 사회변혁의 과정에서 순수하고 진지한 감성을 방사하며 나타난 전한길이 거대한 함성의 외침을 통해 궁극적으로 지향한 목표를 한 마디로 표현한다면, 그것은 새로운 나라, 새로운 대한민국의 건설이다.

　이 책은 탄핵정국 동안 청년들을 중심으로 하여 광화문과 여의도 그리고 한남동, 서부지방법원과 헌법재판소 앞 곳곳에서 비가 오나 눈이 오나 아랑곳없이 새로운 대한민국을 만들기 위하여 기꺼이 자신을 희생한 거룩한 무명용사들께 바치는 헌정이다.

　제1편 '춥고 어두운 날의 기록들'은 탄핵정국의 칠흑 같은 어둠 속에 약간의 빛이 들어오기 시작하던 2025년 2월 26일 보수의 공론장으로 마련된 어느 출판기념회에서 강연한 원고를 모은 것이다. 제2편 '새롭게 변하는 대한민국'은 시인, 헌법학자, 언론학자, 청년 정치인의 다양한 입장에서 고찰한, 새로운 물결을 통해 변화하는 대한민국의 분석과 향후의 목표에 대한 사색을 모았다. 제3편은 윤석열 전 대통령이 온갖 불법과 탈법, 그리고 꼼수로 진행된 헌법재판소의 탄핵심판을 마친 2025년 2월 26일 마지막 최후변론 시간에 진술한 내용을 담았다. 왜 비상계엄을 선포했는지에 관해 투명한 인식을 얻을 수 있는 외에, 그가 가진 고뇌와 예지, 철학이 잘 녹아든 글이다.

뜻을 같이하여 귀한 원고를 주신 김기현, 나경원, 윤상현, 조정훈 의원, 복거일 작가, 도태우 변호사, 심규진, 이인호 교수, 백지원 청년 정치인 제씨께, 그리고 원고 게재를 허락하신 윤석열 전 대통령께 깊은 감사를 드린다.

윤 전 대통령이 4월 4일 헌법재판소에 의해 파면되었다고 슬퍼하는 이들에게 말하고 싶다. 헌법재판소의 심판은 그것으로 완결의 의미를 가지지 않는다. 국민에 의한 최종적 심판이 남았다. 그 심판은 바로 우리 앞에 닥쳐온 대통령 선거이다. 이 심판을 통해 윤 전 대통령은 정치적으로 완벽한 부활을 할 수 있고, 또 우리가 간절히 바라는 새로운 대한민국의 모습을 조금 더 빨리 우리 앞에 나타나게 할 수 있다.

언제나 우리는 우리에게 주어진 몫을 다하여야 하는 법이다. 그것은 우리가 살아가는 이유이기도 하다.

2025년 4월

시골의 푸른 봄 하늘을 올려다보며
12인의 필자 대표 편집인 신평

| 차례 |

제2편   새롭게 변하는 대한민국

겨울을 지나 봄이 왔는가 했는데   신평(시인)

헌법의 위기와 그 해소 방안 모색   이인호(헌법학자)
– 윤석열 대통령 탄핵심판을 중심으로

제3편   대통령의 최후변론
– '87체제'를 넘어 새로운 대한민국으로

제1편

춥고 어두운 날의 기록들

깜깜한 어둠 속에서 빛을 보는 이
널리 복 있을진저
그대 어진 지혜로
수목들 푸르게 우거지리라

여기에 실린 글들은 2025년 2월 26일 서울 YWCA에서 열린 신평 변호사의 출판기념회에 참석한 인사들의 연설을 모은 것이다. 신 변호사가 소속된 정정회(政正會)[1]는 애초에 탄핵정국이 시작된 2024년 12월에 이 모임을 계획했다. 당시는 워낙 분위기가 험악하여, 보수는 박근혜 대통령 탄핵정국 이래 두 번째의 궤멸 위기에 처한 듯이 보였다. 그 탈출구의 하나로 우선 보수의 공론장을 하나 마련해 보자는 절박함으로 출판기념회라는 명목을 빌리기로 하였다.

출판기념회의 상징문구로 '겨울을 견딘 질긴 보리처럼, 폭풍을 이긴 푸른 나무처럼, 우리는 다시 일어설 것입니다'를 내세웠다. 그때 출판기념회를 준비한 심정을 이 문구에서 잘 읽을 수 있을 것이다.

---

1 논어의 안연편에 '정자정야(政者正也)'라는 말이 나온다. 공자의 말씀을 해석하자면, '정치는 바르게 하는 것'이라는 뜻이다. 정치의 핵심은 오직 올바르게 해나가는 것이라는 공자의 정치관이다. 이를 받아들여, 계엄정국하에서 뜻을 같이 하는 사람들이 모여 '정정회'를 만든 것이니, 오로지 올바른 정치가 행해지기를 바라는, 또 그를 위해 초석이 되자는 뜻을 담고 있다.

그러나 회장(會場)의 대관 자체가 쉽지 않았다. 처음 프레스센터에 대관 신청을 하여 승낙을 일단 받았으나, 그곳에서 출판기념회의 정치적 성격을 의심하며 갑작스럽게 대관 불허의 결정을 통고하였다. 집회의 자유나 언론의 자유 같은 헌법상의 기본권은 그때로서는 거의 장식에 불과했다. 중요한 것은 새롭게 권력의 중심이 된 측의 구미에 맞는가 하는 것이었다. 마땅한 회장을 다시 찾던 차 장소적으로 조금 외진 곳이기는 하나 서울YWCA를 골랐다. 하지만 서울 YWCA 내부에서도 끊임없이 문제 제기가 있었고, 출판기념회를 하기 전날까지 혹시 다시 대관 신청이 취소되지 않을까 조마조마하였다. 그만큼 보수의 설 땅은 당시 찾기 어려웠다고 할 수 있다.

출판기념회 무렵에는 청년층을 중심으로 사회변혁의 물결이 일어나고 또 전한길이라는 영웅이 홀연 나타나 그 물결을 더욱 증폭시켜 약간의 빛이 비치고 온기도 만져졌다. 그러나 아직 시린 동토는 녹지 않았으니, 여기에서의 강연은 바로 그 어두웠던 날의 기록들이기도 하다. 우리는 이 낙망과 슬픔의 날 쓰인 기록들을 후세에 남기는 심정으로 제1편을 기획하였다.

대한민국 보수가 지향해야 할 가치들

복거일(작가)

보수의 뜻

'보수'라는 말은 일상적으로 쓰인다. 그리고 사람들은 보수라는 말이 무엇을 뜻하는지 잘 안다. 그래도 우리 사회의 구성 원리에 관한 진지한 논의에선 그 말을 보다 깊이 살피는 것이 긴요하다. 보수(保守)는 무엇을 보존(保存)하고 수호(守護)하는 것을 뜻한다. 즉 물려받은 무엇을 잇고 감싸는 것을 뜻한다. 그러나 보수라는 말엔 그렇게 잇고 감싸는 대상에 대한 언급이 없다. 그래서 그 말이 쓰이는 상황에 따라 잇고 감싸는 대상이 결정된다.

사회적 차원에서 보수의 대상은 특정 사회의 구성 원리다. 대한민국의 구성 원리는 자유주의다. 사회적 강제(coercion)를 되도록 줄여서, 개인들이 자유를 한껏 누리는 것이 바람직하다는 믿음이다. 보다 구체적으로, 우리의 구성 원리는 자유민주주의 이념과 시장경제 체제를 아우른다. 따라서 대한민국의 보수는 자유민주주의 이념과 시장경제 체제를 잇고 감싸는 태도(conservatism)와 그런 태도를 지닌 시민들(conservatives)을 아울러 가리킨다.

같은 이치로, 전체주의를 구성 원리로 삼은 사회에서는 전체주의 이념과 명령경제 체제를 옹호하는 태도와 그런 태도를 지닌 사람들이 보수다. 실제로, 1980년대 이전의 소비에트 러시아에선 공산당 체제를 지지하는 태도와 그런 태도를 지닌 세력이 보수라 불렸다. 그리고 현재의 중국과 북한에선 공산당 체제를 지지하는 태도와 세력이 보수라 불린다.

이처럼 사회의 구성 원리가 된 이념과 체제는 그 사회의 정설(orthodoxy)이 된다. 다른 이념들과 체제들은 모두 이설(heterodoxy)이 된다. 따라서, 보수는 특정 사회의 정설을 지지하는 태도와 그런 태도를 지닌 사람들을 가리킨다고 정의될 수 있다.

자유민주주의는 자유주의와 민주주의가 결합된 개념이다. 자유주의와 민주주의는 친화적이어서, 흔히 함께 쓰인다. 그래도, 엄격히 따지면, 두 개념은 성격이 서로 다르다. 간략하게 말하면, 자유주의는 사회 구성 원리의 성격에 관한 이념이고, 민주주의는 그런 원리를 결정하는 방법에 관한 이념이다. 자유주의 경제학자 하이에크(Friedrich Hayek)의 표현을 빌리면, "자유주의는 법이 어떠해야 하느냐 하는 문제에 관한 교리고, 민주주의는 무엇이 법으로 되느냐 결정하는 문제에 관한 교리다." 그래서 자유주의자들은 정부의 강제를 제한하는 일에 관심을 쏟고, 민주주의자들은 다수 의견을 따르는 것이 이상적이라 믿는다. 즉 자유주의의 반대는 전체주의(totalitarianism)고, 민주주의의 반대는 권위주의(authoritarianism)다.

시장경제는 개인들이 재산권을 누리는 체제다. 재산의 형성에 기여한 사람들이 기여도에 따라 재산권을 지닌다는 원칙은 인류 사회에서 보편적이다. 실은 모든 동물의 사회에서도 이 원칙은 근본적 질서다. 자기 둥지를 자신의 재산으로 여기는 동물들의 영역성(territoriality)은 재산권의 근원적 중요성을 잘 보여준다. 산책길에서 우리는 큰 나무를 보면 으레 소변을 보는 시늉을 하는 개들을 만난다. 그들은 그렇게 자기 영역을 표시하는 것이다. 재산권이 확립된 사회들에선, 누구나 자신의 노동으로 생산 활동에 종사해서 재산을 모을 수 있다.

이런 체제를 마르크스는 '자본주의'라 불렀다. 자본가들이 자본을 소유해서 잘살고 노동자들은 자본을 소유하지 못해서 자본가들에 예속되는 체제라는 뜻을 담았다. 이런 의도적 왜곡과 폄하는 무척 교묘하고 어려운 경제 이론으로 치장되어서, 공산주의의 득세에 크게 기여했다. 그러나 재산권이 확립되면, 누구나 자신의 노동을 노동 시장에서 팔 수 있으므로, 마르크스가 예언한 노동자들의 궁핍화는 나오지 않는다.

반면에, 전체주의 이념을 따르는 사회들에선 명령경제 체제가 자리잡는다. 모든 재산들은 국가가 소유하고 시민들은 그런 재산들을 간접적으로 평등하게 소유한다. 얼핏 보기엔 그럴 듯하지만, 현실에선 사정이 다르다.

먼저, 국가로 귀속된 재산을 관리하는 사람들과 그런 사람들의 지시를 받아 일하는 사람들은 처지가 다를 수밖에 없다. 실제로, 전체주의 사회에서 일자리를 나눠주는 사람들과 일자리를 배정받는 사람들 사이에 존재하는 차이는 신분 사회의 그것과 동질적이다.

다음엔, 국가가 모든 재산들을 소유하면, 노동자들은 집단적으로 일하게 된다. 이런 방식은 본질적으로 비효율적이다. 무엇보다도, 다른 사람들이 하는 것만큼만 일하는 것이 관행이 되어, 생산성이 구조적으로 낮아진다.

이 점은 개인들의 토지를 몰수해서 국가가 소유한 집단농장에서 잘 드러난다. 농장의 집단화가 시행된 나라마다 극심한 기근에 시달렸다. 농장의 집단화를 먼저 시행한 소비에트 러시아의 경우, 스탈린 자신이 1,000만 명의 농민들이 아사하거나 처형되었다고 고백했다. 중국의 경우, 마오쩌둥 시기의 집단화로 적게는 3,000만에서 많게는 5,000만의 농민이 죽었다. 북한의 경우, 적게는 100만에서 많게는 300만이 죽었다.

자유민주주의와 시장경제는 뛰어난 이념과 체제다. 구성원들의 자유를 한껏 보장하면서 시장을 통해서 경제 활동을 효율적으로 만든다. 우리의 경험이 그 점을 잘 보여준다. 해방 뒤 미군정 시기에 남한 사회는 늘 식량 부족에 시달렸다. 해외에서 돌아온 사람들과 북한에서 월남한 사람들이 몇 백만 명에 이르는 상황에선, 기근의 위협은 상시적이었다. 다행히, 미국의 농산물 원조로 남한은 위기를 넘겼다. 반면에, 북한에선 점령군인 러시아 군대가 현지에서 군량을 조달하는 바람에 많은 사람이 굶주렸다.

이어서 6.25전쟁은 산업 시설을 모조리 파괴했다. 그러나 대한민국은 그런 가난에서 벗어나 모두 '경이적'이라 평가하는 경제 성장을 이루었다. 대한민국의 정설인 자유민주주의 이념과 시장경제 체제가 열등했다면, 이런 발전은 나올 수 없었을 터이다.

자유민주주의와 시장경제가 전체주의와 명령경제보다 낫다는 사실을 확실히 보여주는 것은 사람들이 '발로 하는 투표'다. 사람들은 늘 전체주의 사회들에서 자유주의 사회들로 탈출한다. 이 세상에서 '발로 하는 투표'보다 더 명확한 선택은 없다.

해방 뒤 공산당 치하의 북한에서 많은 주민이 그렇게 발로 투표했다. 6.25전쟁에선 패퇴하는 국군과 국제연합군을 따라 남쪽으로 피난했다. 북한 주민들의 그런 투표의 발길은 아직도 이어진다. 이처럼 대한민국 시민들은 진정한 축복을 받았다. 그리고 보수 시민들은 자신들이 그런 축복을 받았다는 사실을 인식하는 행운을 누린다.

반면에, 우리 사회의 전체주의자들은 자신들이 그런 축복을 받았다는 사실을 모른다. 그들이 자신들의 처지를 모른다는 것은 개인적으로 큰 불운이고 우리 사회를 불안하게 만든다. 따라서 자신을 보수라 여기는 시민들의 목표는 뚜렷하다. 바로 대한민국의 정설인 자유민주주의 이념과 시장경제 체제를 굳건히 지키는 것이다. 그렇게 하는 첫걸음은 자신들이 받은 축복을 깨닫지 못하는 전체주의자들이 그런 사정을 깨닫도록 하는 것이다.

이번 윤석열 대통령의 계엄령으로 우리 사회의 구성 원리가 얼마나 심각하게 훼손되었는가 많은 시민들이 깨달았다. 자유민주주의와 시장경제의 작동을 방해하고 우리 사회의 감각과 면역력을 마비시키는 세력이 사회 기구들의 요처들을 장악했다는 사실과 마주하면서, 많은 시민이 우리 사회의 위기를 깊이 인식했다.

이번 계엄령이 '계몽령'[2]이었다는 지적은 재치가 넘치면서도 더할 나위 없이 적절한 평가다. 그런 인식을 바탕으로 자신을 보수로 규정하는 시민들이 보다 적극적으로 전체주의자들을 설득하는 과업에 나서야 한다.

여기서 애기하는 전체주의자들은 우리가 함께 사는 대한민국 시민들을 가리킨다. 근본적 사항들에 대해서 우리 자유주의자들과 생각이 크게 다르다고 해서, 외면하고 지낼 수 있는 사람들이 아니다. 따라서 끊임없이 나오는 사회적 문제들에 관해서 함께 논의하고 합의를 추구해야 한다.

전체주의의 본질

전체주의를 추구하는 시민들과 대화하고 협의해서 중요한 문제들에 대한 합의를 이루어 내려면, 우리 자유주의자들은 먼저 전체주의에 대해 잘 알아야 한다. 우리가 전체주의에 대해 잘 알지 못하면, 우리를 포함한 세계 여러 나라의 불행한 역사가 가리키듯, 전체주의자들에게 속절없이 당한다.

---

2   그 내용에 관해서는 181쪽 주)16 참조.

전체주의는 원래 1930년대 이탈리아에서 무솔리니의 파시즘을 부정적으로 지칭한 이름이었다. 이 말이 널리 쓰이기 전엔, 공산주의, 사회주의, 민족사회주의(파시즘과 나치즘)와 같은 이름들이 쓰였다. 이런 이념들은 서로 상당히 다르지만, 차츰 민족사회주의(national socialism)로 진화한다. 민족주의가 워낙 근본적이고 강력한 힘이므로, 사회주의는 민족주의와 결합해서 궁극적으로 민족사회주의가 된다.

물론 어느 사회나 자기 민족과 국가를 앞세운다. 자연히, 다른 민족과 국가에 속하는 사람들은 외국인의 지위를 지녀서 차별적 대우를 받는다. 그러나 자유주의가 보편적 원칙들을 따르므로, 그런 차별은 실제적 수준에 머물고 이념적 수준에선 평등한 대우를 받는다. 특히 인권과 재산권에선 외국인들도 호혜적 대우를 받는다.

그러나 전체주의는 개인들이 아니라 특정한 집단을 기본 단위로 삼는다. 그래서 본질적으로 특정 집단을 우월한 지위에 두고 보편적 질서를 추구하지 않는다. 자연히, 전체주의 이념들은 차츰 민족사회주의라는 흑공(black hole)으로 빨려 들어간다. 소비에트 러시아가 국제공산당(Communist International: Comintern)을 앞세워 주창했던 국제공산주의를 1940년대에 버리고 자국의 이익을 앞세우는 민족사회주의를 추구했다는 사실에서 그런 사정이 잘 드러난다.

민족사회주의를 추종하는 세력은 아래와 같은 본질적 특질들을 지닌다.

1. 공격적 민족주의의 신봉:

민족사회주의는 당연히 민족주의를 다른 가치들보다 우위에 둔다. 그래서 다른 민족들이나 나라들과의 협력과 공존을 추구하는 대신 끊임없이 대외 확장을 시도한다.

우리는 원래 하나였던 나라가 해방 뒤에 서로 적대적인 두 나라로 나뉘었다. 그런 상황을 이용해서, 민족사회주의 세력은 북한과의 관계에서 같은 민족임을 앞세운다. 북한과의 동질성을 강조하고 민족주의적 열정을 고취해서, 대한민국의 정체성을 혼란스럽게 만들고 우리의 우방인 자유주의 국가들과의 협력을 방해한다.

2. 단체주의(corporatism)의 추구:

단체주의는 사회 전체를 산업 및 직업 단체들로 조직해서 그 단체들이 산하 시민들을 정치적으로 대표하고 그들의 행동을 상당히 엄격하게 통제하는 체제를 가리킨다. 이 체제에선 개인적 영역은 극도로 위축되고 사회적 영역이 한껏 확장된다.

자유주의 이념과 시장경제 체제를 구성 원리로 삼은 사회에서 단체주의는 흔히 '노사정위원회'와 같은 기구를 통해서 추진된다. 실제로 이 기구가 생긴 뒤, 우리 사회에서 시장 원리는 크게 위축되었고 우리 경제 체제는 사회주의의 빛깔을 짙게 띠었다.

3. 사유재산제에 대한 부정적 태도와 재산권 침해:

좌파 정권들은 헌법의 정신에 어긋날 정도로 세금을 많이 거두었고, 이런 중세는 시민들의 재산권을 크게 침해했다. 노동조합들의 불법 파업과 사업장 점거 및 폭력 행사는 자유주의 사회의 바탕인 재산권을 허물었다. 특히 좌파 노동조합 연합체의 정치적 활동은 입법 과정에 영향을 미쳐 경제적 자유를 점점 크게 허문다.

4. 법 지배의 부정과 폭력의 일상적 사용:

민족사회주의는 법의 지배(rule of law)를 부정한다. 이런 특질은 보편성을 외면하는 민족사회주의의 본질에서 연유한다. 그래서 폭력이 일상적으로 자행된다. 공권력은 오히려 좌파 시민단체들과 노동조합들의 불법과 폭력을 옹호한다.

5. 다른 세력과의 공존 거부:

민족사회주의는 다른 세력과의 공존을 거부한다. 애초에 파시즘이 '전체주의'라 불리게 된 사정이 바로 권력을 독점하려는 성향 때문이었다. 그래서 안으로는 사회의 완전한 통제를 시도하고 밖으로는 팽창주의적 정책을 추구한다.

6. 기성 사회에 대한 반감:

인류 사회들은 재산권에 바탕을 둔 시장경제를 갖추어 존속한다. 마르크스가 폄하의 의도로 굳이 '자본주의'라 부른 이런 모습은 어느 사회에서나 자연스럽게 나오는 상태(default state)다. 자신들을 자본주의의 대안으로 내세웠으므로, 민족사회주의 세력은 실재하는 사회에 대한 반감이 크다.

이런 반감은 사회에서 바람직하지 못하다고 여겨진 특질들을 씻어내어 사회를 깨끗이 만들려는 충동을 낳는다. 우리 사회에서 좌파가 '과거사 청산'에 큰 자원을 들이고 '재벌'을 줄기차게 공격하는 것은 이런 반감에서 연유했다.

7. 지도자의 중심적 역할:

민족사회주의는 교리를 가변적이라 여긴다. 그래서 교리보다는 지도자를 중시한다. 민족사회주의는 늘 지지자들에게 합리적 사고와 독립적 판단 대신 지도자에 대한 맹목적 추종을 요구한다.

8. 반지성주의와 정치의 감각화:

민족사회주의는 반지성주의의 풍토에서 자라고 번창한다. 그래서 정치적 과정을 합리적 토론 대신 감각적 경험으로 대치한다. 민족사회주의자들에게 궁극적인 감각적 경험은 적대적 국가와의 전쟁이다.

이런 민족사회주의의 본질적 특질들에 바탕을 두고서, 민족사회주의 세력은 이전에는 없었던 전략들과 기법들을 이용해서 권력을 얻는다.

1. 대중 집회와 선동선전의 효과적 이용:

원래 민족사회주의는 대중이 정치에 참여함으로써 생겨난 '정치적 공간' 덕분에 나오고 자랄 수 있었다. 자연히, 민족사회주의자들은 대중의 동원과 선동선전에 능숙하다.

2. 청년층에 대한 독점적 영향력:

기성 사회에 대한 반감, 정치의 감각화, 지도자에 대한 열광, 대중 집회와 선동선전(agitprop)은 젊은이들에게 큰 호소력을 지닌다. 그래서 민족사회주의 세력은 늘 청년층의 압도적 지지를 받는다.

3. 평행 조직들의 이용:

단체주의를 통해서 대중을 조직하므로, 민족사회주의 세력은 국가의 공식 정부 조직과 상당히 겹치는 평행적 조직들(parallel organizations)을 갖춘다. 이런 조직들은 그들의 강력한 기반이 된다. 실제로, 우리 좌파 정권들은 수많은 위원회들을 설치해서 자신들의 권력을 강화하고, 정권이 바뀌어도, 그런 조직들을 통해 큰 영향력을 행사해서 우파 정권의 작동을 방해한다.

4. '악마화된 적들(demonized enemies)'의 이용:

대중의 민족주의적 성향을 활성화하고 대중을 정치 집회에 동원하는 데 가장 효과적인 수법은 적들을 악마로 만드는 것이다. 우리 사회에서 좌파가 악마로 만든 '내부의 적들'은 친일파, 군부 정권, 재벌이었고, '외부의 적들'은 일본과 미국이었다. 특히, 우리 사회의 거센 반일 감정과 반미 감정은 효과적 대중 집회와 선동선전으로 이어져 노무현 정권과 문재인 정권의 탄생에 결정적으로 기여했다.

극우의 정체

근년에 인터넷을 이용하는 매체들이 부쩍 늘어나고 영향력도 빠르게 커졌다. 특히 유튜브를 플랫폼으로 삼은 '유튜버'들의 활동이 두드러졌다. 그래서 외국에선 이들을 제5부(Fifth Estate)라 부른다. 서양의 전통적 계층들인 제1부(승직자들), 제2부(귀족들), 제3부(평민들)에 이어 중요한 사회적 역할을 하는 신문들과 방송들을 제4부라 불렀던 관행을 이은 것이다.

우리 사회에서 좌파 유튜버들의 영향력은 우파 유튜버들의 영향력보다 늘 컸다. 작년에 윤 대통령이 비상 계엄을 선포하고 그 일로 탄핵 소추를 받자, 대통령을 지지하는 여론이 거세게 일면서 우파 유튜버들의 영향력이 갑자기 커졌다.

그러자 자유주의에 적대적인 매체들과 사람들이 자유주의를 추구하는 유튜버들을 '극우'라 부르기 시작했다. '극우'라는 말엔 모멸적 뜻이 담겼으므로, 그들의 시도는 크든 작든 효과를 보게 된다. 사정이 그러하므로, '극우' 호칭에 적절히 대응하는 것은 현실적 중요성을 지닌다.

원래 극우라는 호칭은 파시즘이나 나치즘을 신봉하는 사람들을 가리켰다. 위에서 살핀 것처럼, 파시즘이나 나치즘은 민족사회주의에 속한다. 즉 자유주의 이념이 아니라 전체주의 이념이다. 우파가 아니라 좌파다. 어떻게 이런 일이 일어났는가?

1930년대 중엽에 미국에서 시작된 대공황으로 자본주의에 대한 반감과 회의가 갑자기 커졌을 때, 자본주의가 파시즘을 낳았다는 생각이 널리 퍼졌다. 그 무렵 영국에 머물렀던 하이에크는 당시 영국 사람들이 "민족사회주의는 사회주의에 대한 자본주의적 반응이었다(National Socialism was a capitalistic reaction against socialism)"라고 믿었으며, 사회주의 지식인들은 "민족사회주의는 사회주의가 아니라 그저 경멸을 받아야 할 무엇"이라 생각했다고 술회했다.

이런 선입견은 1935년에 히틀러가 "독일은 공산주의를 막는 보루"라고 선언하면서 굳어졌다. 그런 오해는 소비에트 러시아에 의해서 정책적으로 확산되었고, 이제는 민족사회주의가 우파 이념이라는 견해가 널리 퍼졌다.

따라서 자유주의자들을 '극우'라 부르는 것은 뒤늦게 히틀러의 선전에 넘어가는 것이다. 반어적으로, 우리 사회에서 '극우'라는 말은 의도되지 않은 칭찬이다. 우리 사회의 구성 원리는 자유민주주의 이념과 시장경제 체제다. 즉 자유민주주의와 시장경제는 우리 사회의 정설이고, 다른 이념들과 체제들은 모두 이설들이다. 그래서 자유민주주의와 시장경제를 철저하게 신봉하는 '극우'가 이 사회에 응집력을 부여해서 사회를 안정시킨다. 우리 사회가 근년에 극도로 불안해진 원인들 가운데 가장 중요한 것은 우리 사회의 정설을 지지하는 핵심인 자유주의 세력이 크게 작아졌다는 사정이다. 핵심이 작아지니, 사회를 중심으로 끌어드리는 응집력이 줄어들 수밖에 없다.

자유주의를 충실히 추구하는 사람들과 정당들과 매체들을 '극우'라 부르는 관행은 쉽게 바뀌지 않을 것이다. 그래도 기회가 나올 때마다, 우리는 '극우'라는 호칭을 모멸적으로 쓰는 사람들에게 가르쳐주어야 한다, 자유민주주의와 시장경제를 구성 원리로 삼은 우리 사회에서 극우라는 호칭은 '의도되지 않은 칭찬'이라는 점을. 아울러, 그들은 90년 지나 뒤늦게 히틀러의 선전에 속았다는 사실을.

선거 부정

　지금 정국에서 현실적으로 가장 중요한 논점은 선거 부정이다. 게다가 선거 부정엔 국제적 차원이 있다. 당연히, 이 논점이 정리되는 과정과 결과에 앞으로의 정국도 결정적 영향을 받을 것이다.

　윤 대통령이 밝힌 계엄의 근거는 크게 보아 둘이다. 하나는 다수당인 제1야당의 행태다. '방탄 국회'라는 말이 보통 명사가 된 사정은 상징적이다. 국무위원들과 검사들이 뚜렷한 혐의도 없이 탄핵 소추를 당해서 업무가 마비되었다. 예산안 항목들이 마구 삭감되어 행정부의 정책들이 허물어졌다. 국방 연구개발 예산과 국군 장병 처우 개선 예산이 삭감된 것은 특히 충격적이다.

　다른 하나는 선거관리위원회와 제1야당의 야합으로 거듭 선거 부정이 저질러졌다는 혐의다. 윤 대통령 자신의 표현대로, "부정 선거의 증거는 너무나 많다."

　자유주의자들의 다수는 근년의 선거들에서 - 특히, 중요한 선거들인 2020년의 총선거, 2022년의 대통령 선거 및 2024년의 총선거에서 - 대규모 부정이 저질러졌다고 믿는다. 그리고 그런 선거 부정은 전체주의 제1야당에 의해 장악된 선관위의 주도로 저질러졌다는 얘기다.

　선거 부정은 2024년 12월 3일의 비상계엄의 핵심적 요인이었다. 선거 부정이 지속되면, 대한민국의 민주주의는 무너질 수밖에 없다는 것은 자명하다. 윤 대통령의 그런 판단에 따라 비상계엄이 선포되었고, 실제로 국회에 파견된 병력과 규모가 거의 같은 계엄군 병력이 선거 부정의 증거들을 확보하기 위해 선관위에 파견되었다.

제1야당과 선관위는 그런 주장을 반박한다. 선거 부정은 없었으며, 선거 부정을 주장하는 사람들은 음모론을 맹신하다고 비난한다.

일반적으로, 대규모 선거 부정이 있었다는 주장이 성립하려면, 두 가지 요건이 충족되어야 한다. 하나는 선거 부정이 있었다는 통계적 근거다. 다른 하나는 실제로 선거 부정이 있었다는 물증이다.

통계적 근거는 선거 법의학(election forensics)이라 불리는 학문이 제공한다. 통계학에 바탕을 두고서 선거 결과에서 비정상적인 부분들을 찾아낸다. 그렇게 선거 법의학이 선거 부정이 있었음을 가리키면, 물증을 찾게 된다.

두 차례 총선과 한 차례 대선에선 이 두 조건이 충족되었다. 선거 결과가 너무 이상해서, 통계학 기법들을 쓸 것도 없이 간단한 산수만으로도 조작이 있었다는 것이 드러난다.

2020년의 총선에서 드러난 선거 부정에 관해서는, 미국 전문가 월터 머빈(Walter Mebane)의 "한국의 2020년의 총선거에서의 변칙들과 사기들"이라는 논문이 있다. 평판 높은 선거 법의학자인 머빈은 4.15 총선의 자료들이 "사기적으로 조작되었음을 강력하게 시사하는 변칙들을 드러낸다"고 결론을 내렸다.

2022년의 대통령 선거에서 나온 선거 부정을 고발한 분들이 올린 영상들을 보고 필자가 세어보았더니, 14가지 증거들이 나왔다. 압권은 '모형'이란 글자가 들어간 모형 투표지였다. 중앙선관위가 선거 부정을 주도했다는 증거다. 경기도에선 수상한 투표함을 옮기다가 시민들에게 들키기까지 했다. 그 뒤로 계표(計票) 과정에서 아예 득표 숫자들을 조작하는 것이 발각된 영상들도 유튜브에 계속 올라왔다. 투표자들의 증언에 의존하는 것이 아니라, 생생한 동영상들이 조직적인 대규모 선거 부정이 있었음을 증명한다.

2024년의 총선거에서도 많은 부정의 증거들이 나왔다. 부정의 증거들 가운데 가장 유창한 것은 선거 직전에 제1야당 선거 책임자가 얼결에 한 "우리 목표는 사전투표율 31.3％다"라는 발언[3]이다. 선거 당사자들은 사전투표율은 그만두고 투표율도 목표로 삼지 않는다. 사전투표율을 소수점 아래까지 목표로 삼는 경우는 상상할 수 없다. 놀랍게도 그의 목표는 완벽하게 이루어졌으니, 사전투표율은 31.28％였다. 이 기괴한 사건이 달리 설명될 수 있겠는가?

당연히, 많은 시민이 전국적으로 선거 부정이 저질러졌다고 믿는다. 사전 투표를 하면, 선관위와 제1야당에서 결과를 조작할 위험이 있으니, 당일 투표를 해야 된다고 많은 사람이 믿었다. 따라서 선거 부정이 있었다는 이론적 근거와 물증에다 배심원들의 유죄 평결까지 나온 셈이다. 더 무엇이 필요한가?

세 차례 전국적 선거들에서 문제가 된 것은 사전 투표다. 이론적으로, 선거 결과는 사전 투표와 당일 투표에서 크게 다를 수 없다. 실제로는, 총선과 대선에서 사전 투표와 당일 투표의 결과가 크게 달랐다. 그리고 늘 좌파 정당이 사전 투표에서 압도적으로 이겼다. 이것

---

3 김민석 더불어민주당 선거대책위원회 총선상황실장이 제22대 국회의원 선거 사전 투표율로 제시한 목표치이다.

이 선거 부정 주장의 이론적 핵심이다.

개체의 행태는 무작위적(random)이라 예측이 불가능하다. 그러나 개체들이 많이 모여 집단을 이루면, 무작위적으로 움직이는 개체들이 결정론적 행태를 보인다. 그래서 정확한 예측이 가능하다.

예컨대, 기체의 분자들은 무작위적으로 움직여서 예측이 불가능하다. 그러나 밀폐된 용기 안의 기체처럼 집단이 커지면, 정확히 예측할 수 있다. 그래서 기체의 주요 특질인 온도, 압력 및 부피 가운데 둘이 정해지면, 나머지 하나는 필연적으로 결정된다. 이것이 우리가 중학교에서 배우는 '가스 법칙'이다.

무작위적으로 움직이는 개체들이 집단을 이루면 결정론적 행태를 보이는 현상은 보편적이다. 그래서 '대수(大數) 법칙'은 물리학의 근본적 이론이 되었다.

19세기에 사회 현상들도 대수 법칙으로 설명하려는 시도가 나왔다. 이 시도가 성공하면서, 사회물리학이 자라났다. 이제 사회물리학은 사회 현상들을 설명하고 정책들을 수립하는 이론적 근거가 되었다.

논의된 세 차례 전국적 선거들에선, 사전 투표와 당일 투표의 분포가 크게 달랐다. 사전 투표에선 좌파 정당 후보들이 크게 이겼는데, 당일 투표에선 우파 정당 후보가 선전한 것이 일반적 양태였다. 선거구는 상당히 크면서도 동질적인 집단인데, 이런 현상이 모든 선거구에서 나왔다는 것이 의혹의 단초다. 사회물리학의 정설에 따르면, 그처럼 거대한 집단의 한 부분이 나머지 부분과 크게 다른 행태를 보인 것은 있을 수 없는 현상이다. 대수 법칙을 어긴다는 얘기다.

아울러, 사전 투표의 분포는 집단적 행태의 자연스러움 대신 '작위적 규칙성'을 보인다. 이미 여러 통계학자들이 그런 작위적 규칙성의 사례들을 밝혀냈다. 사람은 직관적으로 무작위 숫자들(random numbers)을 생성할 수 없으므로, 투표 결과에 손을 대면, 그 흔적이 남는다.

물론 이런 지적에 대한 반론들이 나왔다. 먼저, 사전 투표에 좌파 정당 지지자들이 상대적으로 많이 참여했다는 주장이 나왔다. 이 주장은 근거가 약하다. 투표 일자가 투표자들에게 미치는 영향은 미미할 뿐더러 무작위적이라는 것이 사전 투표 제도의 근본적 가정이다. 만일 그렇지 않다면, 사전 투표 제도는 폐기되어야 한다.

다음엔, 사전 투표와 당일 투표 사이에 투표자들의 선택이 크게 달라졌다는 주장이 있다. 그러나 사람들의 생각은 쉽게 바뀌지 않는다. 특히, 정치적 결정에서 가장 중요한 요소인 이념은 '많은 생각의 거대한 복합체(memeplex)'여서, 좀처럼 바뀌지 않고, 바뀌더라도, 오래 걸린다.

생각을 바꾸는 사람들도 있다. 그러나 그런 현상도 무작위적이어서, 집단적 행태에 영향을 미치지 않는다. 집단적 행태도 갑자기 바뀔 수는 있다. 전쟁과 같은 극한 상황이 갑자기 닥치면, 사람들은 다른 집단적 행태를 보일 수 있다. 그러나 논의의 대상인 세 차례 선거들에선 사전 투표와 당일 투표 사이의 며칠은 평온했다. 따라서 사전 투표의 '작위적 규칙성'은 개표 과정에서 나온 현상이라는 결론이 나온다.

2022년의 대통령 선거에선 고려 사항이 하나 더 있다. 선거 운동

기간 내내 '정권 교체'를 바라는 유권자들이 '정권 유지'를 바라는 시민들보다 15 내지 20퍼센트 높았다. 여론 조사 결과를 발표하지 못하게 된 기간에 실시된 여론 조사들은 지지율에서 윤석열 후보가 이재명 후보를 10퍼센트 가까이 앞섰고 두 후보 사이의 격차는 더 벌어지고 있음을 보여주었다. 그처럼 두드러진 우위가 하룻밤 사이에 사라져서 0.73퍼센트의 '초박빙' 승리가 되었다.

이런 희한한 현상에 대한 가장 간단하고 합리적인 설명은 사전 투표함들을 여러 날 보관하는 사이에 선거 부정이 이루어졌다는 것이다. 바로 이럴 때 '오컴의 면도날(Occam's razor)' 이론[4]이 적용된다.

선거 부정은 더할 나위 없이 중대한 범죄다. 우리는 선거 부정이란 말을 쓰지만, 선거 법의학의 공식 용어는 선거 사기(electoral fraud)다. 사기라는 중대한 범죄를 덮고 가는 것은 사회의 건강을 해치는 일이다. 관용도 화합도 아니다.

개인들의 수준에서, 사기는 시민들 사이의 믿음을 해쳐서 도덕을 근본적 수준에서 허문다. 사회의 수준에서 나오는 사기인 선거 부정은 민주주의에 대한 시민들의 믿음을 허물어서 전체주의가 자라나

---

4 여러 가설(hypothesis)이 있을 때에는 가정(assumption)의 개수가 가장 적은 가설이 옳다는 전제하에, 논리적이지 않은 가설은 사유의 면도날로 다 잘라내 버려야 한다는 말이다. 그래서 오컴의 면도날은 절약의 원리, 경제성의 원리, 간결함의 원리라고 불린다. 이 원리의 유용함은 코페르니쿠스와 갈릴레오 혁명에서 보인다. 과거에 일반적 이론이었던 프톨레마이오스의 천동설은 행성의 운행을 설명하기는 했지만 상당히 그 설명이 복잡했다. 그런데 코페르니쿠스가 계산해 보니 태양이 정지해 있고 지구가 돈다고 가정하면 행성의 운행을 단순하게 설명할 수 있었다. 그후 보다 과학적 근거에 의해, 단순한 가정으로 현상을 설명하는 지동설이 맞고 복잡한 가정이 많은 천동설이 틀리다는 것이 입증됐다.

도록 만든다.

윤 대통령은 이런 상황에 정치 지도자다운 책임감을 지니고 대응했다. 2023년 가을에 국정원은 선관위에 대한 보안 점검에서 선거 부정의 증거들을 찾아냈다. 그러나 윤 대통령은 그 사실을 공표하지 말라고 지시했다 한다. 선거 부정을 수사하는 데 필요한 영장을 법원이 발부하지 않는 현실을 감안한 조치였다. 각급 선관위들의 수장들이 판사들이어서, 선관위는 실질적으로 판사들의 봉토(封土)다. 이런 사정이 선거 부정이 지속되도록 만든 구조적 요인이다. 유난히 선거 부정이 많았던 2020년의 총선에서 126건의 선거 소송이 나왔지만, 모조리 패소했다. 계엄에 동원된 병력의 절반이 선관위에 배치된 사정이 거기 있다.

당연히, 윤 대통령에 대한 탄핵 심판에서 선거 부정은 핵심적 사항이다. 그리고 대통령을 대리한 도태우 변호사는 그동안 수집된 증거들을 깔끔하게 정리해서 제시했다. 그러나 헌법재판소 판사들은 그런 증거를 채택하지 않았다. 이런 판단은 헌재가 지금까지 보여온 문제적 행태들 가운데서도 가장 문제적이다.

선거 부정의 국제적 차원

헌법재판소가 선거 부정의 증거들을 채택하지 않으면서, 윤 대통령에 대한 탄핵 심판은 비정상적으로 진행되었다. 비상계엄을 정당화하는 궁극적 논점이 논의되지 않으니, 윤 대통령으로선 처지가 어려워졌다. 선거 부정이 헌재의 탄핵 심판 과정에서 밝혀지는 것이 막히면서, 앞으로의 선거들이 공정하게 치러지도록 선관위를 개혁하는 일도 실질적으로 불가능해졌다.

그러나 선거 부정이 '죽은 논점'이 된 것은 아니다. 우리 나라의 선거 부정엔 국제적 차원이 있다. 그래서 국제 정세의 변화에 따라, 특히 미국의 정치 상황에 따라, 이 문제가 중요한 논점으로 떠오를 가능성은 상존한다. 이에 관하여 보도해온 스카이데일리(Skydaily)의 기사는 이를 다루었다. 아직 검증되지 않은 말들이나, 선거 부정의 국제적 차원이라는 각도에서 한 번 살펴볼 가치는 있다고 보인다.[5]

음모론

선거 부정이 있었다는 주장에 대한 반론엔 으레 '음모론'이 등장한다. 위에서 얘기한 선거 부정에 관한 주장이 '음모론'에 지나지 않

---

5 수원의 선관위 연수원의 미공개 건물에 문재인 정권 시절부터 중국인들이 거주했다. 이들은 중국 통신기업인 화웨이(Huawei)의 기술로 선관위의 전산 체계를 장악하고 조종하면서, 한국의 선거에 개입해서 좌파에 유리하도록 자료를 조작했다.

아울러, 한국의 주도로 2013년에 설립된 세계선거기관협의회(Association of World Election Bodies: A-WEB)를 통해서 세계 여러 나라들의 선거에 개입해서 중국의 영향력을 확대하는 데 종사했다.

한국과 미국의 정보 기관들은 협력해서 선관위에 관한 정보들을 교환하고 선관위에 침투한 중국인 간첩들을 체포하는 작전을 펼쳤다. 계엄이 선포되자, 한국군 정보사령부 요원들의 지원을 받아, 미국 국방부 장관 직속 국방정보처(Defense Intelligence Agency: DIA) 비밀 요원들이 한국 경찰로 행세하면서 중국 간첩들을 체포했다. 몇십 명에 이르는 이들 중국인들은 평택항을 통해 오키나와로 이송되어 조사를 받았다. 그들 가운데 미국의 선거에 개입한 자들은 미국 본토로 압송되고 나머지는 아직 오키나와에 구금되어 있다.

는다는 얘기다. 모두 음모론이라는 평가를 두려워하므로, 이런 반론은 위력적이다. 특히 지식인들이 이런 반론에 약하다. 따라서 선거 부정을 주장하는 사람들은 음모론의 실체에 대해 진지하게 살펴야 한다.

가장 근본적이고 중립적인 뜻에서, 음모론은 "어떤 사회적 사건이나 현상은 흔히 이해관계가 있는 사람들의 음모의 결과로 일어난다는 이론"이다. 사람들은 늘 갖가지 음모들을 꾸미므로, 음모론은 설명력이 크다. 19세기 말엽에 '음모론(conspiracy theory)'이란 말이 처음 쓰이기 시작했을 때는 이런 중립적인 뜻을 담았다.

실제로 쓰일 때, 그 말은 "보다 합리적인 설명이 있음에도 불구하고, 어떤 사건이나 상황을 특정 집단의 음모에서 찾는 주장"을 뜻한다. 따라서 음모론이란 말엔 으레 폄하의 뜻이 담긴다.

여기서 주목할 것은 어떤 '그른 음모론'을 대치하는 설명도 필연적으로 음모론의 모습을 한다는 점이다. 사회적 사건이나 상황의 설명에서 음모를 제외하면, 남는 것은 우연, 우연의 일치, 실수, 무지와 같은 무작위성(randomness)이나 진화의 원리나 역사적 발전 법칙과 같은 보편성(universality)이다. 무작위성과 보편성은 모든 사건이나 상황에 작용하므로, 그런 대안적 설명이 그른 것은 아니다. 다만, 그런 설명은 정보로서의 가치가 작다.

섀넌(Claude Shannon)이 밝힌 대로, 정보의 가치는 어떤 일이 얼마나 놀라운가에 달렸다. 일어날 확률이 작을수록, 그 사건은 정보의 함량이 크다. 반대로, 일어날 확률이 큰 사건은 정보의 함량이 작다. "내일 아침에도 해가 뜬다"는 얘기에 얼마나 값진 정보가 담겼나?

무작위성이나 보편성에 바탕을 둔 설명들은 정보의 함량이 너무 낮아서, 누구도 설명다운 설명으로 여기지 않는다. 결국 어떤 음모론의 대안은 다른 음모론이다.

그러면, 음모는 왜 중요한가? 그리고 얼마나 중요한가?

사람들은 사회를 이루어 살아가므로, 늘 서로 협력한다. 그런 협력은 무슨 일을 꾸밀 때 두드러진다. 그렇게 일을 꾸밀 때, 좋은 일이면, 사람들은 계획이나 협의라 부르고, 나쁜 일이면, 음모라 부른다. 생각해 보면, 둘 사이엔 본질적 차이가 없다.

실제로, 우리 삶은 음모의 연속이다. 집안에서, 직장에서, 시장에서, 무엇보다도 정치판에서, 모두 끼리끼리 모여 갖가지 계획들을 세우면서 자신들의 이익을 늘린다. 그런 사정은 인간 사회의 기구들과 구조들에 반영되었다. 예컨대, 기업들과 정당들은 각기 소비자들과 투표자들의 마음을 끌기 위한 음모들을 지속적으로 꾸미고 수행하는 기구들이다.

당연히, 사회는 나쁜 음모들을 억제한다. 공정거래위원회나 금융감독원은 경제 주체들의 부당한 음모들을, 예컨대 담합이나 증권시장의 '작전'을, 막는 기구들이다. 찬찬히 살펴보면, 인간 사회는 음모들을 효율적으로 관리할 수 있도록, 즉 사회적으로 좋은 음모들을 지원하고 나쁜 음모들을 억제할 수 있도록, 설계되었다.

원래 음모는 인류 사회를 만들고 인류 문명을 낳은 힘이다. 문명이라 불릴 만큼 발전된 상태는 대략 기원전 1만 년 전에 사람들이 동물들과 식물들을 길들여서 가축과 작물로 만든 데서 비롯했다. 이런 변화는 혁명적이어서, 흔히 농업 혁명(Agricultural Revolution) 또는 신석기 혁명(Neolithic Revolution)이라 일컬어진다. [농업 혁명이 일어나려면, 먼저 고도로 발전된 사회가 나와야 하므로, 신석기 혁명이라는 명칭이 보다 적절하다는 주장이 설득력이 있다.]

그러나 가축과 작물의 길들이기(domestication)는 먼저 사람들이 자신들을 길들이는 데 성공해서 잘 짜인 사회를 이룬 덕분에 가능했다. 인류의 이런 자기 길들이기(self-domestication)는 인류의 진화에서 가장 중요한 사건들 가운데 하나로 꼽힌다.

인류의 자기 길들이기를 설명하는 이론들은 현재 아홉 가량 된다. 모두 나름으로 근거를 지녔고 자기 길들이기를 부분적으로 설명한다.

최근에 나와서 가장 너른 지지를 받는 가설은 영국 인류학자 리처드 랭엄(Richard Wrangham)의 '언어에 바탕을 둔 음모 가설(Language-based conspiracy hypothesis)'이다. 인류 사회에선, 다른 사회적 동물들의 경우와 달리, 성격이 거칠고 가장 힘센 개체가 지도자가 되는 경우가 드물다. 대신 여러 개체들과 연합을 이루는 개체가 정치적으로 성공한다. 발달된 언어 덕분에 인류 사회에선 정교한 음모들을 꾸밀 수 있었고, 덕분에 육체적 결투에서 이길 수 없는 남성들이 연합을 이루어서 육체적으로 가장 힘세고 심리적으로 공격적인 우두머리 남성(alpha male)을 제거할 수 있었다고 랭엄은 주장한다.

이처럼 음모가 인류 사회의 근본적 현상이므로, 사람들의 전략적 행태를 연구하는 학문인 경기 이론 (game theory)은 음모를 수학적으로 다룬다. 경기 이론의 일반적 형태는 여러 경기자들이 참여하는

다자 경기(n-person game)인데, 여기에선 본질적으로 음모의 일종인 연합(coalition)의 성립과 연합으로 얻은 이익을 나누어 갖는 '이익 배분(payoff)'을 분석 대상으로 삼는다.

그러면 왜 음모론이란 말에 폄하의 뜻이 담기게 되었나? 음모론이 폄하되는 까닭은 음모론이 너무 많고 대부분은 사실이 아니라는 점이다. 우리는 겉으로 드러난 몇 가지 정황만으로 그럴 듯한 결론을 도출하고 그것을 확신하는 경향이 있다. 그런 경향에서 누구도 자유로울 수 없다.

게다가 악의적으로 유포되는 음모론도 많다. 우리 사회를 휩쓸었던 '광우병 파동'이 대표적이다. 유럽에선 유대인들이 음모를 꾸민다는 음모론이 중세 이후 지속적으로 생산되었다.

보다 중요하게, 사람의 천성이 음모론에 호의적이다. 어떤 것이 없는데 있다고 판정하는 것은 위양성(false positive)이라 하고, 있는데 없다고 판정하는 것은 위음성(false negative)이라 한다. 언뜻 보기에, 이 둘은 대칭적이다. 그러나 그것들의 결과는 크게 다르다. 우리 마음은 바로 그런 결과의 차이에 맞추어 진화해 왔다.

한밤에 창에 그림자가 어른거릴 때, 혼자 사는 젊은 여인은 크게 긴장하게 된다. 만일 그녀가 그림자를 침입자라고 판단해서 "강도야!" 하고 소리쳤을 경우, 그림자가 바람에 흔들린 나뭇가지였다면, 즉 위양성의 실수를 했다면, 그녀는 한밤중에 이웃을 소란케 해서 낮이 많이 깎일 것이다. 만일 그녀가 그림자를 나뭇가지라고 판단해서 그냥 있었을 경우, 그림자가 강도였다면, 즉 위음성의 실수를 했다면, 그녀는 큰 위험에 놓일 것이다.

이처럼 판단하기 어려운 상황에서 위양성과 위음성의 결과는 비대칭적이다. 위험이 없는데 있다고 판단하는 것이 위험이 있는데 없다고 판단하는 것보다 생존에 훨씬 유리하다. 그래서 매사를 의심의 눈길로 살피는 사람들이 생존가능성이 높고 오래 산다. 덕분에 자식들을 많이 낳을 것이다. 그런 자연선택의 과정을 거쳐, 인류는 작은 일에서도 큰 위험을 느끼는 마음을 지니게 되었다. 인텔(Intel)을 키운 앤드루 그로브(Andrew Grove)는 "편집병 환자들만이 살아남는다 (Only the Paranoid Survive)"고 역설했다. 그의 후계자들은 그 얘기를 제대로 새기지 못했고, 이제 인텔은 거의 2류 기업으로 전락했다.

필자는 007 제임스 본드 영화 〈골드핑거(Goldfinger)〉에 나오는 대사를 즐겨 인용한다. "한 번은 일상적 사건이다. 두 번은 우연의 일치다. 세 번은 적의 행위다 (Once is happenstance. Twice is coincidence. The third time it's enemy action)." 이 대사의 묘미는 그것이 악명 높은 시카고 갱들 사이에서 유행한 말이라는 점이다.

여기에 진정한 어려움이 있다. 무슨 일이든 허튼 음모론들이 많이 나온다. 그리고 악의적으로 만들어진 음모론들이 가세한다. 우리가 천성적으로 그것들에 끌리니, 우리는 음모론에 끌리는 자신의 마음을 경계해야 한다. 다른 편으로는, 위양성이 생존에 유리하다는 사실이 있다.

이런 상충을 조화시키는 것은 쉽지 않다. 증거들이 분명한데도 굳이 믿지 않고 음모론을 경계하는 성향이 지식인들 사이에 유난히 짙은 것은 바로 위양성에 대한 경계 때문이다.

자유주의자들의 태도

지금 우리 사회는 무척 불안하다. 정설인 자유민주주의 이념과 시장경제 체제를 충실히 지지하는 시민들은 다수 세력을 이루지 못한다. 당연히, 사회의 응집력이 부족하고 중요한 일들에 관해서 시민들의 의견이 거의 언제나 엇갈린다.

걱정스럽게도, 그렇게 불안한 정세를 틈타서, 적성 국가들의 침투는 점점 위협적이 된다. 북한의 영향력은 여전한데, 중국의 영향력이 가늠하기 힘들 만큼 커졌다. 상황은 나아지기보다 더욱 심각해질 것으로 예상된다.

특히 위협적인 것은 중국의 '해킹을 통한 정보 체계 침투 능력'이다. 미국 전문가들은 중국의 침투 능력이 러시아나 북한의 능력보다 2단계(order of magnitude) 높다고, 즉 몇 백 곱절 크다고, 판단한다. 얼마 전에 미국 연방수사국(FBI)의 수장은 해킹을 통한 침투 능력에서 중국은 미국보다 50배 가량 앞서며, 미국의 능력으로는 미국 컴퓨터 체계들에 침투한 중국의 악성 프로그램들을 모두 제거하기 어렵다고 말했다. 그런 중국이 한국을 세계 각국에 침투하는 전진 기지로 삼은 것이다.

우리 자유주의자들은 북한과 중국의 침투를 막아내면서 우리 사회의 전체주의자들을 설득하는 과제를 안았다. 물론 이 일은 무척 어렵고 오래 걸릴 과제다. 해방 뒤 우리 역사가 보여주듯, 자유주의와 전체주의는 타협이 어렵고 흔히 극단적 투쟁으로 끌려 들어간다.

이런 상황에서 필요한 것은 낙관적 태도다. 낙관적 태도는 생명의 본질이다. 낙관적 태도를 지니지 못하면, 힘든 과제를 성취하기 어렵다. 우리는 자신이 설계·건조한 탐험선 프람 호를 타고 얼음 사이로 북극해 횡단을 시도하였던 노르웨이의 위대한 탐험가 난센 (Fridtjof Wedel-Jarlsberg Nansen)의 의연한 태도에서 용기를 얻어야 할 것이다: "어려운 것은 시간이 조금 걸리는 것이다; 불가능한 것은 시간이 조금 더 걸리는 것이다."

대통령 탄핵 심판 사건으로 본 '87체제' 개편의 당위성

.
.
.

김기현(국회의원)

윤석열 대통령 탄핵심판 사건의 재판에서 나타난 헌법재판소의 극심한 불공정과 편향성

　도대체 이렇게 편향되고 불공정한 재판은 일찍이 보지 못했다. 이렇게 헌법적 가치를 흔들며 스스로 권위를 무너뜨리는 헌법재판소가 또 있을까 싶다. 헌법재판소는 법의 가장 높은 곳에서 추상같은 엄중함과 대쪽 같은 공정함을 보여야 함에도, 부실한 심리를 거듭 반복하면서 '답정너' 속도전에만 열을 올리고 있다. 헌법과 법률에 보장된 '무죄 추정의 원칙'도, '형사소송법 준용의 원칙'도, '방어권 보장의 원칙'도, '전문 증거 배제의 원칙'도 모두 짓밟아 버렸다.

　오죽하면 헌법재판소의 반(反)역사적, 반(反)헌법적 행태를 보다 못해 "일제 치하 일본인 재판관보다 못하다"라는 목소리가 법조인들 사이에서 나오고, "정작 탄핵해야 할 대상은 헌법재판소"라는 국민적 목소리까지 나오겠는가!

절대 다수 민주당이 이재명 방탄과 국정 혼란을 목적으로, 마구잡이로 내지른 '아니면 말고 식 탄핵소추' 사건에 대해 그동안 헌법재판소가 보여준, 가히 악행이라고 해도 부족하지 않을 편향성과 불공정, 무능과 졸속은 국민적 공분을 초래했다. 오죽하면 거의 절반에 가까운 국민이 헌법재판소를 신뢰하지 않는다고 하겠는가!

헌법재판소는 대통령에 대한 탄핵 사건에서, 대통령 측 변호인과 아무런 협의 없이 '따발총식' 변론 기일을 일방적으로 지정하였고, 민주당과 마치 약속 대련이라도 하듯 탄핵소추서의 핵심이었던 내란죄 철회를 유도했다.

그뿐만이 아니다. 재판 당사자인 대통령의 증인 신문 참여라는 헌법적 기본권을 하위 법령에 근거한 '소송지휘권'이라는 빌미로 불법적으로 박탈해버렸고, 대통령 탄핵이라는 중대한 재판을 진행하면서 증인 신문 시간을 초시계까지 동원하며 고작 90분으로 제한했다. 주요 증인에 대한 증인 신문 시간을 90분으로 제한한 사례는 선진국 어디에서도 찾아볼 수 없는 횡포로서 헌법재판소의 명백한 직권 남용이다.

길거리 잡범에 대한 판결도 이렇게 번갯불에 콩 구워 먹듯이 하지 않는다. 게다가 탄핵의 트리거나 다름없었던 이른바 '체포 명단 메모'의 신빙성이 떨어진다는 정황이 속속 드러나고, 증인들의 말 바꾸기와 거짓 진술, 심지어 민주당의 증인 회유설까지 등장했다. 오염된 증거, 회유로 만들어낸 거짓 증거에 대한 진위를 가리는 것이 순

리임에도, 헌법재판소는 이조차도 무시하고 이미 결론을 정해 놓은 듯 무조건 돌진하였다.

심지어 헌법재판소의 행정만 담당할 뿐 재판에는 전혀 관여할 수 없는 사무처장이 재판이 진행 중인 사안에 관련해 '위헌이다'라거나 '권한대행의 재판관 추가 임명이 가능하다'라는 등 민주당 구미에 맞는 맞춤형 발언까지 서슴지 않으며, 법적 권한도 없이 자기 마음대로 월권을 하고 있다.

대한민국의 주권은 국민에게 있다. 선출된 권력이 아닌 헌법재판소에 주권이 있는 것이 아니다. 헌법재판소가 더는 국민 위의 군림하며 위헌적 행태를 지속해서는 안 된다. 우리는 헌법재판소의 이런 불공정과 편향성에 대해 강력히 항의하고, 국민과 함께 헌법재판소를 바로잡기 위해 온 힘을 다해야 한다.

한덕수 대통령 권한대행에 대한 탄핵 심판, 즉시 '각하'되어야 한다!

2025년 2월 19일 변론이 종결된 한덕수 대통령 권한대행에 대한 탄핵 심판 청구 사건이 한 달이 다 되어 가도록 헌법재판소는 여전히 침묵하고 있다. 헌법재판소의 '선택적 지연'의 편향성과 무책임함에 혀를 내두를 지경이다.

위 탄핵 심판 사건은 단 한 차례의 변론으로 종결되었을 만큼 그 사실 관계가 너무나 명확한 사안이다. 민주당 행동대장인 우원식 국회의장이 헌법을 무시한 채 자기 멋대로 대통령 권한대행에 대한 탄핵 의결 정족수를 151석으로 정하고 이를 밀어붙인 탓에 발생한 사기 탄핵이자 탄핵 호소 사건이다. 대화와 타협은커녕 국회법 절차마저 무시하여 자행된 국헌 문란이자 내란 행위였다.

더구나, 헌법재판소가 공식 발간한 헌법 재판 교과서에도, 대통령 권한대행에 대한 탄핵소추 의결 정족수는 200석이라는 점이 명확하게 적시되어 있는 마당에, 왜 각하 판결을 주저하고 있는 것인가?

만일 헌법재판소가 교과서의 설명과 다른 기준을 이 사건에 적용하려 한다면 헌법재판소는 국민을 상대로 사기를 치는 셈이다. 대학 입시에서 교과서를 충실히 공부한 학생에게 교과서와 다른 답을 정답으로 채택한다면 그것은 대국민 사기극 아닌가?

이런 사실을 누구보다 잘 알고 있을 일부 헌법재판관들이 이 사건 선고를 차일피일 미루고 있는 이유는 뻔하다. 한 총리에 대한 탄핵 심판 청구를 '각하'하게 되면 한 총리에 대한 민주당의 탄핵소추는 '소급적으로 부존재'한 것으로 확정되고, 따라서 애초에 그 직무가 정지된 바가 없으므로, 최상목 부총리가 임명한 헌법재판관 2인에 대한 임명도 '권한 없는 행위'가 될 수 있다.

이에 따라 위 2인은 재판관으로서의 자격을 상실하게 되며, 대통령 탄핵 심판 사건에도 위 2인의 재판관은 참여할 수 없게 되는 것이다. 결국 6인 체제하에서 탄핵 심판을 하는 것이 불리하다고 판단한 민주당의 지령에 따라 문형배 소장 대행을 포함한 일부 정치 편향 재판관들이 한덕수 총리에 대한 탄핵 심판 선고를 고의로 미루고 있는 것으로 보인다.

하지만 억지 궤변으로 한 총리에 대한 탄핵 심판 청구를 신속히 각하하지 않고 계속 미적댄다면, 헌법재판소를 해체하라는 국민적 분노를 피하기 어려울 것이다. 이미 헌법재판소를 신뢰하지 않는다는 국민이 45%에 이르렀다는 사실을 엄중하게 인식해야 할 것이다. 헌법재판소는 더 이상 민주당 눈치를 살필 것이 아니라, 법과 원칙대로 한덕수 총리 탄핵 심판 청구를 즉시 '각하'해야 할 것이다.

윤석열 대통령 탄핵 심판, '각하'만이 국정 안정을 위한 최선의 길이다!

나는 여러 차례 윤석열 대통령에 대한 탄핵심판 법정에서 재판을 방청하였다. 장시간 듣기도 하고, 때로는 화가 나서 밖에 나와서 혼자서 고함도 지르고 했지만, 대통령의 최종 진술을 들으면서는 가슴에 진한 감동을 느꼈다.

사실 나는 대통령과 이야기를 많이 나눴던 사이이다. 당 대표라는 직책상으로도 그랬고, 또 업무적으로도 그렇게 했는데, 대통령의 생각은 이렇다. '2년 반 정도 대통령 임기가 남아 있는데, 대통령을 그냥 그저 그렇게 대충 때우고 갈 거냐, 아니면 정말 나라를 살리기 위한 무슨 조치를 하고 갈 것이냐?' 하는 고민을 혼자서 계속 가졌던 것이다.

대통령은 결국 '내가 5년 대통령하고 다시 대통령 할 일 없지 않느냐? 어차피 단임제인데, 그저 그렇게 그냥 타협하고, 적당히 좋은 게 좋다고 넘어가면 무슨 별일이 있겠느냐? 나라야 망하든 말든 그

것이 나하고 무슨 상관이냐? 이런 식으로 무책임하게 생각할 수도 있겠지만, 나라의 미래를 진정으로 걱정하는 책임을 인식해야 할 대통령으로서 각종 현안에 대해서 관심을 가지고 들여다보고, 보고받게 되는 정보들을 취합해 보면, 나라가 정말 심각하다. 이대로 가다가는 순식간에 나라가 붕괴될 듯하다'라는 위기감을 가졌던 것 같고, 그래서 그것을 어떻게 국민에게 알릴 것인가를 고민하신 것이다.

어떤 분들은 이렇게 말한다. "그때 대국민 호소문을 발표하고, 성명서도 내고, 그렇게 하면 좋지 않았겠느냐?" 나도 사실 처음 비상계엄이 선포되었다고 할 때 그들과 같은 생각을 했다. '아, 이거 너무 과도하다. 이 조치가 국민에게 어떻게 느껴질 것인지 뻔히 보이는데, 어떻게 이렇게 과도한 조치를 했을까?' 이런 생각을 했다.

하지만 지나고 나서 보니까 '그런 방식으로는 전혀 통하지 않았을 것 같다. 국민이 이렇게 정말 위기 상황에 있다는 것을 인식할 때까지는 얼마나 많은 세월이 걸릴까? 그때까지 우리 대한민국이 존속할 수 있을까?' 하는 고민을 대통령께서 하셨던 게 아닌가 하는 생각이 들었다.

국민에게 이 위기 상황을 알리는 데는 일종의 극약 처방이지만 이렇게밖에 할 수 없었던 것 아닌가? 결국 대통령으로서 자기 일신의 안락함을 포기하고, '대통령직을 버리는 한이 있더라도, 어떤 가시밭길을 가게 되는 한이 있더라도, 나라를 지키기 위한 조치는 해야 되지 않느냐? 그것이 내가 대통령이 된 목적 아니냐?'라는 판단을 하신 것이다. 지금 와서 생각해 보면 '정말 윤석열스럽다!' 하는 생각을 갖게 된다. '내가 희생해서 나라를 살릴 수 있다면, 그 길을 가야겠다'라고 판단한 대통령의 결단을 보면서 선공후사의 강한 사명감을 느낄 수 있었다.

대통령에 대한 공수처의 내란 혐의 수사가 불법이라는 사실이 법원 판결로 확인되었다. 더구나 민주당이 대통령에 대한 당초의 탄핵 소추 이유에서 내란죄를 철회한 이상, 내란죄를 제외한 나머지 탄핵 소추 이유만으로 국회 재적의원 3분의 2 이상이 찬성해야만 탄핵소추안이 가결되는 법리이다. 하지만 이러한 재의결 절차를 거치지 않았다. 따라서 불법인 것이 명백하므로, 헌법재판소는 대통령에 대한 사기 탄핵을 신속히 각하함으로써 국정 정상화를 위한 책임을 다해야 할 것이다.

과도한 정치 편향성을 보이는 일부 헌법재판관들도 국민이 선출한 대통령을 임명직에 불과한 자신들이 어찌해 볼 수 있다는 착각에서 벗어나, 법치주의 원칙으로 돌아가 '청구인 적격 흠결'이 명백한 대통령에 대한 탄핵 심판 청구를 하루속히 '각하'하는 것만이 흔들리는 사법 신뢰를 회복하는 길이며, 그것이 국정을 정상화하는 가장 빠른 길이다.

낡은 1987년 헌법 체제, 이제는 바꿔야 할 때이다!

전두환 정권의 말기인 1987년 '6월항쟁'의 결과로 여야 합의로 만들어진 지금의 헌법은 주로 대통령의 제왕적 권한을 축소시키면서 대통령 직선제를 하기 위한 목적으로 만들어진 헌법이다. 그렇다

보니 제왕적 대통령제에 대한 여러 가지 제약을 두었고, '대통령 직선제를 어떻게든지 관철해서 더 이상 군사 쿠데타 같은 방식으로 나라가 전복되지 않도록 해야겠다'라는 데 관심을 둔 결과 의회의 권력 독재에 대한 제어 수단은 전혀 갖추지 못한 상태로 오늘까지 왔다.

결국 이로 인해 윤석열 정부 들어 서른 번에 걸친 탄핵이 남발되는 상황에서도 이를 제어할 마땅한 통제 장치가 없었다. 장관이 야당 대표를 째려봤다는 것이 탄핵 소추 사유가 된 경우도 있고, 무슨 혐의로 탄핵 소추되었는지가 불분명해서 헌법재판관이 "이게 도대체 무슨 이유냐?"라고 되물어도 소추한 측이 "헌법재판소에서 조사해 주십시오."라며 답변조차 제대로 못하는 어처구니없는 상황이 전개되기도 했다. 이것이 재판인지, 개판인지 정말 낯부끄러운 모습 아닌가?

1987년 헌법을 만들었던 사람들은 의회가 독재할 것이라는 생각은 전혀 못 했던 것인데, 이 시스템으로 계속 가면 이 나라는 망한다. 특히, 대통령제를 취하고 있는 나라에서 여당이 소수당이 되고, 다수당이 된 야당이 무조건 발목 잡으며 모든 책임을 대통령과 여당에다 떠넘기기면 이 나라의 국정을 어떻게 운영해 나가겠는가? 그런 면에서 이제 이 시스템은 고쳐야 할 때가 되었다는 생각이 들었고, 나 또한 개헌이 필요하다는 생각을 오래전부터 지속해 왔다.

이번에 윤석열 대통령께서 그 점에 대해서 화두를 던지고 "나라를 살리기 위해 시스템을 바꿉시다. 내 임기가 단축돼도 좋습니다. 다 수용하겠습니다"라고 하는 것은 나라의 발전을 위한 큰 전기가 마련된 것이라 할 수 있을 것이다. 이 기회를 잘 살려서 대한민국의 미래 시스템을 다시 정비하기 위한 노력을 우리 모두가 함께해 나가야 한다고 나는 생각한다.

그럼 권력 구조를 어떻게 할 것이냐의 문제가 있다. 많은 분께서 대통령 중임제를 선호하는데 나는 굉장히 부정적으로 생각한다. 임기 5년, 단임제 대통령제가 가지고 있는 여러 가지 폐단이 임기 4년, 중임제를 한다고 해서 그냥 없어지느냐, 오히려 폐단이 더 커질 수 있다는 생각을 하기 때문이다.

한편, 사법부의 정치화 문제도 반드시 해결해야 한다고 생각한다. 내가 판사로 근무할 때만 하더라도 판사의 배출 숫자가 그렇게 많지 않았다. 사법시험에서 300명 정도 뽑을 때였는데, 요즘은 변호사 시험으로 매년 1,500~1,700명 정도 뽑는 것 같다. 이렇게 많이 공급이 되니까 판사들, 검사들의 경우에 직업에 대한 긍지나 자부심 이런 것보다는 앞으로 어떻게 처신해야 내가 잘 살 수 있을까 하는 경제적인 문제에 더 큰 고민을 하는 것 같다.

그러다 보니 '내가 어떻게든 현직에서 살아남아야 되겠다. 여기서 옷을 벗게 되면 그냥 차가운 한겨울 길바닥에 나갈 수밖에 없다' 이런 두려움이 있을 수밖에 없다. 또, 판사나 검사를 하면서 정치권에 줄 잘 서고, 유력 정치인의 구미에 맞는 기행(奇行)을 하면 유명해져서 나중에 정당에 영입되어 국회의원까지 하는 일이 많아졌다.

이런 현상의 결과, 사법부가 눈치보기, 출세주의에 의해 정치화되는 상황에 이르렀다. 이런 사법부의 정치화를 우리가 끊어내지 않으면 악순환은 계속 반복될 수밖에 없다. 그런 의미에서 사법부의 정치화 문제도 이번 헌법 개정에 그 개선안을 반드시 녹였으면 좋겠다는 생각이다.

어떤 재판에 법원 내의 특정 사조직 출신 판사가 담당으로 정해지면 그 재판은 결론이 뻔하다면 재판을 과연 재판이라 할 수 있겠는가? 요즘 헌법재판소를 보면 그런 생각이 참 많이 든다. '저 재판관은 이 사안을 어떻게 보고, 어떻게 판단할 것이다'라며 재판을 시작하기도 전에 결과가 예스인지, 노인지를 알 수 있다면 그런 재판은 해서 뭣하겠는가?

이진숙 방통위원장 탄핵 심판 사건을 보라! 4대 4가 나와 기각되었지만, 그 사안이 4대 4가 나올 사안인가? 임명되고 나서 불과 이틀 일했는데, 2인 체제로 운영되었다는 이유로 탄핵안을 밀어붙였다.

하지만, 2인 체제 운영은 이진숙 위원장이 처음 시작한 것이 아니라, 그 이전 위원장 시절부터 그래 왔다. 국회에서 민주당이 방통위원을 추가로 선출해 주지 않는데, 도리가 없지 않겠는가? 그러면 아무것도 하지 말란 말인가! 일하지 말고 가만히 그냥 입만 뻥긋뻥긋하며 국민의 세금만 축내는 것이 공직자로서의 도리이겠는가? 이런 상황인데도 헌법재판소의 재판관 네 명은 이진숙 위원장에게 책임을 물어 탄핵 인용을 결정했다. 이건 말이 되지 않는다.

요즘 마은혁 재판관 후보자의 임명 문제를 놓고도 시끄러운데, 그 마은혁 후보자를 재판관으로 임명하면 이 사람이 무슨 결정을 내릴지 뻔하다. 재판을 해보지도 않고 유죄라며 탄핵인용이라고 판결할 사람이다. 이런 사람이 어떻게 헌법 수호자로서 공정한 재판관 노릇을 할 수 있겠는가?

그래서 나는 이번에 개헌이 반드시 이루어져야 하며, 사법부의 정치화 문제도 반드시 뜯어고쳐야 한다고 생각한다. 나와 우리 국민의 힘 의원들은 차가운 광장에서 풍찬노숙하며 외치는 국민의 함성과 의지를 받들어 지금까지의 불법과 비법으로 얼룩진 비정상을 종식시키고, 다시금 법치를 회복해 국정 위기를 수습하는 일에 매진할 것이다.

하루속히 대통령이 복귀해서 이 나라를 살릴 수 있는 기틀을 만들었으면 좋겠다는 생각을 말씀드리면서 헌법재판소에서 대통령에 대한 탄핵 심판이 각하되는 그날까지 여러분과 함께 싸워 나가겠다.

한국 정치가 당면한 시급한 과제

:

나경원(국회의원)

한국 정치의 몇 가지 문제점

1. 의회주의의 철저한 붕괴

지금 한국 정치가 안은 문제점의 첫 번째로 말하자면, 현실정치에서 상정할 수 있는 가장 고약한 상대를 만났다는 점을 지적하지 않으면 안 된다. 그래서 의회주의가 철저히 붕괴되고 있는 것이 가장 심각한 한국 정치의 문제점이다.

나는 5선 국회의원인데, 2002년에 판사 하다가 살짝 속아서 정치권에 온 다음 2004년부터 국회의원을 하고 있다. 내가 딴짓도 안 하고 곁눈질도 안 하고 계속 국회의원 했고 지난 번에 낙선하였다. 그래서 4년 쉬다 다시 들어왔는데, 이번에 들어와 보니까 과연 이런 국회가 있나 하는 생각을 하게 되었다.

국회는 가장 중요한 정신이 합의 정신이다. 국회의 모든 것은 합의에 의해서 결정하게 되어 있다. 본회의 의사 일정을 정하는 것도 합의, 그다음에 본회의에 안건을 올리는 것도 합의한다. '본회의에서 표결하는 거니까 상임위에서도 표결하고 법안 논의하고 그냥 안 되면 표결하는 거 아니야?' 이렇게 오해하실 수 있다. 상임위의 법안을 통과할 때까지도 다 합의에 의해서 하는 게 원칙이지 표결을 하는 것은 원칙이 아니다. 그러나 때로는 우리가 그때 합의, 합의라고 말해도 안 되는, 우리 당이 꼭 해야 되는 법안들, 또 저쪽 당이 꼭 해야 되는 법안일 때, 그쪽 당이나 우리 당이 다수당이거나 여당일 때, 일방적으로 통과하는 것. 그래서 표결이라는 절차를 억지로 거치고 이러면 '강행 통과' 혹은 '날치기'라는 말을 했다.

그랬는데 지금은 어떻게 되었느냐? 걸핏하면 표결 절차로 바로 들어간다. 오늘 국회에 자료를 요구해서 받았다. 국회에 16개 상임위가 있고 상임위 밑에는 법안심사소위라는 소위원회가 있다. 7, 8명으로 구성된 소위원회에서 법안을 논의하는데, 과거에는 한 명만 반대해도 법안이 통과되지 못하고 계속 심사를 하였다. 그런데 지금은 소위원회에서부터 바로 표결에 들어간다. 그래서 나는 역대 국회, 17대에서는 몇 건을 표결했고 또 18대 몇 건 표결했는지 자료를 달라고 했다.

18대는 모든 국회 소위원회에서 44개의 법안을 표결했다. 19대 때는 소위원회에서 단 10건을 표결했다. 20대에서는 단 7건을 표결했다. 21대부터 민주당이 강행하는 일방적 표결이 많아지기 시작했다. 21대에는 64건을 표결했다. 소위원회에서. 22대 돼서 지금 8개월 됐는데 몇 건 표결한 지 아시는지? 소위원회에서 무려 113건을 표결했다.

압도적 지위를 누리는 다수당에 의한 의회 독재가 이루 말할 수가 없다. 왜 이들이 이렇게 마음대로 할 수 있느냐? 우리도 18대 때 180석 가졌다. 그러나 원 구성, 국회의장은 누가 하고 법사위원장 누가 하고, 예결위원장은 누가 하고, 상임위원장 배분을 위해서 8월 말까지 논의를 했다. 당시 여권이 180석이었는데, 그때 민주당과 상의하여 당연히 국회의 관행에 따라서 의장은 우리가 하고 법사위원장은 민주당을 세웠다.

민주당이 이번 국회에서 어떻게 했느냐? 작년에 딱 구성되자마자 "안 받으면 표결이야!" 그러면서 의장, 법사위원장, 예결위원장, 운영위원장 다 가져갔다. 우리한테 준 상임위원장은 뭐냐, 소위 쭉정이 껍데기 같은 상임위원장을 주었다. 논란이 없는 것, 싸우지 않는 것, 그래서 산업, 산자위 이런 것만 주었다.

이렇게 그들이 다 가지고 있기 때문에 이제는 우리 눈치 볼 것도 없다. 오늘 이 법안 통과해, 10일 이후에 우리 이 법안 통과해야 돼 그러면 이렇게 표결하기 시작한다. 이게 말이 되느냐? 이렇게 한 전례가 없었다.

2. 민주당의 의회 독재와 줄탄핵

이번 국회에서 탄핵을 29번을 했다. 민주당이 헌정사상 가장 많이 했고, 또 헌정사상 최초로 검사 탄핵을 했다. 탄핵을 17대 때 3번, 18, 19대는 한 번씩, 20대는 5건이었을 뿐이다.

이들이 다수당이 되면서 29번을 하였다. 감사원장을 탄핵하는 등 우리 헌정사상 초유의 일들이 벌어져 왔다. 완전히 의회주의가 파괴되고, 붕괴되는 상황에서도 정청래 국회의 탄핵 소추위원장이 "헌법 46조에 국회는 표결, 다수결이 원칙이다"라고 규정되었다고 헌법 재판소에서 말하였다. 어제 윤 대통령 탄핵심판의 결심 재판에서도 이 말을 했다. 그의 정치철학임이 분명하다.

헌법 제49조에 그렇게 돼 있다. 2분의 1이다. 그러나 그거는 본회의 표결 정족수라는 거다. 본회의에 가면 그렇게 의결하라는 거다. 그것도 합의된 안건에 대한 의결이다. 원래 본회의 회의 기일을 잡는 것도 합의고, 그래서 교섭단체끼리 회의를 하는 거다. 그래서 원내대표들 회담을 하는 거다. 근데 이 관행을 모르는 사람들은 다수결의 원칙이 맞지 않나 라고 생각할 것이나, 아니다.

그리고 우리 헌법 제49조에서 말하는 다수결 원칙은, 정 의원의 주장처럼 쪽수만을 헤아려 무조건 다수의 의사에 따르는 '형식적 다수결 원칙'을 말하는 것이 아니다. 양쪽의 견해가 대립하는 경우 대화와 타협을 통해 성실하고 진지하게 문제에 접근하는 과정을 거치는 것을 전제로 하여 최후의 수단으로 다수결에 따르는 '실질적 다수결 원칙'이 민주국가에서 말하는 다수결 원칙이다. 과거의 헌법재판소 판례는 이를 확인하며, 여러 번 법안의 강행 처리(날치기)에 부정적 입장을 표명한 바도 있다.[6] 그러므로 정 의원의 다수결 논리는 민주국가에서 말하는 다수결원칙이 아니라 그것은 나치 독일의 파시즘 국가나 공산 독재국가의 것이다. 그만큼 그의 사고는 위험한 성향을 나타낸다. 그가 이번 국회에서 법사위원장으로 있으며 그리고 엄청난 숫자의 탄핵소추를 남발하며 의회민주주의의 정수를 파괴한 일은 두고두고 역사에 남을 것이다.

내가 초선 때 "아니 국회법에는 분명히 상임위의 의안이 접수된 후 7일 있다가 상정을 하는데 왜 여야가 합의했다고 바로 상정합니까?"라고 원내 수석 부대표한테 물어본 적이 있다. 그랬더니 원내 수석 부대표가 당시 남경필 의원이었는데 이렇게 얘기를 하였다. "국회는 여야가 합의하면요, 남자가 애 낳는 거 빼고 다 할 수 있어요."

그게 무슨 말이냐? 합의가 법보다 우선이다. 그것이 국회의 오래된 관습법이다. 근데 이것을 이렇게 무시하고 의회주의가 망가진 것, 그래서 저들이 저렇게 독주를 하고, 의회 독재를 하는 것에 기초가 되어 있다.

그래서 지금 우리가 할 건 뭐냐, 법사위원장 뺏어야 되는 게 제일 우선이다. 법사위원장하고 의장은 국회 내에서의 견제와 균형을 만드는 것이고 관례에 따라 법사위원장은 후반기에라도 우리에게 주

---

6 헌법재판소 2020. 5. 27. 2019헌라3등 국회의원과 국회의장 등 간의 권한쟁의 사건 "의회민주주의의 본질적 요소 중 하나인 다수결의 원칙은 의사형성과정에서 소수파에게 토론에 참가하여 다수파의 견해를 비판하고 반대의견을 밝힐 수 있는 기회를 보장하여 다수파와 소수파가 공개적이고 합리적인 토론을 거쳐 다수의 의사로 결정한다는 데 그 정당성의 근거가 있다. 헌법상 다수결의 원칙을 실질적으로 이해하여 다수의 뜻에 따른 의사결정의 전제로서의 토론을 포함하는 것으로 본다면, 안건 소관 위원회에서 신속처리안건 지정동의안에 대하여 표결하는 경우에도, 그러한 지정동의안에 대한 실질적인 토론은 당연히 전제되어야 한다." 그 외 같은 취지의 헌법재판소 2023. 3. 23. 2022헌라2; 2015. 11. 26. 2013헌라13; 2010. 12. 28. 2008헌라7 등; 2007. 7. 26. 2005헌라8 참조.

어져야 한다.

3. 좌파 사법 카르텔의 장악

좌파들은 지금 진지를 다 갖추고 있다. 언론 진지 갖춘 건 이미 알고 있고 앞서 김기현 의원도 지적했으나, 저쪽 사람들은 법조계에 진지를 구축할 생각을 일찍부터 하고 있었다. 그것이 언제부터 가능했느냐? 사법연수원 28기인가 29기부터 1,000명씩 뽑았다. 그때 묵었던 사람들이 한꺼번에 합격하여 다 법조의 제도권으로 들어갔다. 일종의 NL계들은 그때부터 판사도 하고 검사도 하고 기자도 하고 다 해서 진지를 구축할 수 있었다.

그리고 5%밖에 안 되는 우리법연구회가 대한민국 사법계를 완전히 철저히 장악한 것이다. 여러분도 다 보시듯이, 대통령에 대한 불법 수사, 편향적인 재판, 다 우리법연구회 그리고 그 후신인 국제인권법연구회 출신들이 하고 있다.

이러한 좌파 사법 카르텔이 완전하게 구축되어 있는 이것으로 말미암아 지금 대한민국 정치는 완전히 정치의 사법화가 되었고 또 거꾸로 말하여 사법의 정치화를 정말 극으로 보여주고 있다.

워낙 대통령하고 친하다고 말씀하시는 분들이 많지만 내가 친윤도 아니고 과거 대통령한테 구박도 좀 받았다. 그래서 나는 면회 신청도 못하고 있는데 제일 먼저 권영세, 권성동 대표랑 같이 오라고 그러셨다. 그때 뵙고 그 분이 좌파 사법 카르텔을 말씀하셨다. 나는 이 좌파 사법 카르텔, 좌파 기득권 세력을 우리가 어떻게 깨느냐, 어떻게 그들의 힘을 약화시키느냐 이것이 우리가 꼭 해야 할 숙제라고 생각한다.

4. 대한민국 곳곳에 난 구멍

지금 보니까 우리 사회에 구멍난 것이 너무나 많이 보인다. 사실 나는 그것을 예상도 하고 해서 막 싸우기도 했다. 예컨대 내가 5년 전에 원내대표 할 때 패스트트랙을 저지하려고 일어난 사건을 여러분도 기억하실 거다. '빠루 나경원'이라는 별명이 회자되었다. 그런데 그 빠루를 제가 들은 건 아니라 민주당 걸 뺏어온 거다. 그때 우리가 공수처 설치하지 말자고 그렇게 싸운 것이다. 그 때문에 아직까지 재판 받고 있다. 송달 안 받은 바도 없고 변호사 선임도 안 한 적이 없는데 아직까지 재판하고 있다.

그런데 구멍이 숭숭 났다는 건 뭐냐. 어제 2월 25일 대통령께서 최후 진술하신 내용과 변호사의 변론을 보면, 이미 간첩들의 지령에 따라 행동하는 민노총의 일부 간부에서 나타나는 형태가 우리 사회에 너무 흔하고, 그래서 우리는 벌써 어느 틈에 북한의 지령과 똑같은 문구를 들고 시위하는 모습을 대한민국에서 보고 있다.

그럼 어떻게 이게 가능했느냐? 결국은 그들과 내통하는 세력들이 있는 것도 사실이지만, 한쪽으로는 좌파들은 그들을 처벌하지 못하도록 끊임없이 그 방향으로 나라를 바꿨다는 점을 주목해야 한다. 국정원에서 간첩죄의 수사권을 뺏은 것을 보라. 왜 빼앗았겠느냐? 그리고 간첩죄의 대상을 확대하지 않는 것을 보라. 왜 확대하지 않을까? 이처럼 우리 사회는 곳곳에 구멍이 숭숭 나 있다.

5. 위장 중도 우파의 이재명

그리고 마지막으로 이재명이라는 사람은 어떤 사람일까? 내가 보기에는 가장 친북 좌파적인데, 가장 아닌 척하는, 중도 우파라고

까지 위장하여 얘기하는 사람이다. 그래서 내가 '좌충우돌 혹세무민'이라고 했다. 그래서 가장 무서운 사람이라고.

우리는 어떻게 해야 하는가?

그러면 이런 이런 상황에서 우리는 어떻게 해야 되느냐? 그나마 용감하게 행동해 주시는 분들이 계셔서 다행이다. 그러나 일부 사람들을 보면 참 걱정이다. 벌써 조기 대선한다고 들썩인다. 벌써 중도로 확장해야 된다고, 당내 기회주의자들한테 기회를 주자고 한다.

보수 정당은 그동안 이념 집단이 아니라 이익 집단화되는 경향이 있었다. 보수 정당은 용기 있는 사람들보다는 좋은 말로 하자면 혁명을 하자는 사람들에게, 나쁜 말로 하면 기회주의적인 분들한테 중도 확장이라는 이유로 기회를 줘 왔다.

지금 우리가 해야 될 일은 무엇보다 한국 정치에서 '3기'를 타파하는 것이다. 좌파 기득권 세력, 그에 붙어 있는 기생 세력, 그리고 기회주의 이 세 가지를 우리는 반드시 분쇄해야 된다.

우리가 생각하는 방향으로, 그리고 우리가 생각하는 방법으로 대한민국을 더 잘 만들 수 있고, 우리 세대에게 더 좋은 대한민국을 만들어줄 수 있다는 확신을 주어야 중도 확장이 가능하다. 이것도 저것도 아니고, 이 눈치 저 눈치 보는 그런 기회주의적인 행위는 대한민국의 중도 확장이 안 된다. 그리고 그런 지도자를 만약 다음에 우리 보수의 지도자로 세운다면, 우리 당은 또 제자리다 라고 생각한다.

윤석열 대통령의 역할과 기여

윤석열 대통령 100% 잘하셨다고는 말씀 못 드리겠다. 제일 잘못하신 게 인사이다. 인사, 공수처장 잘못 인사했다. 내가 일단 그것만 말씀드리나, 가슴에 품고 있는 말을 여러분도 잘 아실 것이다.

대통령이 잘하시는 거 용기 있는 보수였다. 대통령 아니었으면, 한일 관계 용기 있게 풀어내는 대통령 없었다. 이승만 대통령 수면 위에 올린 그런 대통령은 없었다. 그리고 지금 탄핵 찬성 집회가 저렇게 지리멸렬한 이유는 민노총을 반쯤 두드려 잡았기 때문이라고 생각을 한다. 윤석열 대통령 아니었으면 절대 안 되는 일이었다.

보수 정치의 미래

앞으로 용기 있는 보수의 지도자가 나오지 않으면 우리는 또 저들에게 금방 패배할 것이라고 생각을 한다. 대한민국에서 우리하고 생각이 다르다고 모두 나쁜 사람이라는 이야기를 하려는 것이 아니다. 좌파와 우파가 건강하게 경쟁하면 좋겠지만, 지금 대한민국 좌파는 친북 종북 좌파라서 문제인 것이다.

그래서 우리가 정말 용기를 내서 우리의 이념에 더 충실하고, 그리고 행동하는 그런 우파가 되었으면 좋겠다. 그 선두에 계신 신평 교수에게 다시 한 번 감사 말씀드린다. 모두 하나 되어서 함께 좋은 대한민국, 자유민주주의 대한민국을 만들어 갔으면 좋겠다. 고맙다.

1. 헌정질서·법치주의 수호 및 사회안정·국민통합을 위한 헌법·법률·양심에 따른 공정한 평의 촉구 탄원

국민의힘 국회의원들의 2025년 2월 28일 헌법재판소 공개탄원서

문형배(소장대행), 이미선, 김형두, 정정미, 정형식, 김복형, 조한창, 정계선 헌법재판관 귀중

대한민국의 헌정 질서를 바로 세우고, 법치주의를 수호할 책임과 의무를 국민으로부터 부여받은 헌법재판소 재판관들께 본 탄원서를 제출한다.

우리는 대한민국 국회의원으로서, 그리고 헌법 질서를 수호해야 할 책무가 있는 국민의 대표로서, 대통령 탄핵심판과 관련하여 헌법재판소의 신중하고 공정한 판단을 간곡히 탄원한다.

우리는 오직 법치주의와 헌법 정신에 충실한 결정만이 극단적 국론분열을 막고 국가적 위기를 극복할 수 있다는 점을 깊이 인식하고 있다. 이에 헌법재판소가 정파적 이해관계나 정치적 고려를 배제하

---

7   아래의 두 개 탄원서는 나경원 의원이 직접 쓴 것으로, 출판기념회 강연의 내용을 좀 더 논리적으로 정리한 것들이다.

고, 다음의 중요 사항들을 고려하여, 오직 헌법과 법률에 근거한 공정하고 신중한 판단을 해주실 것을 간절히 촉구하는 바이다.

첫째, 탄핵소추안의 절차적 하자이다.

헌법재판소는 과거 박근혜 대통령 탄핵심판에서, "소추사유를 추가하거나 기존의 소추사유와 동일성이 인정되지 않는 정도로 소추사유를 변경하는 것은 허용되지 아니한다."고 결정한 바 있다. 그러나 이번 윤석열 대통령 탄핵심판은 탄핵소추안의 핵심이었던 내란죄가 빠졌음에도 별도의 국회 재의결 없이 탄핵심판이 지속되고 있다. 내란죄는 탄핵소추안의 70% 이상을 차지하고, 주요한 논거로 제시된 만큼 이를 삭제한 소추안은 본래의 것과 동일성이 유지되지 않다. 이와 같은 절차적 하자는 헌법재판소의 엄정한 심리가 필요한 사안이다.

국회의 탄핵소추안 의결 당시 다수의 의원이 내란죄를 포함한 원안을 전제로 표결을 진행하였으며, 내란죄가 삭제된 후에는 이를 다시 논의해야 했음에도 불구하고 절차가 생략되었다. 실제로 당시 탄핵소추안에 찬성 표결을 한 국회의원들 조차도 내란죄 철회에 대해 강하게 비판하고, 재의결의 필요성을 강변한 바 있다. 박근혜 전 대통령 탄핵 당시에도 핵심 소추사유의 변경이 허용되지 않았음을 고려할 때, 이번 탄핵심판은 동일성 원칙에 정면으로 배치된다.

특히 내란죄는 탄핵소추안 가결에 결정적인 영향을 미쳤다. 내란죄를 제외하고는 국회의원 204명의 찬성을 얻을 수 없었을 가능성이 매우 높다. 법치주의 원칙을 수호하기 위해서라도 헌법재판소는 이러한 절차적 문제점에 대한 심도 있는 검토를 해야 한다. 지금과 같은 탄핵소추 후 핵심사유 변경·제외의 선례를 남기는 것은 향후에도 정략적 탄핵소추의 길을 열어주는 것과 다름없으며, 이는 헌정질서에 심각한 위험이 될 것이다.

둘째, 헌법 및 법률 위반 여부의 불확실성이다.

탄핵은 단순한 정치적 판단이 아니라, 헌법과 법률에 대한 명확한 위반이 있을 경우에 한해 이루어져야 한다. 그러나 이번 탄핵심판에서 윤석열 대통령의 행위가 헌법 및 법률을 중대하게 위반하였는지에 대한 객관적 입증이 이루어지지 않았다.

증거자료에 대한 면밀한 검토 없이 신속한 결론을 내릴 경우, 법적 안정성과 절차적 정당성이 저해될 가능성이 있다.

핵심 증거로 제출된 홍장원의 메모는 작성 과정에서 제3자가 개입했다는 정황이 밝혀졌으며, 변형되었을 가능성이 여전히 존재한다. 또한, 특수전사령관의 핵심 증언이 민주당 의원들의 사전 연습과 회유에 의해 조작되었을 가능성이 제기되었으며, 이는 탄핵심판의 근거 신뢰도를 크게 떨어뜨린다.

이러한 상황에서 헌법재판소가 성급한 결론을 내리기보다 철저한 사실관계 검증과 심도 있는 법리 검토를 통해 판단의 신중성을 기해야 할 것이다.

셋째, 정상적 국정운영을 불가하게 한 거대야당의 의회독재이다.

대한민국은 지금 자유민주주의의 근간이 흔들리는 엄중한 시기를 맞이하고 있다. 윤석열 대통령 취임 직후부터 178회에 달하는 대통령 퇴진운동과 대선 불복 시위, 29건의 무분별한 연쇄탄핵, 26번의 정략에 치우친 특검법 발의, 38번의 악의적 재의요구권 유도를 비롯한 입법독재에, 셀 수도 없는 갑질 청문회 강행, 일방적 삭감의 예산독재에 이르기까지, 거대 야당의 의회 독재는 합의와 타협이라는 의회민주주의의 기본 원칙마저 무시하고 있다.

특히 22대 국회 들어 거대야당은 국회의장, 법사위원장, 운영위원장, 예결위원장까지 주요 위원회를 모두 독차지하며 '파괴적 의회독재'를 자행해왔다. 대통령의 핵심 공약인 반도체특별법을 비롯한 각종 민생법안들과 인구부 신설을 포함한 정부조직법 개정안마저 저지하며, 다수 의회권력으로 대통령과 정부가 제대로 일할 수 없도록 국정을 완전히 마비시켰다.

심지어 지난해에는 야당이 단독으로 정부 주요 예산 4조 1000억원을 일방 삭감하며 야당의 단독 감액 수정안을 여야 합의 없이 단독으로 강행 처리하기도 했다. 이 모든 것이 헌정 사상 초유의 일이다. 야당의 단독 감액 내역은 민생·경제 분야와 필수적 예산들이어서 일반 국민과 기업 피해가 불가피하며 국정운영에 큰 지장이 우려되던 상황이다.

결국, 불과 2년 만에 29명의 공직자에 대한 탄핵 발의, 13명의 탄핵소추, 직무 정지가 이루어졌고, 단 한 건도 헌재에서 인용되지 않았음에도 무분별한 탄핵이 계속되었다. 나아가 무자비한 일방 예산 삭감 처리까지 자행하며, 국회선진화법의 모든 견제 장치를 무력화시켰다. 이는 민주주의의 기본 원칙인 합의와 타협을 무시하고 다수의 횡포만을 앞세우는 '다수결 만능주의'의 극치이며, 헌정 질서를 위협하는 '입법 독재'라 하지 않을 수 없다.

넷째, 다수결 만능주의의 헌법적 위험성과 국회 합의민주주의 원칙의 중요성이다.

특히 이번 대통령 탄핵심판의 국회 소추인단 측 대표인 정청래 국회 법제사법위원장의 "여야 합의는 헌법과 국회법 어느 법에도 존재하지 않는다. 헌법 제49조에서 규정한 국회 의사결정은 다수결로 하라는 헌법적 명령"이라는 최후변론은 대한민국 헌정질서를 근본적으로 왜곡한 것이다. 이는 민주주의의 본질을 다수결 만능주의로 왜곡하고, 국회의 합의민주주의 원칙을 부정하는 위험한 발상이다.

국회는 근본적으로 합의제 기구이며, 의사결정 과정에서 합의 추구는 헌정 질서의 핵심이다. 국회법을 살펴보면 '합의(合意)'라는 단어가 총 15회, '협의(協議)'라는 단어가 55회나 등장한다. 제57조의 2에서 안건조정위원회 구성 시 여야의 합의를 요구하고, 제85조에서는 의장의 위원회 회부 시 교섭단체 대표와의 협의를 명시하는 등 국회법 전반에 걸쳐 합의와 협의 원칙이 제도화되어 있다. 국회의장의 직권상정과 다수당의 날치기 법안 통과를 막는 일명 '국회선진화법'이 2012년에 여야 합의로 통과된 건, 그만큼 '합의 정신'이 국회법 취지에 부합한다는 것을 방증하는 것이다.

국회 합의문화는 불문헌법적 관습법에 해당한다. 1987년 민주화 이후 30년 이상 지속된 국회의 합의 관행은 헌법재판소가 '관습헌법'의 요건으로 제시한 장기적 관행, 법적 확신, 명료성, 항상성, 국민적 합의의 요소를 모두 충족한다.

실제로 나경원 의원실이 국회사무처로부터 제출받은 자료에 따르면, 각 상임위와 소위 단계에서 이견이 있는데도 표결로 강행한 사례는 19대 국회 10건, 20대 국회 7건에 불과했다. 그러나 민주당과 야권이 약 180석의 거대의석을 차지한 21대 국회에서는 64건, 22대 국회에서는 불과 9개월 만에 113건으로 급증했다. 이 추세라면 22대 국회 4년 임기 동안 500건 이상을 합의 없이 거대 야당이 단독 처리할 것으로 예상된다.

본회의에서 다수가 불참한 상태에서 안건을 단독 의결한 사례역시 19대 국회 2회, 20대 국회 9회에 불과했으나, 21대 국회에서는 17회, 22대 국회에서는 이미 7회가 발생했다. 탄핵소추안 발의도 17대 국회 3건, 18대, 19대 국회 각 1건, 20대 국회 5건에서, 21대 국회 14건, 22대 국회 18건으로 폭증했다.

1987년 민주화 이후 국회의장을 맡는 당이 법사위원장을 맡지 않는 것은 여야의 견제와 균형을 위한 암묵적 관행이었다. 한나라당이 180석에 육박하는 거대 여당이던 제18대 국회에서도 한나라당은 국회 합의 정신을 우선시해 88일간의 오랜 협의를 통해 여야 합의로 상임위를 안배했다. 국회의장은 여당인 한나라당이, 법사위원장은 야당인 민주당이 맡도록 함으로써 원활한 국정운영이 가능하게 하면서도 견제의 균형을 맞추었다.

그러나 21대 국회에서는 47일만에 민주당이 단독처리로 모든 상임위를 독식했고, 22대 국회에서는 민주당의 일방적 통보와 겁박으로 개원 후 28일 만에 국회의장, 법사위원장, 운영위원장, 예결위원장까지 모두 독차지하는 원구성이 이루어졌다. 이는 타협과 합의의 여지를 남겨두지 않은 다수결만능주의 폭압에 의한 원구성 독재였다.

민주당은 20대 국회 말기, 연동형비례제, 공수처법 패스트트랙 강행으로 입법독재의 신호탄을 쐈었다. 이후 국회의장과 법제사법위원장이 모두 민주당 몫이 된 21대 국회와 22대 국회에서는 패스트트랙(신속안건처리) 제도조차 필요 없게 됐다. 민주당이 마음만 먹으면 단 하루 만에 모든 안건을 처리할 수 있는 구조를 만들어놓았다. 국회법 제59조에 따르면 상임위원회는 의안이 위원회에 회부된 날부터 제정안의 경우는 20일, 일부개정안의 경우에는 15일의 숙려기간을 두도록 하고 있으나, 이러한 취지를 완전히 무시하고 '채상병 특검법'과 '방송 4법' 등을 상임위 회부 후 각각 1일, 3일 만에 전체회의에 상정하여 통과시키는 등 쟁점 있는 다수의 법안을 일방적으로 처리했다.

더욱 충격적인 것은 2025년 예산안 처리 과정에서 민주화 이후 처음으로 야당 단독으로 삭감 의결하는 예산독재 만행이 자행되었다는 점이다. 민주당은 대통령비서실·국가안보실의 특수활동비, 검찰 특정업무경비와 특활비를 전액 삭감했다. 감사원 특경비·특활비, 경찰 특활비도 모조리 깎았다. 이는 명백히 민주당을 수사한 기관과 윤석열 정부의 손발을 묶겠다는 의도로 볼 수밖에 없다. 이를 포함해 자연재해 대책 등 예산 편성 때 예상할 수 없는 지출에 대응하기 위한 예비비까지 포함하여 정부가 제출한 예산안 677조 4천억 원 중 4조 1천억 원을 일방적으로 삭감한 것은 헌법이 규정한 정부의 예산 편성권을 정면으로 부정하는 행위이다.

작금의 민주당의 입법 폭주와 탄핵 시리즈는 법에 의한 민주적 지배가 아니라 법을 이용한 다수당의 사적 지배라고 해도 지나치지 않다. 법치라는 절차적 정당성을 갖는다고 해도 '민주주의 정신'에 부합하지 않으면 진정한 민주주의라고 보기 어렵다. 민주주의가 성숙한 나라는 사회적·정치적 합의가 이루어진 '관행'을 법 이상의 소중한 사회적 자산으로 삼는다. 법만으로는 민주주의를 지킬 수 없다는 것을 오랜 경험으로 체득했기 때문이다.

노무현 대통령 당시 세종시 수도 이전을 위해 추진한 '신행정수도건설특별법'이 2004년 헌법재판소에서 위헌 결정을 받았을 때, 헌재는 '수도가 서울이라는 것은 불문헌법'임을 근거로 제시했다. 헌법에 명시되지는 않았지만 조선시대 이래 지금까지 서울이 대한민국의 수도라는 사실에 의심할 필요가 없다는 것이다. 마찬가지로, 국회 합의 원칙 역시 명문화되지 않았을 뿐 우리 헌정질서의 중요한 일부이다.

이견과 우려가 있는 안건들을 단순히 수적 우위만으로 곧바로 의결하는 것이 민주주의라면, 대화와 타협, 합의와 협치가 왜 필요한 것이겠나? 지금과 같은 다수결만능주의로 민주당이 대통령의 국정 운영을 방해하고, 입법독재와 줄탄핵, 특검과 정략악법으로 국정마비, 방탄국회 만행을 계속한다면, 대통령이 헌법이 부여한 고유 권한을 행사하는 것 외에 어떤 방법으로 이를 막을 수 있다는 말인가?

헌법재판소도 2015헌라1 결정에서 "헌법 제49조에서 규정하는 다수결원리는 국회의 의사형성과정에서 소수파에게 토론에 참가하여 다수파의 견해를 비판하고 반대 의견을 밝힐 수 있는 기회를 보장함으로써, 다수파와 소수파가 공개적이고 합리적인 토론을 거친 후 다수의 의사로 결정한다는 데 그 정당성이 있다"라면서도 '다수결의 불가피성'을 판시한 바 있다.

이는 국회의 의사결정에 있어 우선적으로 '합의와 협의'를 통한 토론 과정이 보장되어야 하며, 그 과정이 충분히 이루어진 후에 불가피할 경우에 제한적으로 다수결이 작동하는 것이 헌법 정신임을 확인한 것이다. 국회에서의 다수결 원칙은 무제한적인 다수의 독주를 정당화하는 것이 아니라, 소수의 의견이 충분히 반영될 수 있는 토론과 합의의 과정이 선행된 후에 비로소 정당성을 가질 수 있는 것이다.

따라서 헌법재판소는 이번 탄핵심판에서 단순히 절차적 합법성만을 고려할 것이 아니라, 민주주의의 본질과 헌법정신을 깊이 있게 성찰해야 한다. 다수결만능주의가 초래한 국회의 파행과 국정마비 속에서 대통령이 헌법이 부여한 고유 권한을 행사한 것을 탄핵의 근거로 삼는다면, 이는 '다수의 전제'를 사법적으로 승인하는 위험한 선례가 될 것이다.

헌법이 설계한 권력분립과 상호견제의 원칙이 다수당의 일방적 독주에 희생되는 순간, 우리의 헌정질서는 회복 불가능한 손상을 입게 될 것이다. 민주주의는 다수결에 의한 결정만을 의미하는 것이 아니라, 소수의 권리를 존중하고 권력간 균형과 합의를 추구하는 정치체제이다. 헌법재판소가 이러한 민주주의의 본질을 깊이 인식하고, 대한민국 헌정질서의 마지막 수호자로서 현명한 판단을 내려주실 것을 간곡히 호소한다.

다섯째, 계엄선포권 행사의 통치행위성, 헌법전문가들의 견해이다.

비상계엄 선포라는 극단적 조치에 대해 이견이 있을 수 있으나, 우리 헌법은 국가원수이자 행정부 수반인 대통령에게 계엄선포권을 부여하고, 이에 대한 통제 권한을 국회에 부여하고 있다. 거대 야당의 무분별한 의회 독재 앞에서 대통령이 헌법이 부여한 권한을 행사하는 것 외에 다른 선택지가 있었는지 깊이 고민해봐야 한다.

대통령이 12월 3일 밤 10시 29분에 계엄을 선포하고, 국회가 2시간 33분 만에 계엄해제를 요구했으며, 대통령이 12월 4일 오전 5시 40분에 계엄을 해제한 일련의 과정은, 헌법이 예정한 대통령과 국회 간의 권력 균형이 정상적으로 작동한 것이라는 헌법 전문가들의 견해도 경청할 필요가 있다. 특히 계엄 시행 과정에서 국회의원이나 시민에 대한 체포 등 기본권 침해 사례가 발생하지 않았고, 국회가 헌법에 따른 계엄해제 요구권을 행사하자 이를 즉각 수용했다는 점에서, 면밀한 추가 사실관계 확인 및 법리적 검토가 필요하다.

헌법재판소도 2004년 이라크 파병 사건(2003헌마814)에서 "외교 및 국방에 관련된 고도의 정치적 결단이 요구되는 사안에 대한 정치기관의 결정은 사법심사의 대상이 되지 않는다"라고 결정한 바 있다. 대법원 역시 2004년 판결(2003도7878)에서 고도의 정치적 성격을 지닌 행위에 대한 사법심사는 사법권의 내재적·본질적 한계를 넘어서는 것이라고 한 바 있다.

나아가 최근 미국 연방대법원은 대통령의 직무 행위에 대해 면책특권을 인정하면서, '대통령이 잠재적 기소의 위험 아래에서 자신의 직무수행을 주저하게 된다면, 그것은 효과적인 정부 기능에 특별한 위험을 야기하는 것'이라고 판시했다. 이러한 법리는 우리 헌법재판소가 이번 탄핵심판을 심리함에 있어 깊이 고려해야 할 중요한 준거가 될 것이다.

여섯째, 형사소송법 개정 취지와 증거능력 문제이다.

2020년 형사소송법 개정에 따라, 피고인이 검찰에서 한 진술은 법정에서 본인이 동의하지 않으면 증거로 사용할 수 없도록 규정되어 있다. 또한, 헌법재판소법 제40조 제1항에서는 탄핵심판의 경우 형사소송에 관한 법령을 준용하도록 하고 있다. 그럼에도 불구하고 헌법재판소는 형소법 개정 이전의 2017년 박근혜 전 대통령 탄핵 재판을 인용하며, 개정된 형사소송법의 취지를 충분히 고려하지 않은 채 검찰 진술을 광범위하게 증거로 채택해왔다.

더욱이 헌법재판소법 제32조에 따르면 수사 중인 사건의 기록 송부를 요구할 수 없음에도 불구하고, 수사기록을 송부받아 증거로 채택하고 있는 것은 법적 근거가 없는 절차이다. 이는 현행 형사소송법 개정 취지에 부합하지 않으며, 헌법재판소가 형사재판의 기본 원칙을 고려하여 보다 신중한 판단을 해야 하는 사안이다.

일곱째, 헌법재판소의 절차적 공정성과 법적 안정성의 보호 필요성이다.

헌법재판소는 탄핵심판에서 엄격한 증거 기준과 절차적 정당성을 유지해야 하지만, 이번 심리 과정에서는 절차적 공정성이 크게 훼손되었다. 피청구인의 변론권이 충분히 보장되지 않았으며, 증인 신문 기회가 제한되었고, 변론기일이 축소되는 등의 문제가 발생하였다. 특히 대통령 측이 신청한 추가 증거와 증인이 배제되었으며, 변론 기회를 충분히 제공받지 못한 채 심리가 진행되었다.

또한 헌법재판소는 변론 기일을 주 2회로 지정하고, 한 기일에 여러 명의 증인을 신문하는 등 이례적인 속도로 심리를 진행하고 있으며, 대통령 측의 반대신문사항을 사전에 제출하도록 강요하는 등 방어권을 심각하게 침해해 왔다.

나아가, 대통령 측 증거 제출이 차단되고 헌재의 심리 과정에서 방어권 보장이 충분히 이루어지지 않은 점은 절차적 공정성의 핵심 요소로 재검토가 필요하다.

일반 형사재판에서도 피고인의 방어권이 보장되지 않으면 공정성을 인정받기 어렵다. 헌법재판소가 대통령 탄핵 심판이라는 역사적인 결정을 내리면서 방어권 보장을 소홀히 한다면, 국민적 신뢰를 받기 어려울 것이다. 국정의 안정과 법치주의 원칙을 고려할 때, 헌법재판소는 성급한 결정보다는 충분한 증거 검토와 심리를 거쳐야 한다.

여덟째, 재판관 구성의 중립성 문제와 인권위원회의 권고, 국제사회의 우려이다.

현재 헌법재판소 재판관들의 과거 행적과 발언, 가족관계 등으로 인해 공정성에 대한 국민적 우려가 제기되고 있는 상황이다.

이러한 상황에서 국가인권위원회도 탄핵심판의 절차적 공정성이 보장되지 않은 점을 지적하며, 대통령의 방어권이 침해되고 있음을 공식적으로 경고하였다. 이는 헌법적 기본권 보장에도 위배되는 사안으로, 헌법재판소는 이를 충분히 고려해야 한다.

더욱이 이번 탄핵 사태는 국제적 관심사로도 확대되고 있다. 지난 2월 21일 미국 보수정치행동회의(CPAC) 연례행사에서 트럼프 1기 행정부의 모스 탄 전 국무부 국제형사사법 대사는 '미국은 한국의 민주주의 위기 상황에 주목하고, 한미동맹 차원에서 윤 대통령의 합법적 지위 회복을 지원해야 한다'고 강조했다. 이는 이번 탄핵심판이 한미동맹과 대한민국의 국제적 위상에도 중요한 영향을 미칠 수 있음을 시사한다.

미국을 비롯한 국제사회에서도 대한민국의 이번 대통령 탄핵심판을 엄중히 주시하고 있는 만큼, 헌법재판소의 이번 결정은 그 어느 때보다 엄격한 법리적 검토와 절차적 정당성을 갖춰야 할 것이다.

특히 국가안보와 통상 등 국익이 걸린 중대한 시기에, 헌법재판소의 판단은 국민통합과 사회안정에 지대한 영향을 미칠 것이다. 따라서 충분한 심리와 증거 검토를 통해 헌법과 법률에 충실한 공정한 판단이 이루어져야 한다.

아홉째, 다수 공직자 탄핵소추의 우선 심리 필요성: 국정 공백과 외교 마비 상태의 심각성이다.

현재 한덕수 국무총리, 박성재 법무부 장관, 최재해 감사원장, 조지호 경찰청장, 이창수 서울중앙지검장을 비롯한 다수 공직자에 대한 탄핵소추가 헌법재판소에 계류되어 있다. 이는 국가 행정체계의 근간을 흔드는 중대한 사태이며, 대외신인도에도 심각한 타격을 주고 있다.

특히 한덕수 국무총리의 탄핵소추로 인한 직무 정지는 국가 정상외교의 완전한 마비를 초래하고 있다. 트럼프 2기, 미국의 관세 부과 위협과 글로벌 통상전쟁이 격화되는 엄중한 시기에, 한덕수 대통령 권한대행 총리마저 직무를 수행할 수 없는 상황은 국익에 심각한 손실을 야기하고 있다. 최상목 대통령 권한대행이 대통령, 총리, 경제부총리, 중앙재난안전대책본부장까지 1인 4역을 하고 있지만, 아직까지 주요국 정상들과의 전화 통화도 어려운 상황으로, 우리나라의 핵심 이익이 걸린 통상 협상에서 제대로 된 대응을 할 수 없는 실정이다.

또한 박성재 법무부 장관과 검찰 고위 간부들에 대한 탄핵소추는 법집행기관의 독립성과 공정성을 훼손하고 있으며, 주요 부처 수장들에 대한 탄핵소추는 국정 운영의 공백을 초래하고 있다. 이는 결과적으로 국가안보와 경제 안정에 심각한 위험을 초래할 수 있다.

대한상공회의소를 비롯한 주요 경제단체들은 탄핵정국 장기화로 인한 경제적 불확실성 증대를 우려하고 있으며, 주요 신용평가사들 역시 한국의 정치적 불안정성을 지적하며 신용등급 하향 가능성을 언급하고 있다. 실제로 최근 '관세 쇼크'로 인한 코스피 급락과 원·달러 환율 급등은 정치적 리더십 부재가 경제에 미치는 부정적 영향을 여실히 보여주고 있다.

따라서 헌법재판소는 대통령 탄핵소추 심리의 전제가 되는 한덕수 국무총리를 비롯한 다른 공직자들에 대한 탄핵소추를 우선적으로 심리하여 국정 공백을 최소화하는 방향으로 판단함으로써, 국민 피해를 최소화하고 법치주의를 바로 세워야 한다. 특히 국가 외교역량의 핵심인 총리의 탄핵심판은 더욱 시급히 처리되어야 하며, 이를 통해 고조되는 통상 위기에 대한 정상급 외교 대응이 가능하도록 해야 할 것이다.

열 번째, 조급한 결론이 초래할 국론 분열과 불복 사태 우려이다.

탄핵심판은 대한민국 헌정 질서에 지대한 영향을 미치는 사안이다. 따라서 절차적 정당성과 국민적 신뢰가 무엇보다 중요하다. 그렇기에 헌법재판소의 결정, 사소한 흠결도 있어서는 안된다. 헌법과 법률을 초월해 이뤄져서도 안된다.

지금과 같이 헌법적·법적 이견이 있고, 법적·절차적 흠결이 제기되는 상황에서 성급한 결론은 심각한 국론 분열과 대규모 불복 운동으로 이어질 수 있다. 헌법재판소 탄핵 심판과정에 대해 불신한다는 의견이 국민의 절반인, 50%에 육박한다는 여론조사도 연이어 나오고 있다.

탄핵 심판이 절차적으로 충분한 검토와 공정한 심리를 거치지 않을 경우, 사회적 신뢰를 확보하기 어려울 것이다. 이번 탄핵심판은 대통령 탄핵 여부를 넘어, 대한민국 헌정사의 중대한 전환점이 될 것이다. 우리나라가 법치주의의 근본 가치를 지켜나가며 헌법적 질서 속에서 국민통합의 길을 걸을 수 있을지, 아니면 정쟁의 도구로 헌법과 법률 제도가 악용되는 탄핵 공화국으로 전락할지를 결정 짓는 역사적 분기점이 될 것이다.

적법 절차와 법치주의 원칙 하에서 충분한 심리와 숙고 속의 결론이 나올 때, 국민들은 그 결정을 신뢰하고 승복할 수 있을 것이다.

열한 번째, 결론: 헌법적 가치와 국민 통합을 위한 공정한 평의 촉구

이번 탄핵심판은 대한민국의 헌정질서와 법치주의의 중대한 시험대이다. 헌법재판소는 헌법 위에 서는 초헌법적기구가 되어서는 안된다. 헌법재판소는 정치적 고려를 떠나 오직 헌법과 법률에 기반한 판단을 내려야 하며, 절차적 정당성을 철저히 지켜야 한다.

탄핵소추안의 중대한 절차적 하자, 계엄선포의 통치 행위성 논쟁, 핵심 증거의 신빙성 문제, 방어권 보장의 미비 등을 종합적으로 고려하여, 헌법과 법률, 그리고 헌법재판관의 양심에 따른 공정하고 신중한 판단이 이루어져야 한다.

이 탄핵심판의 결과가 국민의 분열이 아닌 통합으로 이어지기 위해서는, 헌법 가치와 법치주의 원칙에 충실히 부합하는 판단이 반드시 전제되어야 한다. 조급하게 내려진 결론은 심각한 국론 분열과 불복 사태를 초래할 수 있으며, 이는 우리 사회의 안정과 발전에 커다란 장애가 될 것이다. 온 국민이 수긍할 수 있는 판단은 오직 헌법과 법률에 근거한 공정하고 투명한 평의 과정에서만 도출될 수 있다.

이에 헌법재판소가 탄핵소추의 모든 쟁점을 헌법과 법률에 따라 공정하게 평의하여, 우리 사회의 헌정질서와 사회안정, 그리고 국민 통합에 기여하는 현명한 판단을 내려주실 것을 간절히 탄원한다. 이는 단순히 탄핵의 당부를 넘어, 우리 대한민국의 헌정질서·법치주의 수호와 최소한의 사회안정을 위한 주권자인 국민의 염원이라 할 수 있다.

헌법재판소의 결정은 단순히 한 시대의 판단으로 끝나지 않을 것이다. 그것은 대한민국 법치주의의 미래를 결정짓는 역사적 이정표가 될 것이며, 후대의 역사는 반드시 이 결정의 의미를 엄중히 평가할 것이다. 대한민국의 헌정질서와 법치주의, 그리고 국민통합을 위한 길은 헌법재판소의 공정하고 균형 잡힌 판단에 달려있다.

2025년 2월 28일

국민의힘 국회의원 나경원 등 76인

2. 적법 절차에 따른 재판 촉구 탄원서: 합의민주주의의 의미와 국회 표결을 가장한 의회 독재 실상

국민의힘 국회의원 2025년 3월 12일 헌법재판소 2차 공개탄원서

문형배(소장대행), 이미선, 김형두, 정정미, 정형식, 김복형, 조한창, 정계선 헌법재판관 귀중,

헌법재판소에서 심리 중인 대통령 탄핵심판 사건과 관련하여, 적법절차와 법치주의 원칙에 근거한 현명한 결정을 촉구하고자 본 탄원서를 추가로 제출한다.

특히 민주당의 내란몰이 사기탄핵과 불법구금에 이은 심각한 의회독재 상황에서, 합의민주주의와 의회민주주의의 본질을 바로 세우고 법치·적법절차를 회복하기 위한 헌법재판소의 현명한 결정을 간곡히 요청드린다.

1. 적법절차원리의 헌법적 중요성

주지하다시피, 적법 절차, 듀 프로세스(due process of law)의 개념은 중세 영국의 마그나 카르타 제39조에서 시작되었다. 이 조항은 "자

유민은 합법적 재판 또는 법률에 의하지 않고는 체포·구금·재산 박탈·추방 또는 어떠한 방식으로든 고통받지 않을 것”이라 명시하고 있다.

이 원칙은 에드워드 3세 통치기인 1354년 법률에 따른 정당한 절차(due process of law)라는 표현으로 정리되어 영국법의 ‘법의 지배(rule of law)’ 원칙의 기초가 되며 영국 권리청원(1628)과 권리장전(1689)을 거쳐 발전했다.

이 개념은 미국 독립 선언(1776)과 권리장전(1791)에서 계승되어, 미국 연방헌법 제5조는 “어떠한 사람도 정당한 법 절차 없이 생명, 자유 또는 재산을 박탈당하지 않는다”라고 규정했다.

우리 헌법 역시 제12조 제1항에서 “모든 국민은 신체의 자유를 가진다. 법률과 적법한 절차에 의하지 아니하고는 처벌, 보안처분 또는 강제노역을 받지 아니한다”라고 명시하고, 제13조에서 소급입법 금지 및 이중처벌 금지를 규정함으로써 이 위대한 법치 원칙을 계승하고 있다.

특히 우리나라가 독재와 권위주의를 극복하고 민주주의를 정착시키는 과정에서, 영미법의 듀 프로세스는 권력 남용을 견제하고 국민의 자유와 권리를 보호하는 근본원칙으로 헌법적 가치를 지니게 되었다. 이는 단순한 법원리, 법적 절차의 의미를 넘어 자유민주주의의 본질이자 대한민국 법치주의의 초석이다.

듀 프로세스를 강조하는 것은 바로 이것이 법치, 법의 지배의 뼈대이기 때문이다. 이것이 한번 무너지면 대통령 한 명의 광풍 같은 탄핵, 내란죄의 성부의 문제가 아니라 우리 소중한 국민 개개인의 인권을 비롯한 기본권 침해의 지옥문을 열게 되는 것이다.

대통령에 대한 탄핵 헌법재판, 내란 형사재판은 이제 대한민국 헌정사의 적법절차 Due process의 새로운 역사의 이정표가 될 것이다. 부디 대한민국 국민의 헌법적, 법적 권리가 수호되고 고양되는 방향으로 전개되기를 간절히 바란다.

2. 대통령 구속 취소 결정의 헌법적 의미

대통령께서 2025년 3월 8일 불법 구금에서 석방되었다. 이재명 민주당의 의회 독재, 정략 줄탄핵, 내란몰이 이후, 하나하나 무너져 가던 적법 절차 중 하나가 이제야 바로 잡혔다. 그러나 이는 시작에 불과한다. 대통령 불법 구금 석방은 법치, 적법 절차 회복의 신호탄이다.

법원은 이 구속 취소 결정을 통해 '공수처는 내란죄 수사권이 없고, 공수처와 검찰이 구속 기간을 나눠서 사용할 수 없으며, 두 기관 간 신병 인치 절차가 없어 수사 과정의 적법성에 의문'이라는 점을 사실상 확인했다. 적법 절차의 중요성이 강조된 것이다.

3. 헌법재판소에 요구되는 적법 절차 원리

가. 소추 동일성 상실로 인한 각하 사유

민주당의 내란몰이 사기탄핵 이후, 헌법재판소 심리 과정에서 탄핵소추사유의 핵심인 내란죄가 철회되었다. 이는 중대한 사정 변경으로, 이미 탄핵소추의 동일성을 상실한 것이다. 형사사건의 경우 공소장변경으로 경한 죄로 변경된다면 피고인에게 당연히 이익이 되므로 허가되겠지만, 탄핵재판은 동일성이 상실된 소추를 다시 하기 위해서는 국회의 동의와 재의결이 반드시 필요하다. 헌법재판소가 헌법을 형사법보다 가볍게 여기는 일은 절대로 있어서는 안 된다.

내란죄는 탄핵소추안의 70% 이상을 차지하고, 주요한 논거로 제시된 만큼 이를 삭제한 소추안은 본래의 것과 동일성이 유지되지 않는다. 특히 내란죄는 탄핵소추안 가결에 결정적인 영향을 미쳤다. 내란죄를 제외하고는 국회의원 204명의 찬성을 얻을 수 없었을 가능성이 매우 높다.

국회의원들로서는 '계엄의 헌법 위반'으로 기재된 탄핵소추안과 '계엄의 헌법 위반과 내란죄'로 기재된 탄핵소추안은 도저히 동일하게 받아들일 수 없다. 탄핵소추안에 대한 국회 표결은 '정치적 행위'로 내란죄의 유무에 따라 탄핵소추안의 '정치적 의미'가 크게 다르기 때문이다.

나. 증거법칙상 증거의 문제점

거듭 말씀드리지만, 헌재는 이번 한덕수 대통령 권한대행 국무총리 탄핵 사건에서 관련 수사 자료 제출을 검찰에 요구했지만, 검찰은 자료 제출을 거부한 바 있다. 같은 논리라면 대통령 탄핵 사건에서는 수사 자료가 어떻게 송부되었는지 하는 의문이 남고, 이는 증거 능력의 문제로 이어진다.

이제 유일하게 대통령 탄핵심판 과정에서 남은 증거는 곽종근 전 특수전사령관과 홍장원 전 국정원 1차장의 진술과 메모일 텐데, 이미 협박 또는 오염되었다는 것이 명백한 바, 그 신빙성이 없다고 보여진다.

4. 합의민주주의, 의회민주주의의 본질에 대한 오해 우려

가. 국회 운영에 있어서의 합의민주주의, 표결의 의미

마은혁 헌법재판관 후보자 임명 보류 관련 권한쟁의 사건에 대한 헌법재판소의 결정을 보며, 국회의 합의 관행, 의회민주주의에 대한 설명이 필요하다는 생각이 절실히 들었다.

'마은혁 임명 촉구 결의안'에 대한 민주당 단독 의결을 두고, '국회의장의 권한쟁의 심판제기 권한'에 대한 '절차적 흠결의 추후 보완'으로 헌법재판소가 인정한 것에 대해서 심히 유감을 표한다.

마은혁 임명촉구 결의안은 민주당 일방이 여당과의 합의나 제대로 된 협의 없이, 국회에서의 안건 처리를 단 하루 만에, 오전에 운영위에 일방적 안건상정 후 통과시키고, (국민의힘 위원들은 모두 퇴장했다.) 본회의에도 안건상정 합의 없이 일방 상정, 강행 처리한 건이다.

이는 국회 표결을 가장한 민주당의 일방 표결에 불과하다. 교섭단체 간사 간 합의를 통해 의사일정을 정하고, 상임위와 법안소위, 전체회의 등 모든 국회 절차에서 합의를 원칙으로 하는 국회의 오랜 관행을 정면으로 위반한 것이다. 한마디로 민주당 강행결의를 국회 의결로 포장한 민주당만의 나홀로 결의, 의회독재이다.

국회는 합의제 기구로서 국회운영에 있어 합의는 기본 원칙이며, 이는 불문관습법이다. 협의와 합의가 원칙이며, 표결은 불가피한 경우의 최후 수단이라는 점은 국회법에 '합의(合意)'가 15회, '협의(協

議)'가 55회 등장하는 것에서도 명확히 드러난다.

국회의 법안 처리 과정은 철저히 합의 원칙에 기반하고 있다. 법안이 대표발의되어 국회 의안과에 접수되면 소관 상임위에 회부되고, 상임위 소속 교섭단체 간사간 합의를 거쳐 의사일정을 정한다. 이후 상임위 전체회의에 안건으로 상정된 후, 또다시 간사간의 합의를 거쳐 각 소관 법안 소위원회에 회부된다. 소위원회에서는 상정과 논의를 거쳐 이견을 좁히며 합의하에 의결하고, 이후 교섭단체 간사간의 합의로 상임위 전체회의에서 최종 의결된다.

상임위 전체회의에서 처리된 안건은 체계 자구 심사를 위해 국회 법제사법위원회에 회부되고, 또다시 교섭단체 간사간 합의를 거쳐 법사위 의사일정을 정하고, 전체회의 안건상정, 소위원회 회부, 안건 상정, 합의에 따른 의결을 거쳐, 다시 법사위 전체회의를 거치게 된다.

이렇게 의사 일정과 안건 상정, 처리를 교섭 단체간 합의로 하는 것은 국회의 오랜 불문관습법으로, 이를 무시한 일방적 표결 처리는 국회의 기본 운영 원리를 훼손하는 행위이다.

그래서 국회의 상임위나 소위에서 표결을 했다는 것은 어느 일당의 일방적 안건 처리를 의미한다. 그 표결은 때에 따라서는 상대당의 퇴장이나 고성, 이를 넘어선 물리력을 수반하기도 했다.(사실 국회가 이렇게 강퍅해지기 이전에는 간사간 합의 과정에서 소수 야당이 명시적으로 의사를 표시하기도 한다. "이 법안은 반대의사만 표시하니 표결하라." "이 법안은 고성을 지르기도 할 것이다." "이 법안은 서류도 집어 던질 것이다." 이렇게 말이다. 그러나 여야의 이념적 충돌이 극심한 법안의 경우에는 서로 의장석을 점거하는 과정에서 물리력을 행사하기도 했다.)

동물국회 시대에는 물리력 또는 준물리력에 의한 표결 강행 통과가 이루어졌다. 예컨대 18대 국회에서는 4년간 상임위 또는 소위에서의 표결이 44건이었다. 국회선진화법 이후에는 물리력 대신에 패스트트랙 절차에 따라 최장 270일의 숙려기간 이후 표결 강행 통과를 할 수 있는 제도를 만들었다.

2016년 국회선진화법 통과 이후 현재까지 모두 7번, 13개의 법안이 패스트트랙 안건으로 지정됐으나, 국민의힘은 과거부터 지금까지 단 한 건도 패스트트랙으로 추진한 적이 없다.

예컨대 19대 국회 시절, 나경원 의원이 외교통일위원장이던 때에는 새누리당이 외교통일위원회에서 5분의 3 이상의 의석수를 갖고 있는 만큼 북한인권법을 패스트트랙으로 추진해야 한다는 의견도 있었으나, 여야 합의로 통과해야 한다는 원칙 아래 표결을 강행하지 않았다. 덕분에 여야가 한 발짝씩 양보하여 발의된 지 11년 만인 2016년에 북한인권법이 여야의 합의로 국회 본회의를 통과한 바 있다.

그런데 20대 국회 말기, 2019년 공수처법, 연동형 비례제로 국회에서 대충돌이 이루어지고 23명의 국회의원과 보좌진이 기소된 후, 다수당의 폭압은 더욱 거세졌다. 상임위원회·소위원회 표결강행 건수가 19대는 10건, 20대는 7건에 불과했으나, 21대에는 63건에 이른 것이다.

5. 의회 독재의 심각성과 계엄 관련 참작 사유

가. 일방적 표결 남용, 토론 불허, 발언권 박탈 등 의회 독재 실상

국회의장과 법사위원장, 운영위원장, 예결위원장을 민주당이 일방적으로 차지한 22대 국회에서 민주당의 행태는 이루 말할 수 없었다. 이는 오랜 국회의 관행에 어긋나는 1당의 독재를 예고한 것이었다.

국회의장, 법사위원장을 모두 같은 당이 가졌다는 것은 어떤 법안이든 마음만 먹으면 1당이 시기와 안건을 단독으로 정하여 통과할 수 있다는 것을 의미한다. 민주당 소속 상임위원장의 위원회에서는 국회법상 패스트트랙 제도, 안건 숙려 기간 조차 무력화하며 소관 법안을 단 하루만에 1당 단독으로 처리할 수 있게 된 것이다. 실제로 민주당은 합의·협의 없이 일방적으로 안건을 상정하고 토론도 없이 표결하기 시작했다. 민주당 소속 정청래 법사위원장, 최민희 과방위원장은 국회의장의 의원 퇴장명령권, 발언권박탈권을 상임위에서도 행사하기 시작했다.

본회의에서 국회의장도 사용하지 않던 권한을 휘두르기 시작한 것이다. 결국 22대 국회 시작되고 9개월만에 상임위·소위 표결 건수는 113건에 이르렀다. 이 추세라면 22대 국회 4년 동안 500건은 표결로 강행 처리될 것이다. 국회가 오랫동안 국회의장과 법사위원장을 나누어 가진 것은 국회 내에서 여야의 견제와 균형을 이루고자 한 것인데, 이것이 완전히 깨져버린 것이다.

특히 토론의 기회마저 박탈하는 위원장의 횡포도 시작되었는바, 몇몇 구체적 예를 들어보면 다음과 같다.

(1) 2024년 6월 25일 '방송4법' 심의 과정: 국민의힘 유상범 간사는 "첫 회의인 만큼 원하는 의원에게 대체토론의 기회를 달라"고 요청했으나 민주당 소속 정청래 법사위원장은 임의로 대체토론을 종결하며 "여러 위원님의 토론 종결 동의가 있었다"라고 선언한 후, 이의가 있느냐는 질문에 여러 의원의 "이의 있다" 외침에도 불구하고 표결을 강행했다. 회의 개의 2시간 만에 민주당 일방 단독 통과되었고, 상임위에 상정된 법안들이 불과 11일 만에 법사위를 통과했다.

(2) 2024년 7월 31일 25만 원 혈세 살포법과 노란봉투법 심의 과정: 민주당 소속 정청래 법사위원장은 "헌법 49조는 '국회 의사결정은 다수결로 하라'라고 규정하고 있다"라고 선언한 후, 여당 의원들이 "이의가 있다", "발언 기회는 달라"고 외치는 상황에서도 토론 종결과 표결을 강행했다. 국민의힘 곽규택 위원이 "토론을 해야 될 것 아니에요!"라고 외쳤지만, 1시간 만에 안건이 법사위에서 강행 통과되었다.

(3) 2024년 6월 21일 『양곡관리법 개정안』 등 4개 쟁점 법안들도 민주당 일방 처리로 하루 만에 농해수위를 통과한 바 있다.

이러한 국회 안건의 일방적인 졸속 처리는 의회민주주의 원리와 헌법 정신에 부합하지 않으며, 국가 미래에 중대한 영향을 미치는 입법 과정의 신중성을 훼손하는 것이다. 결국, 국회 표결을 거친 국회 법안이지만, 민주당의 법안일 뿐이며, 이것은 결국 대통령의 거부권을 유발하게 된 것이다.

나. 헌법재판소의 결정례

이러한 국회에서의 일당에 의한 합의 없는 일방적 표결 강행은 다수결의 불가피성을 판시한 헌법재판소의 과거 결정례와도 정면으로 배치된다.

헌법재판소는 2015헌라1 결정에서 "헌법 제49조에서 규정하는 다수결원리는 국회의 의사 형성 과정에서 소수파에게 토론에 참가하여 다수파의 견해를 비판하고 반대 의견을 밝힐 수 있는 기회를 보장함으로써, 다수파와 소수파가 공개적이고 합리적인 토론을 거친 후 다수의 의사로 결정한다는 데 그 정당성이 있다"면서 '다수결의 불가피성'을 판시한 바 있다.

이는 국회의 의사결정에 있어 우선적으로 '합의와 협의'를 통한 토론 과정이 보장되어야 하며, 그 과정이 충분히 이루어진 후에 불가피할 경우에 제한적으로 다수결이 작동하는 것이 헌법 정신임을 확인한 것이다.

따라서 국회에서의 다수결 원칙은 무제한적인 다수의 독주를 정당화하는 것이 아니라, 소수의 의견이 충분히 반영될 수 있는 토론과 합의의 과정이 선행된 후에 비로소 정당성을 가질 수 있는 것이다.

그럼에도 불구하고 이번 대통령 탄핵심판의 국회 소추인단 측 대표인 정청래 국회 법제사법위원장은 "여야 합의는 헌법과 국회법 어느 법에도 존재하지 않는다. 헌법 제49조에서 규정한 국회 의사결정은 다수결로 하라는 헌법적 명령"이라고 최후변론에서 주장했다.

이는 대한민국 국회의 합의민주주의 정신을 정면으로 부정하는 것으로, 대한민국 헌정 질서를 근본적으로 왜곡하는 것이다. 국회법 상 15회 합의, 55회의 협의가 명시된 것처럼 법안 발의부터 상임위 회 부, 소위원회 심사, 법사위 체계자구 검토에 이르는 모든 국회 절차가 교섭단체 간 합의를 통해 진행되어온 헌정사의 관행을 무시하고, 민 주주의의 본질을 다수결 만능주의로 왜곡하는 위험한 발상이다.

6. 결론: 적법 절차와 의회민주주의 성숙을 위한 재판 촉구

이번 탄핵심판은 대통령 탄핵 여부를 넘어, 대한민국 헌정사의 중대한 전환점이 될 것이다. 우리나라가 법치주의의 근본 가치를 지 켜나가며 적법절차와 합의민주주의의 성숙한 방향으로 나아갈 수 있을지, 아니면 정쟁의 도구로 헌법과 법률 제도가 악용되는 탄핵 공화국으로 전락할지를 결정 짓는 역사적 분기점이다. 또한 오랫동 안 형성해온 합의 정신에 기반한 의회민주주의를 파괴시키는가 아 니면 다시 합의 정신이 살아나는 민주적 의회로 복원시키는가의 분 기점도 된다.

이에 다음과 같이 청구한다:

1. 소추동일성 없는 내란죄 철회를 불허하고, 대통령 탄핵심판을 각하해 주실 것을 청구한다.
2. 본안 심판에 나아간다 하더라도, 증거 법칙에 따라 내란 행위 를 입증할 충분하고 신빙성 있는 증거가 없으며, 설령, 계엄이 헌법 또는 법률 위반에 해당한다고 하더라도, 민주당의 의회 독재의 심각성을 고려해 기각 결정을 해주실 것을 청구한다.

대통령에 대한 탄핵 헌법재판, 내란 형사재판은 대한민국 헌정사의 적법 절차(Due process)의 새로운 역사의 이정표가 될 것이다. 부디 대한민국 국민의 헌법적, 법적 권리가 수호되고 고양되는 방향으로 적법 절차와 의회민주주의의 성숙을 위한 현명한 결정을 내려주시길 간절히 바란다.

2025년 3월 12일

국민의힘 국회의원 나경원 등 82인

'87체제' 극복을 위해
우리가 청산해야 할 카르텔

.
.
.

윤상현(국회의원)

신평 변호사가 출판기념회를 한다고 들었는데, 주된 문제의식이 87년 체제에 대한 극복이라고 하였다. 보통 출판기념회에서는 서평도 하고 책에 대해 덕담도 주고받는데, 이번에는 그런 것들을 모두 생략하고 87년 체제를 어떻게 이론적으로 극복할 것인지에 대해 문제 제기를 해달라고 하였다. 그 말을 듣고 "이야, 참 고집스러운 분이구나"라고 생각했다. '고집스럽다'라는 말은 '고고한 집념'을 뜻한다. 신평 변호사가 고고한 집념을 가진 분이라는 말이다.

87년 체제가 낳은 세 가지 검은 카르텔

신평 변호사가 87년 체제에 대해 이를 어떻게 청산할 것인지를 주제로 던져 주었는데, 나는 87년 체제가 기본적으로 민주화 세력과 산업화 세력 간의 타협의 산물이라고 보고 있다.

당시 1987년 6.10 항쟁과 12월 대통령 선거를 거치면서 결국 노태우 대통령이 집권하지 않았는가? 야권은 당연히 직선제 개헌이 이루어지면 자신들이 집권할 것이라 생각했지만, 결국 집권에 실패하게 되지 않았는가? 이렇게 되자 급진 좌파들은 정권 획득에 실패한 것을 깨닫고, 결정적인 시점에서 좌파 혁명을 반드시 관철하겠다는 신념을 가지고 본격적으로 진지를 구축하기 시작했다.

당시 주사파 한민전[8] 그룹은 애국적 사회 진출을 위한 테제를 운동권 세력들에게 전파하였고, 그 결과 운동권 출신들이 입법, 사법, 행정부뿐만 아니라 언론계, 노동계, 법조계, 문화계, 예술계 등 다양한 분야에 대거 진출했다. 이들은 애국적 사회 진출론이라는 테제를 가지고 진지 구축을 계속해 왔고, 그 과정이 지금까지 이어지고 있다고 볼 수 있다. 즉, 한마디로 진지전을 구축해온 셈이다.

하지만 우파는 어떤가? 좌파들의 진지에 대항할 수 있는 우파만의 진지가 있는지 묻는다면, 없다고 할 수 있다. 문화예술계의 거의 90%가 좌파들의 소굴이 되어버린 상황이다.

1987년 체제가 낳은 부산물 중 잘못된 것이 3대 검은 카르텔 세력이다. 지난 12월부터 나는 광장에 나가기 시작했다. 광장에 나가

---

8 1969년 북한 노동당은 남한에 통일혁명당(통혁당)을 만들었다고 발표하였는데, 통혁당은 1985년 한국민족민주전선(한민전)으로 이름을 바꾸었다. 북한은 그후 한민전이 서울에서 활동하고 있다고 주장하였다.

서 여러 이야기를 해왔는데, 그곳에 계신 분들에게 나는 3대 검은 카르텔 세력과 맞서서 대한민국 체제 수호 전쟁을 해야 한다고 말씀드리고 있다.

3대 검은 카르텔 세력이라는 것은 첫째, 좌파 사법 카르텔, 둘째, 부정부패 선관위 카르텔, 셋째, 종북주사파 카르텔이다. 나는 이렇게 규정짓고 체제수호 전쟁을 치르는 중이다.

좌파 사법 카르텔

첫 번째, 좌파 사법 카르텔은 이미 너무나도 잘 알려져 있다.

윤석열 대통령에 대해 내란죄 수사권이 없는 공수처가 어떤 식으로 수사를 해왔는지 온 국민이 목도했다. 내란죄에 대한 수사권이 없으니까 직권남용죄로 엮어 내란죄를 수사한다고 하는데 내란죄하고 직권남용이라는 것은 범죄의 성질이나 구성 요건이나 범죄의 중대성에서 비견될 수 없다. 내란죄를 직권남용죄로 수사한다는 것 자체가 말이 안 된다. 이런 식으로 나가면, 일반 국민의 경우에도 수사권의 남용으로 입을 피해를 생각하며 전전긍긍하지 않을 수 없다.

오동운 공수처장은 우리법연구회의 후신인 국제인권법연구회 출신이다. 지난 1월부터 나는 공수처나 서울중앙지법으로부터 여러 제보를 받아 서울중앙지법에 대통령과 관련된 영장청구 관련 자료를 요청하고 문제 제기를 해왔다. 공수처가 서울중앙지법에 영장을 청구했다 기각당하자 법원을 서부지법으로 옮겨 영장을 청구했다는 내용의 제보였다.

그랬더니 지난주 금요일[9] 드디어 7만 쪽에 달하는 대통령에 대한 공수처의 수사 자료를 파헤친 대통령 변호인단이 '영장쇼핑'의 근거를 찾아냈다. 해당 자료에서 12월 6일과 12월 8일, 대통령을 피의자로 한 통신 영장이 기각된 사실을 찾아낸 것이다. 그리고 12월 9일에는 압수수색 영장이 기각되었다.

심지어 그들이 내세운 내란죄 수괴와 거기에 따르는 중요 범죄 종사자들, 피고인들을 대상으로 한 영장이 서울중앙지법에서 16차례, 동부지법에서 한 차례 기각된 사실까지 알게 된 것이다.

그러니까 서울중앙지법의 사례를 보면, 체포영장 이전에 통신 영장도 기각이 되었는데 체포영장이 나오겠는가? 도저히 체포영장을 받을 수 없을 것 같으니 서부지법으로 돌린 것이다. 서부지법 이순형 부장판사는 우리법연구회 소속이다. 이 사람이 지난 1월 3일 대통령 관저로 1차 체포 영장을 발부해서 공수처 직원들이 영장을 집행하러 왔다. 당시 윤갑근 변호사, 김홍일 변호사와 내가 영장을 봤다. 그랬더니 영장 1면에 쪽지를 붙였는데 그 쪽지 내용이 뭐냐면 형사소송법 110조, 111조의 적용을 예외로 하라는 것이다.

보는 순간, 있을 수 없는 기상천외한 영장이 발부됐다고 생각했다. 형사소송법 110조와 111조라는 것은 군사상·공무상 기밀 장소를 수색할 때는 책임자의 승낙을 반드시 얻어야 된다는 것인데 얻지 말아라, 그걸 부여하지 말라는 것이다. 세상에 어떻게 이런 초법적이고 기상천외한 영장이 발부될 수 있느냐, 이게 우리법연구회이기 때

문에 가능한 것 아니냐는 의문이 들었다. 결국 1차 체포영장 집행을 못하고 5시간 반 만에 나가지 않았는가?

2차 체포영장은 1월 15일 오전 5시에 집행이 된다. 그때 윤갑근 변호사와 내가 가장 먼저, 그 새벽에 플래시 라이트를 켜고 가장 먼저 확인한 것이 지난번 이순형이 붙인 그 규정이 있는지 없는지였다. 1면에 또 그 내용이 붙어 있는지, 안 붙어 있는지를 봤더니 그 내용이 없어진 것이었다. 형사소송법 110조와 111조 적용을 예외로 하라는 규정이 없어졌다는 것은 결국 서부지법 스스로 1차에 잘못된 영장을 발부한 것을 알았다는 것이다.

정상적인 2차 체포영장을 가지고 왔으면 형사소송법 110조와 111조 적용을 받는 것이 맞다. 그 당시 대통령 경호실을 책임지는 김성훈 경호처 차장이 대통령 관저는 군사기밀 시설 가급이기 때문에 수색을 승낙할 수가 없다고 했다. 그러면 법적으로 수색을 할 수가 없는 것이 맞는데도 그곳을 기어이 밀치고 들어온 것이다.

당시 그 앞에서 우리 당협위원장들이 밀치는 것을 막고 있었는데 한 3,000명이나 되는 사람들이 밀치는 등 현장이 매우 어수선했다. 나는 그 현장을 변호사들과 함께 따라가는데 깜짝 놀랄 수밖에 없었다.

국방부 수방사 55경비단이 다 사라지고 서울경찰청 산하의 202경비단 역시 다 사라졌기 때문이다. 국방부 장관 공관을 넘어 대통령 관저에 들어갔는데 경호관들도 거의 다 사라진 상태였다. 이렇게나 불법적인 영장을 집행하는데 아무런 대응도 하지 않는, 그 현장을 지켜보며 너무나 놀랐다. 대체 어떻게 이런 일이 벌어지게 된 것인가?

그들은 이미 민주당이 12.3 비상계엄을 내란죄로 규정하고 윤석열 대통령을 내란수괴라 하고 나를 두고는 내란죄 1호 공범이라고 하는 당시 상황에 세뇌되어 있었기 때문이다. 그곳에서 대통령 관저를 경비하는 사람들한테 민주당 출신의 경호관들이나 군인들이 전화하여 내란 수괴에게 종사하면 연금 등을 못 받는다고 겁주면 그 사람들이 무너지는 것이었다. 그 정도로 국가의 기강이 무너져 있는 것을 보고 너무나 깜짝 놀랐다. 그리고 결국 그렇게 영장이 집행되어 버렸다.

영장이 집행된 다음 상황은 어땠는가? 대통령께서 구치소에 들어가신 거다. 구속영장이 1월 19일 오전 3시, 우리법연구회의 차은경 부장판사가 '피의자가 증거를 인멸할 우려가 있다'라는 단 15자(字)를 사유로 구속한다고 하지 않았나?

그리고 대통령은 공적 감시와 비판의 대상이 아닌가? 유창훈 부장판사는 2023년 9월, 이재명 대표의 구속영장을 기각하면서 "정당의 현직 대표로서 공적 감시와 비판의 대상인 점을 감안할 때 증거인멸 염려가 있다고 단정하기 어렵다"고 말한 바 있다. 상식적으로 대통령이 당 대표보다 공적 감시와 비판의 대상으로서 무게감이 더 크고 증거인멸의 우려도 상대적으로 낮은데, 이런 공수처의 만용에 대해 검찰은 대체 뭘 했나?

검찰은 공수처의 위법한 수사에 대해 인권 보호 기관으로서의 역할을 제대로 수행하지 못했다. 소추 기관이자 인권 보호 기관인 검찰은 잘못된 인권 침해 사례를 바로잡아야 하지만, 구속 기간이 이미 1월 25일 12시에 만료되었음에도 불구하고 불법 체포·구금 상태에서 1월 26일 오후 7시에 또다시 구속 기소를 진행했다. 당시 나는 공수처와 검찰이 어떻게 이처럼 반복적인 위법을 저지르며 스스로 무너질 수 있는지 개탄하지 않을 수 없었다.

지금 헌법재판소에서 일어나는 상황을 한번 보라. 헌법학의 거두인 허영 교수님께서도 헌재의 위법 사례가 10차례가 넘는다고 지적하셨으며, 이대로 가다가는 헌법재판소가 가루가 될 것이라고 경고하셨다.

이미 드러난 것만 해도 헌법재판소법 24조, 32조, 40조, 51조 위반 등 셀 수 없이 많다. 국민들께서도 이러한 상황을 잘 알고 계시지 않은가? 예를 들어, 재판·수사 중인 사건에 대해 자료 송부 요구할 수 없음에도 불구하고 국회 탄핵 소추단의 송부 촉탁 요구를 들어주며 헌법재판소법 32조를 위반했다.

헌법재판소법 40조에 따르면 탄핵심판은 형사소송법 규정을 준용하기로 되어 있다. 2020년 개정된 형사소송법 제312조 제1항에 따르면, 검사가 작성한 피의자신문조서는 적법한 절차와 방식에 따라 작성된 것으로서 공판준비, 공판기일에 그 피의자였던 피고인 또는 변호인이 그 내용을 인정할 때에 한정하여 증거로 할 수 있다. 즉 본인이 동의하지 않으면 증거 능력을 상실하게 된다. 이처럼 위법에 위법을 거듭하는 현상의 배경에는 좌파 사법 카르텔의 준동이 있는 것이다.

‘우리법연구회’는 좌파 사법 카르텔의 핵심으로 지목되는 단체다. 이들이 언제 만들어졌는지 아시는가? 이들은 1989년 ‘애국적 사회 진출론’이라는 테제를 제시할 때 처음 만들었으며, 1995년부터 본격적으로 판사들만으로 구성원을 확대해 왔다.

이들의 활동 내역을 살펴보면, 일반적인 법률 연구 단체인 ‘민사 판례 연구회’와는 달리 공식적인 활동 기록이 거의 남아 있지 않다. 최근 공개된 정보를 보면, 대한민국 법관 수가 약 3,000명에 달하는 가운데, ‘우리법연구회’ 소속 인원은 150명도 되지 않는 것으로 밝혀졌다.

그런데 어떻게 이들은 주요 요직을 구성 비율보다 훨씬 더 많은 비율로 차지할 수 있었을까? 서부지방법원에서 대통령 관련 1차 체포영장과 구속영장을 발부한 판사들 모두가 ‘우리법연구회’ 소속이었다. 정계선 재판관은 서부지방법원장을 역임했으며, 마은혁 헌법 재판관 후보자는 서부지법 부장판사로 활동했다. 문형배, 이미선 역시 모두 ‘우리법연구회’ 출신이다.

대한민국 법관 중 5%도 채 되지 않는 이들이 이렇게 많은 요직을 차지하고 있는 이유가 바로 ‘좌파 사법 카르텔’의 본질이다. 이는 단순한 우연이 아니라, 철저한 전략을 바탕으로 사법부 내에서 영향력을 확대해 온 ‘진지전’의 결과라고 볼 수 있다.

부정부패 선관위 카르텔

두 번째로 부정부패 선관위 카르텔에 대해 말씀드리고자 한다.

선관위에는 현대판 음서제도가 존재한다. 최근 밝혀진 291건의 부정 채용 사례를 보면, 공무원 인사규정 위반 건수만 1,200여 건에 달한다. 중앙선거관리위원회 사무총장의 아들은 내부에서 '세자마마'라고 불렸다고 한다. 그 세자에게는 채용, 전근, 승진 등에서 온갖 특혜가 베풀어졌다. 도대체 이런 '신의 직장'이 또 어디에 있겠는가?

감사를 하려 해도 선관위는 "감사원만 헌법기관이냐? 우리도 헌법기관이다"라며 감사를 부정하는 태도를 보였다. 더군다나 감사원장은 누가 탄핵시켰는가? 민주당이 탄핵하지 않았는가? 민주당과 선관위가 같은 울타리 안에서 서로를 보호하고 있으니, 국민들은 이를 쉽게 납득할 수 없는 것이다.

현장에서 선거를 치러본 사람들은 선관위의 행태에 의구심을 가질 수밖에 없다. 나 역시 오랫동안 선거를 치르면서 "도대체 왜 이런 일이 벌어지는가?" 하는 고민에 빠질 때가 많았다. 결국 문제의 핵심은 내부 구성원들의 혈연·지연 관계다. 그들은 선관위를 스스로 '가족회사'라고 불렀다. 아버지가 있고, 아들이 있고, 딸이 있고, 친척과 조카들이 함께 근무한다면 감시 기능이 약화될 수밖에 없다. 이런 구조에서 부정과 부패가 발생하는 것은 필연적이다.

대통령도 선관위 문제를 심각하게 여기고 몇 차례 점검을 지시했다고 한다. 그런데 선관위 보안이 엉망이라, 7차례 시도 중 6차례나 쉽게 뚫렸다고 한다. 비밀번호조차 허술했다고 하니, 어찌 이런 일이 있을 수 있단 말인가? 누구라도 문제의식을 가질 수밖에 없는 상황이다.

이런 의혹에 대해 선관위는 국민 앞에 당당히 해명하는 것이 기본적인 도리다. 그런데 작년 12월, 선관위가 보인 태도는 어떠했는가? 부정선거 의혹을 제기하는 사람을 처벌하겠다고 선거법 개정을 추진하지 않았는가? 어떻게 이런 발상을 할 수 있는가? 이것이야말로 선관위가 부정부패 카르텔로 자리 잡았다는 증거다.

종북주사파 카르텔

마지막 세 번째로 종북 주사파 카르텔에 대해 말씀드리고자 한다. 박근혜 대통령 탄핵 당시를 돌아보면, 민노총이 이를 주도했다. 그들이 외쳤던 구호를 기억하시는가? "한미동맹 폐기하라. 주한미군 철수하라. 한미 군사훈련 폐지하라. 연방제 통일하자. 국가보안법 폐지하라." 이 구호들을 아직도 생생하게 기억한다.

2022년 8월 15일, 윤석열 대통령 취임 3개월 후, 북한 조선노동당 산하 조선직업총동맹이 민노총 지도부에 '통일 연대사'를 보냈다. 단 한 장짜리 이 문서는 지금도 민노총 홈페이지 자료집에 남아있다. 그 안에는 다음과 같은 내용이 적혀 있다. "한미 군사훈련은 북침 전쟁 연습이니 단호히 짓뭉개 버려라." 이게 바로 북한의 지령문이다.

나는 이 어처구니없는 상황을 바로잡기 위해 당시 특별 기자회견을 열고 수사를 촉구했다. 결국 수사가 진행되었고, 민노총 조직쟁의국장이던 석 모 씨가 북한 공작원을 접선하기 위해 중국과 캄보디아를 오가며 체제전복 활동을 했다는 것이 밝혀지면서 2023년 11월 중앙지방법원에서 징역 15년형을 선고받고 구속됐다.

북한으로부터 받은 포고령, 이 지령문이 무려 100여 차례에 달했다. 그리고 최근에도 그와 함께 활동했던 민노총 관계자들이 징역 7년형 등을 받고 구속됐다. 그러나 이는 빙산의 일각일 뿐이다. 이와 연계된 사람이 얼마나 더 있는지 가늠조차 할 수 없다.

윤석열 대통령에 대한 탄핵과 퇴진운동은 대체 언제부터 시작됐는가? 취임 전부터 이미 진행되고 있었다. 윤 대통령이 당선된 것은 2022년 3월 9일이었지만, 첫 번째 선제 탄핵 집회는 불과 보름 뒤인 3월 26일에 열렸다. 물론 이는 취임 전이다. 이후 작년 12월까지 총 178회의 탄핵·퇴진 집회가 열렸다. 그리고 이 집회들에 대해 북한이 지령을 내렸다는 정황이 드러난 것이다.

북한의 지령은 탄핵 집회를 열고 이를 계속 해나가라는 것이다. 나는 이런 현실을 바로잡기 위해 간첩법 개정안을 발의했다. 개정안에는 기존의 적국뿐만 아니라 외국, 비국가단체, 비국가 행위자, 해커까지 포함시키자는 내용을 담았다. 하지만 민주당은 외국으로 간첩죄 대상을 확대하는 개정안을 현재 법사위에서 이를 묶어둔 채 그 통과를 막으려는 움직임을 보인다.

또한, 대공수사권은 2023년 1월부터 국정원이 아닌 경찰이 담당하게 됐다. 이는 국정원의 대공수사권이 박탈된 결과다. 지금도 나는 문재인 정부 당시 활동했던 인물들, 그리고 현재 국회의원으로 있는 일부 인사들 중 북한과 연계된 정황이 있다는 이야기를 계속해서 듣고 있다.

전투적 애국주의의 실현

지금까지 언급한 이 3대 검은 카르텔 세력은 87년 체제 속에서 성장하며 영향력을 키워왔다. 그리고 이제 우리는 이 낡은 체제를 극복하기 위해 이들 카르텔 세력을 반드시 척결해야 한다. 이것은 단순히 보수·중도·진보의 문제가 아니다. 대한민국의 체제 수호 자체의 문제다. 그러나 안타깝게도, 우리는 이러한 세력을 척결할 힘이 부족함을 절감하고 있다.

국회의원들이야말로 척결의 주도 세력이 되어야 하지만, 그 필요성을 제대로 인식하지 못하고 있다. 오히려 이러한 문제를 강하게 외치는 분들은 국회가 아니라 광장에 서 있다. 나는 광장에 있는 그들과 소통하며 엄청난 문제의식을 갖게 되었다.

여의도 정치권과 광장 사이의 괴리는 너무나 크다. 좌파들은 1989년 '주사파의 애국적 사회 진출'이라는 테제를 만들고 이를 실현해 왔다. 그렇다면 우리도 이제 '전투적 애국주의'라는 테제를 선포하고, 이를 강력히 실천해야 한다.

지금 우리에게 필요한 것은 전투적 애국주의다. 나는 작년 12월, 대통령 탄핵과 계엄 사태를 보며 더 이상 가만히 있어서는 안 되겠다고 결심했다. 지금은 자유민주주의를 수호하기 위해 싸워야 할 때다.

우리 당과 광장에서, 그리고 실제로 전투를 할 수 있는 사람들은 하나로 뭉쳐야 한다. 공천 역시 지금처럼 해서는 안 된다. 정말로 싸울 수 있는 투사들이 정치권에 들어와야 좌파 세력에 맞서 우리가 함께 싸울 수 있지 않겠는가? 그러나 현실은 그렇지 않다. 싸울 줄

아는 사람이 부족하다.

나는 최근 국방위원회에 들어갔다. 지난 12월 10일, 국방위 현안 질의에서 곽종근 사령관이 오후에 답변을 하기 전, 점심시간에 김현태 707 특임단장과 함께 있는 자리에서 민주당 국회의원 두 명과 수석 전문위원이 찾아왔다. 그리고 그 자리에서 무슨 일이 벌어졌는지 아시는가? 민주당이 곽 사령관을 가스라이팅하고 회유하려 했다는 정황을 김현태 단장이 직접 밝혀줬다.

좌파들은 목적을 위해 수단과 방법을 가리지 않는다. 그들은 진실 왜곡과 조작도 서슴지 않는다. 이렇게 매몰차게 싸우는 좌파들에 비해, 우리는 너무나도 싸움을 못하고 있다. 그래서 나는 앞장서 싸우기로 결심했다. 전투적 애국주의 정신으로 자유민주주의를 지키기 위해 끝까지 싸울 것이다.

대통령께서는 평소 몇 번이나 내게 "야, 동생 네가 밖에서 꼭 얘기를 해줘. 자유에 대해서"라고 하셨다. 대통령 취임사를 보면 자유라는 단어가 무려 37번 언급된다. 그만큼 자유는 우리에게 중요한 가치라는 것이다. 대통령께서 이 말을 꼭 해달라고 하신 이유도 바로 그만큼 자유의 중요성을 강조하고자 하셨기 때문이다. 자유는 항상 책임의식과 의지가 함께해야 한다. 만약 책임의식과 의지를 망각하면, 공산 전체주의와 포퓰리즘이 파고들어 결국 자유는 상실되고 말 것이다. 그래서 자유를 지키려면 싸울 줄 알아야 한다. 자유를 위해서는 끝까지 투쟁해야 한다는 것이다. 그래서 나는 대통령과 이를 위해 우리가 싸우자는 이야기를 하고 있는 것이다.

지난번 서울구치소에 면회를 갔을 때도 대통령께서 "우리 당은 모래알 같다. 저쪽은 완전히 짱돌처럼 뭉쳐서 공수처, 헌법재판소 등 전부 다 짱돌 같이 뭉쳐 있는데 우리는 그렇지 않다."라고 말씀하셨다.

맞다. 우리도 이제 전투적 애국주의가 필요하다. 전투적 애국주의로 하나로 뭉쳐야 한다. 그리고 당 외부의 분들이 당에 강력하게 주문하셔야 한다. 우리가 환골탈태하지 않으면, 이 체제수호 전쟁에서 이길 수 없다.

이것이 87년 체제를 극복할 수 있는 길이다. 이 말씀을 꼭 드리고 싶다.

자유를 향한 정치

:

조정훈(국회의원)

　오늘 나는 대한민국을 사랑하는 한 사람의 국민으로서, 자유민주주의를 수호하는 한 명의 국회의원으로서 이 자리에 섰다. 나는 1999년 조국을 떠나 미국으로 갔다. 하버드에서 공부하고, 세계은행에서 일하며 십수 년을 글로벌 떠돌이로 살았다. 돌이켜보면 나를 대하던 태도와 시선은 세계인이 보는 대한민국의 위상을 그대로 담고 있었다.

　처음엔 외국에서 만난 이들이 이렇게 물었다.

　"South Korea? Do you mean North Korea?"

　그들의 머릿속 대한민국은 전쟁과 분단의 나라였다. 그러나 시간이 흐르며, 'Samsung', 'Hyundai'라는 이름을 먼저 꺼내기 시작했다. 삼성 휴대폰을 들고, 현대 자동차를 타며, LG 세탁기를 쓰는 모습은 어느새 전 세계 중산층의 표준이 되었다. 우리가 만든 기적이 세계인의 인식을 바꾼 것이다.

그 기적을 만든 것은 다름 아닌 우리 국민이었다. 단 하루라도 더 나은 세상을 만들기 위해, 작은 일터에서 묵묵히 땀 흘리던 부모님 세대, 그리고 오늘도 미래를 고민하며 치열하게 살아가는 여러분 덕분이다. 나는 그 빚을 갚기 위해 정치에 뛰어들었다.

'87체제'는 정치 권력의 폭주를 낳았다

대통령 직선제를 골자로 하는 1987년 개정 헌법은 대한민국 민주화의 자랑스러운 성취였다.

1987년 6월, 군사 독재에 맞서 우리 국민들은 하나둘 거리로 나왔다. 운동권들만의 투쟁은 아니었다. 사무실에 있던 3040 직장인들도 넥타이를 풀고 함께 했다. 군사정권에 맞서 대통령 직선제를 쟁취하자는 외침은 국가권력에 빼앗긴 자유를 회복하자는 전국민적 열망이었다. 우리는 결국 승리하였고, 그해 10월 국민투표를 통한 개헌으로 이어졌다. 이후 38년간 우리는 8명의 대통령을 우리 손으로 직접 뽑았다.

그러나 '87체제'는 이제 수명을 다했다. 일각에서는 제왕적 대통령제를 비판하지만, '87체제'의 본질은 국가 권력에 대한 민주적 통제를 강화하는 것이다. 비상조치권과 국회해산권을 폐지하여 대통령의 권한을 약화시켰다. 동시에 국회의 연간 회기 일수 제한을 폐지하고 국정감사권을 부활시키면서 국회의 권한을 강화하였다. 대법관제를 부활시키고 헌법재판소를 신설하면서 사법권의 독립성도 커졌다.

아리스토텔레스는 「정치학」에서 정치체제의 순환을 이야기한다. 한 명의 지배를 받는 군주정은 필연적으로 독재(참주정)를 낳고, 이를 대체하기 위해 권력을 분산하는 귀족정이 등장한다. 그러나 소수가 다수의 이익을 배반하는 과두정은 결국 다수에 의한 지배인 민주정으로 대체된다. 그리고 다수에 의한 지배가 결국 사회적 혼란을 야기하면서 국가의 권력이 다시 하나로 집중되는 체제의 순환이 발생한다.

현대 국가는 민주적 절차와 더불어 헌법을 제정함으로써 정치체제의 안정을 추구해왔다. 개인의 자유를 보장할 수 있도록 국가권력의 견제와 균형을 추구하는 것이 그 핵심이다.

그러나 지금 대한민국의 헌법적 가치는 바람 앞의 등불이다. 과반 의석을 차지한 거대 야당은 '우리가 다수니까 정의'라는 왜곡된 인식을 거리낌 없이 드러낸다. 입법 권력을 독점하고, 반대하는 모든 세력을 탄압하고 있다. 다수의 지배 앞에 헌법적 가치들이 맥없이 무너지고 있다.

대통령과 국무총리, 감사원장, 이재명 대표를 수사하던 일선 검사까지 윤석열 대통령 당선 이후 3년이 채 안 되는 시간 동안 민주당은 29번의 탄핵을 감행하였다. 국민이 뽑은 대통령을 흔들고, 국정을 마비시키고, 입법 권력의 힘으로 정부의 발목을 잡았다. 국민의 삶을 위한 정치가 아니라, 자신들의 정치생명을 연장하기 위한 정치만 남았다.

위헌적 법안도 서슴없이 통과시켰다. 5.18 유공자법, 노란 봉투법, 언론 4법을 일방적으로 통과시키면서 우리 편만을 챙기고 전 국민 25만 원 지원금 역시 여전히 포기하지 않고 있다. 정부의 연이은 재의요구는 다수의 힘에 대항하여 87년 헌법을 수호하기 위한 최소한의 방어권 행사였다. 윤석열 대통령의 피할 수 없는 선택이었다.

입법과 사법, 행정이 서로를 견제하고 언론이 진실을 밝히고, 시민사회가 권력을 감시하는 대한민국의 국가시스템은 정치 논리에 휩쓸려 제 기능을 상실하고 말았다. 1987년 이전에 우리의 자유를 위협하던 국가 권력의 자리는 이제 다수 의석으로 입법 독재를 서슴지 않는 정치 권력이 차지하고 말았다.

자유 없는 민주주의는 다수에 의한 폭력

우리 헌법 전문은 "자유민주적 기본질서를 확고히 한다."라고 규정함으로써 자유민주주의의 가치를 명시하고 있다.

그런데, 기억하시는지? 2018년 더불어민주당은 자유민주주의에서 '자유'를 빼자는 개헌을 추진했다. 자유라는 단어가 불필요하며, 민주주의만으로도 충분하다는 것이다. 국민 여론이 급격히 악화되면서 슬그머니 꼬리를 내렸다.

우리는 모두 알고 있다. '자유' 없는 민주주의의 결말은 '다수에 의한 폭력'이라는 것을. 인류 문명의 역사가 이를 증명하고 있다. 멀리 거슬러 갈 필요도 없다. 제1차 세계대전 이후 독일에선 민주적 절차로 나치와 히틀러가 집권했다. 아리아 민족의 우월성을 맹신한 독일의 민주적 권력은 끔찍한 홀로코스트를 야기했다. 유대인, 슬라브

족, 동성애자와 장애인을 포함하여 1,100만 명의 소중한 생명을 앗아갔다. 다수의 폭력 앞에 소수자의 삶은 힘없이 파괴되었다.

자유는 개개인의 가치와 개성을 존중하는 것이다. 존 스튜어트 밀(John Stuart Mill)은 「자유론」에서 이렇게 이야기한다.

"다른 사람에게 피해를 주지 않는 한, 각자의 개성을 다양하게 꽃 피울 수 있어야 한다."

우리 모두는 서로 다른 욕망과 취향을 가지고 살아간다. 그러나, 국가와 사회를 이루며 살아가는 개인들에게 집단적 압력은 매 순간 원치 않는 선택을 강요한다. 다수와 다른 생각을 하며, 다수가 불편해하는 행동을 하는 개인은 입을 닫고 행동하기를 멈춘다.

카롤린 엠케(Carolin Emcke)는 「혐오사회」(Against Hate)에서 현대 사회의 혐오가 왜 발생하는지를 분석한다. 단일성과 본원성, 순수성을 기준으로 배타적인 '우리'를 규정하고 경계 밖의 개인을 배제하는 것이 집단적 혐오의 주된 메커니즘이며, 혐오를 극복하기 위해서는 개방적이고, 다원적이며, 자유로운 사회를 추구해야 한다고 한다. 이는 개인의 삶의 설계와 관련하여 어떤 지침도 제시하지 않으며, 상규에서 벗어난 개인적 신념이나 신체, 좋은 삶이나 사랑, 행복에 관한 모든 일탈적 관점이나 실천도 모두 보호함으로써 실현된다고 조언한다.

헌법적 질서 아래 개인의 가치를 존중하는 자유민주주의는 모두의 일상을 지키기 위한 최소한의 요건이다. 우리 헌법이 규정하고 있는 신체의 자유, 종교의 자유, 표현의 자유, 집회·결사의 자유, 행복권의 추구, 법에 의한 지배, 재산권의 보호는 개인의 개성을 꽃피울 수 있는 기본적인 토양이다. 나와 다른 사람을 용인함으로써 다수에 의한 폭력으로부터 모든 개인을 지키려는 인류 문명의 소중한 유산인 것이다.

자유 없는 민주주의에서 다수에 반대하는 개인을 과연 보호할 수 있을까?

민주당의 대한민국은 그들만의 대한민국

탄핵 이후 두 달 남짓한 시간, 이재명 대표와 민주당은 이미 자유 없는 대한민국의 예고편을 똑똑히 보여주고 있다.

한덕수 국무총리를 탄핵한 데에 이어 최상목 권한대행에 대해서도 민주당을 따르지 않으면 언제든 탄핵하겠다고 협박하고 있다. 이미 사법시스템에 따라 수사가 진행되고 있는 사건에 대해서도 덮어놓고 특검부터 하자고 한다. 무차별 탄핵과 특검 공세에 국가의 시스템이 무너지고 있다.

이뿐만이 아니다. '가짜뉴스'를 카카오톡으로 공유하는 시민들도 내란선동죄로 고발하겠다고 협박한다. 오늘도 민주파출소에서는 민주주의의 이름으로 개인의 활동을 감시하고, 검열하고 있다. 민주파출소에서 진짜와 가짜의 기준은 누가 정할까? 내로남불의 정당 민주당은 우리 편에겐 진실의 표지를, 반대편에겐 거짓선동의 딱지를 부여할 것이다.

2020년 박원순 전 서울시장의 성폭력 사건이 드러난 이후 '피해호소인'이라는 괴상한 단어가 등장했다. 성인지감수성과 피해자 중심주의를 주장하던 더불어민주당은 온데간데없었다. 피해호소인이라는 딱지 앞에 성폭력 피해자의 인권은 맥없이 무너졌다.

올 초에는 MBC 기상캐스터 고 오요안나 씨의 사망소식이 뒤늦게 전해졌다. 직장내 괴롭힘이 원인으로 지목되었지만, 보수 정권 때마다 철저한 정의를 요구하던 MBC는 사건을 은폐하기에 여념이 없었다. 피해 사실에 대한 철저한 조사와 책임자에 대한 엄중한 처벌, 당연히 해야 할 조치를 두고 사건을 정치화하지 말라는 책임회피에 급급했다. 진상 규명을 위한 청문회도 더불어민주당은 단칼에 거절하였다. 특수고용직, 프리랜서 같은 비정규직 근로자의 권리를 지켜야 한다던 민주당은 어디에도 없었다.

지난 2월 박구용 민주당 교육연수원장은 2030 청년들을 말려죽이겠다는 발언으로 불명예 사퇴하였다. 본인들을 지지하지 않는 개인들을 갱생하고, 그래도 안 된다면 사회로부터 고립시키자는 것이 이재명 대표와 더불어민주당이 원하는 자유 없는 민주주의이다. 자유민주주의에서 자유를 빼자는, 그들만의 대한민국에서 개인의 가치는 더 이상 존중받을 수 없다.

이 와중에 이재명 대표 본인의 재판 지연을 위해서는 발 빠르게 움직이고 있다. 항소장 접수를 회피하고, 재판부에 대한 기피신청도 진행했다. 실제로 대장동, 화천대유 개발비리 의혹을 수사하던 재판부가 변경되면서 재판 일정이 지연될 예정이다. 정치권력을 얻기 위해선 무슨 일이든 하겠다는 집단적 광기에 사로잡혀 있다.

"모든 동물은 평등하다. 그러나 어떤 동물은 다른 동물보다 더 평등하다"

조지 오웰(George Orwell)의 「동물농장」에 나오는 유명한 문구이다. 자녀를 특목고에 보내면서 특목고 폐지를 말하고, 자신들은 강남 아파트에 살면서 청년들은 공공임대주택에 내모는 민주당에게 어쩌면 평등은 명분에 불과할지 모른다. 이재명 대표가 가장 평등한 세상을 만들기 위해 더불어민주당은 벌써 분주하다.

다시, 자유를 향한 정치가 필요하다

그러므로 우리는 질 수 없다. 져서도 안 된다. 대한민국의 미래를 위해, 모두의 자유를 향해 87년에 머물러 있는 정치가 앞으로 나아가야 한다. 작은 정부만을 주장하는 것이 아니다. 개인이 더 자유로운 나라를 만들기 위해 해야 할 일들이 있다.

자유는 머물러 있지 않다. 대한민국의 역사는 자유를 향한 정치의 연속이었다.

해방 이후 우리는 공산주의와 자유민주주의의 최전선에서 국가의 존립이 곧 자유였다. 이승만 대통령의 한미 상호방위조약은 전후 폐허가 된 국토를 재건하기 위한 꼭 필요한 안전장치였다. 소작농에게 내 땅을 나눠준 토지개혁, 전 국민을 대상으로 보통교육을 실시한 교육개혁으로 문맹률이 80%에 달하던 세계 최빈국 대한민국이 다시 일어날 수 있는 기틀을 마련했다.

1970년대까지는 잘 먹고 잘사는 것이 자유인 시대였다. 박정희 대통령은 경제개발 5개년 계획과 새마을운동을 연이어 성공시키면서 대한민국 산업화를 이끌었다. 외국 자본을 유치하여 철강, 조선, 기계, 석유화학 같은 수출주도형 중화학 공업을 육성하겠다는 전략이 주효했다. 1961년 4,100만 달러에 불과하던 수출액은 1979년 150억 달러까지 성장했다.

앞서 언급한 87년의 전국민적 민주화 투쟁도 자유를 향한 정치였다. 전국민적 투쟁의 결과로 국민직선제를 쟁취하는 개헌을 이루었고, 국가권력의 폭력으로부터 개인의 자유를 구했다.

이제 다시, 자유를 향한 정치가 필요하다. 보수는 멈춤이 아니라 질서 있는 변화이다. 새로운 시대에 맞는 자유를 향해 나아가야 한다. 그리고 나는 그 답을 우리 청년들에게서 찾고 있다.

우리 청년들은 왜 귀중한 주말 시간에 거리에 나와 투쟁하고 있을까? 나는 요즘 국민의힘 전략기획특위 위원장으로 활동하면서 대학생을 포함한 청년세대를 참 많이 만나고, 그들의 이야기를 경청하고 있다. 지금의 2030 세대는 민족, 민중보다 개인의 자유를 배우며 자라난 세대이다. 산업화도 민주화도 이미 완수한 선진국 대한민국에서 자라난 세대이다. 우리 청년들에게 반국가세력은 낯선 단어이지만, 나의 자유를 위협하는 세력이 대한민국을 망치고 있다는 위기감만은 생생히 느끼고 있었다.

그러므로 우리가 나아가야 할 방향도 분명하다. 먼저, 민주당이 무너뜨린 자유를 회복해야 한다. '87체제'가 낳은 정치권력의 독주를 막아야 한다. 막강해진 정치권력은 사법의 정치화, 경제의 정치화, 언론의 정치화, 시민사회의 정치화를 낳았다. 우리법연구회, 민주노총과 언론노조가 더불어민주당과 함께 쌓아 올린 그들만의 세계관에서 동의하지 않는 절반의 국민은 배제되고 고립된다. 생각이 다른 개인을 존중하지 않는 민주주의는 다수에 의한 폭력에 불과하다. 정치권력 앞에 개인의 일상이 지킬 수 있도록 우리 사회의 다양한 영역이 제 기능을 회복해야 한다.

모두의 자유를 위해 기회의 사다리를 바로 세워야 한다. 사회가 성숙할수록 기득권의 장벽은 높아만 간다. 계층 간의 이동이 어려워지면서 기득권의 경계 밖에 있는 사람들은 점차 소외되고 있다. 이제 막 사회를 마주한 우리 청년들은 삶의 매 순간 좌절을 경험한다. 취업도, 연애도, 결혼도, 육아도, 내 집 마련도 이제 의지만으로는 닿을 수 없는 목표라고 한다. 지난해 구직마저 포기하고 '그냥 쉬는' 청년들이 42만 명을 넘어섰다. 학창 시절부터 경쟁에 내몰린 우리 청년들에게 희망을 주는 정치가 필요하다. 나이가 적어도, 가진 게 없어도, 실패를 경험했더라도 열심히 노력하는 누구나, 더 나은 삶을 꿈꿀 수 있도록 기회의 사다리를 더 높이겠다.

함께 싸워 승리하자!

'87체제'는 대한민국 민주화의 자랑스러운 성취이다. 군사 독재에 맞서 개인의 가치를 되찾으려는 자유를 향한 투쟁이었다. 그러나 반대할 수 없는 권력은 부패할 수밖에 없다. 이재명 대표의 민주당이 장악한 의회 권력의 폭주 속에 '87체제'는 이제 그 수명을 다했다.

'87체제'가 기득권세력에 의해 변질되기 전 원래 지키고자 했던 가치, 인류가 오랜 시간 쌓아온 문화적 유산은 결국 모든 개인이 존중받는 사회를 만드는 것이다. 집단의 폭력으로부터 개인을 보호하려는 것이다. 그리고 그 핵심은 바로 자유이다. 그런데도 민주당은 자유민주주의에서 자유를 빼자고 한다. 그리고 자유 없는 대한민국의 예고편을 민주당은 이미 보여주고 있다.

우리는 자유 없는 민주주의를 단호히 거부해야 한다.

중국 공산당도, 북한의 김정은 정권도 투표는 한다. 그러나 이를 두고 자유민주주의라 할 수는 없다. 개인의 가치가 존중받지 않는 민주주의는 다수에 의한 폭력에 불과하다. 우리와 사회주의, 공산주의를 가르는 기준은 형식적인 민주주의가 아니라 진정한 자유주의이다.

나 조정훈이, 그리고 우리 국민의힘이 자유를 향한 정치를 하겠다. 자유를 향한 이 길에 여러분이 함께해 주시기를 바란다. 대한민국의 미래를 지키는 이 싸움에, 국민과 함께 승리하겠다.

내가 지키려고 하는 것들

:

전한길(역사 강사)

대한민국은 대단한 나라

나는 지금부터 대한민국이 지켜야 할 것은 무엇이고 앞으로 나아가야 할 방향은 어떤 쪽인가에 대한 말하고자 한다. 다들 알다시피 우리나라는 1910년부터 35년 동안 일본에 의해 식민 지배를 받았다. 그리고 광복되자마자 5년 만에 6·25전쟁을 겪었고 이 전쟁으로 300만 명 이상이 목숨을 잃었다. 35년간의 식민 지배와 연이어서 6·25전쟁이라는 동족상잔의 비극을 겪으면서 우리 대한민국은 완전히 폭망한 상태였다. 당시 우리나라는 국민소득 1인당 GDP 35달러에 불과한, 아프리카 가나와 비슷한 가난한 나라였다.

그런데 쓸만한 지하자원 하나 제대로 없고, 석유 한 방울 안 나는 대한민국이 그 뒤로 어떻게 되었는가. 2024년 통계 기준으로 우리나라는 전 세계에서 제조 강국 5위, 군사력·K방산 5위이며, 수출액은 6,800억 달러로서 우리보다 인구가 두 배 더 많은 일본하고 비슷한 수준이 되었다. 1인당 GDP는 3만 5,000달러로 일본을 넘어섰다. 이것만 봐도 대한민국은 이만저만하게 대단한 나라가 아닌가.

우리나라가 어떻게 이렇게 눈부신 성장을 했을까 돌아보면 당연히 우리 부모의 부모 세대, 할아버지 할머니 세대를 떠올리게 된다. 그분들이 자신들은 누리지 못하고 오직 자식을 위해서, 국가 위해서 헌신하신 덕분에 지금의 대한민국이 이만큼 먹고 살 만하게 되었다는 것이다.

대한민국의 자랑스러운 현대사

이승만 대통령과 문재인 대통령을 비교하면서 우리가 가야 할 길을 확실하게 알게 되었다. 공산주의로 가면 안 되고 자유민주주의로 가야 한다는 점이다. 그리고 그 길은 산업화를 통해서 가야 된다는 점도 알게 되었다. 산업화에 애쓰신 분들 덕분에 지금 우리가 이만큼 먹고 살게 된 것이다.

유럽이 200년 만에 이룬 민주주의를 우리나라는 40년 만에 이루어냈다. 그 과정에 민주화를 위해 희생한 분도 있었고 지도자 중 DJ와 YS가 일평생 민주화를 위해서 애쓴 것도 우리가 잊어서는 안 된다. 물론 5·18 때 광주 시민들의 희생도 있었다. 하지만 당시 공수 부대는 상급자의 명령을 받고 갔을 뿐인데 무슨 잘못이 있었겠는가. 그 당시에 다친 군인들도 마찬가지로 희생자였음을 우리는 염두에 두어야 한다.

이런 희생과 헌신 덕분에 대한민국은 전 세계에서 국력 6위의 나라에 이르게 되었다. 또 전 세계에서 민주주의에 가장 성공한 나라, 산업화에 가장 성공한 나라로 꼽히고 있다. 그래서 역사 강사로서 나는 학생들에게, 이런 대한민국 국민으로서 정말로 자랑스러운 현대사에 대해서 자부심을 가질 충분한 자격이 있다, 감사함을 잊어서는 안 된다고 늘 강조하고 있다.

우리는 지난 70여 년간 전쟁을 겪지 않았다. 우리 역사상 이렇게 70년 이상 전쟁이 없었던 적은 흔치 않다. 이런 오랜 평화는 당연히 한미상호방위조약을 통해서 북한 공산당을 막아낸 결과이다. 철저한 동맹 속에는 이승만 대통령의 노력과 더불어서 미군의 도움이 있었다. 그래서 주한 미군에 대해서, 미국에 대해서도 늘 감사함을 잊지 않아야 할 것이다. 나도 오래 전에는 태극기와 같이 성조기를 흔드는 것을 좀 삐딱한 눈으로 보기도 했다. 하지만 지금은 그분들의 생각이 옳았다고 본다. 그분들은 애국심과 확고한 신념을 가졌던 것이다.

이승만은 우리가 누리는 자유민주주의의 토대를 만들었다

이승만 대통령의 업적에 대해서 어떻게 생각하는지 나에게 물어보면 나는 보통 3단계로 나누어 대답한다. 첫 단계는 3·15부정선거에 항거했던 4·19혁명을 이어받은 게 우리 헌법 정신이기 때문에 이승만 대통령에게 그와 관련된 과오가 있었던 걸 인정하는 것이다. 하지만 2단계로 올라가 좀 더 알아보면 "이승만 대통령에게 그런 업적도 있었어?"라는 말이 절로 나오게 된다.

첫째, 미군정 3년을 끝내고 정권을 이양했을 때 이승만 대통령은 농지개혁을 실시했다. 해방 후 우리나라 사람 80% 가까이가 소작농이었다. 그때 이승만 대통령은 가난하면 공산주의자가 되기 쉬우니 공산당을 막아내려면 땅을 나눠줘야 한다고 생각했다. 자기 땅이 있고 부자가 될 수 있다는 희망이 있어야 공산당을 막을 수 있다는 생각에 땅을 나눠줬다.

이는 대단히 혁신적인 정책이었다. 3정보 이상 땅을 가진 지주의 땅은 국가에서 다 사들였고 소작농에게 그 땅을 헐하게 팔았으며 땅 값은 농사지어서 갚으라고 했다. 요즘으로 치면 아파트 30평까지만 소유를 인정하고 그 이상이라면 국가에 싼 값에 팔라고 한 것이다. 이렇게 농지개혁은 사회주의 정책이라고 생각될 만큼 혁신적이었다. 농민들한테 땅을 나눠주는 농지개혁이 시행되기 시작한 게 6·25전쟁 바로 3개월 전이었다. 그러니까 북한의 김일성 명령만으로 전쟁이 일어났을 때 남로당 책임자였던 박헌영은 "좀 있어 봐라. 서울만 점령하면 남조선 농민들이 폭동을 일으켜 쉽게 공산화가 될 것이다"라고 장담했지만 남한의 농민들은 그에 동조하지 않았다.

물론 춘천 지역에 우리 국군이 용감히 싸운 것도 있었지만 동조세력이 조용했던 커다란 이유 중 하나는 바로 이승만 대통령의 농지개혁 덕분이다. 농민들은 내 땅을 지키겠다는 각오로 북한에 동조하지 않았고 이는 공산화를 막아낸 큰 힘이 되었다. 또 "내가 이렇게 공부할 수 있고 대학에 갈 수 있던 것은 우리 아버지 어머니께서 논

팔아 공부시킨 덕분이다"라고 흔히 말하는데 그 '논'을 소유할 수 있었던 것도 이승만 대통령이 땅을 나눠준 때문이다. 우리나라처럼 제2차 세계대전 이후에 독립한 신생 국가 중 그렇게 땅 나눠주고 성공한 나라는 없다. 그러니 농지개혁은 이승만 대통령의 굉장히 귀한 업적인 것이다.

광복 직후 우리 국민 중 비문해자는 80%에 이르렀다. 또 당시 미군이 들어와서 좌파냐 우파냐 물어보니 80% 가까이가 좌파라고 대답했다. 대부분 국민이 글은 물론 공산주의가 뭔지도 몰랐지만 남한 전체가 빨간색으로 물들어 있었다. 그런데 이승만 대통령은, 공산당과는 절대 합작하면 안 된다, 무조건 자유민주주의를 지켜야 한다는 신념으로 국민을 설득했다. 그리고 공산화를 막기 위해 땅을 나눠줬다.

그런 발상의 전환, 혁명을 일으킨 사람이 이승만 대통령이다. 자유민주주의를 지켜야 한다는 그 확고한 신념 덕분에 우리나라는 공산화가 되지 않았다. 김일성한테 속아 공산주의 하자고 했던 사람들은 지금 어떻게 되었는가? 그 답은 북한의 실상에서 얻을 수 있다. 굶어 죽어가던 우리나라가 국력 6위에 이르게 한 이런 위대한 업적의 기초에 바로 이승만 대통령이 있었다.

한미동맹은 또 어떻게 맺어졌는가. 미군이 한국에 남아 있고 싶어 남은 게 아니고 이승만 대통령이 목숨 걸고 지킨 덕분에 주한 미군이 지금도 주둔하는 것이다. 이승만 대통령은 국민의 정서를 생각할 때 절대 휴전에 동의할 수 없다고 했다. 휴전하고 유엔군이 철수하면 대한민국은 공산화되는 것 아니냐며 휴전에 반대했다. 당시 미국은 아이젠하워 대통령 선거 공약 때문에 무조건 휴전하기로 되어 있었다. 그런데 이승만 대통령이 휴전을 못 하겠다 하니 미국은 '이승만 제거 작전'에 돌입했다. '이승만 죽이기'에 실패한 미국은 이승만에게 소원을 물었고 이승만 대통령은 두 가지를 요구했다.

첫째, 우리나라는 6·25전쟁 때문에 폐허가 됐는데 미국이 경제 원조를 해달라는 것. 둘째는 유엔군은 철수하더라도 미군은 남아달라는 것. 이렇게 하여 이승만 덕분에 한미상호방위조약이 체결되어서 현재까지 우리나라에 미군이 주둔하고 있고 그 덕분에 중국이든 북한이든 우리나라에 손을 못 대고 있다. 우리나라의 안보는 이렇게 지켜지고 있다. 우리는 이승만 대통령의 이런 업적도 기억해야 한다.

세 번째 단계는 이승만이 탁월한 선견지명이 있는 지도자라는 점이다. 이승만은 다음 다섯 가지 예언을 했다. 첫째, 자유민주주의로 국가의 방향을 잡은 것이다. 대한제국 때 태어난 이승만 대통령은 미국 선교사로부터 서양식 민주주의 정치의식을 교육받았다. 그런데 대한제국에 반대한다고 정치범으로 종신형을 선고받고 감옥에 갇혔다. 한성감옥소에서 5년간 감옥살이를 했는데 그때 쓴 책이 〈독립정신〉이다. 그 〈독립정신〉에서 향후 우리나라가 자유민주주의로 나아가야 한다는 주장을 했다. 그때 그는 20대 청년이었다.

두 번째 예언은, 공산당은 멸망한다는 주장이었다. 1923년 미국에서 독립운동을 할 때 이승만은 〈태평양〉이라는 잡지에 이에 대해 썼다. 우리나라에서 조선공산당은 1925년 일제시대에 생겼다. 러시아가 볼셰비키 레닌을 통해서 공산화된 게 1917년이었고 조선공산당은 그로부터 8년 뒤에 생겨났다. 그런데 놀랍게도 이승만은 그때 미국에서 공산당은 결국은 멸망할 것이라고 예언했다.

이승만이 내놓은 공산당 멸망의 이유 중 하나는, 공산당은 네 것, 내 것 없는데 누가 일하겠느냐는 것이다. 일을 안 하면 다 가난해질 것이니까 결국은 전체로서 멸망한다는 것이다. 또 하나 이유는, 기업가, 자본가를 부정하면 혁신이 없어서 결국은 점점 더 후퇴하게 될 것이라는 점이다. 실제로 공산당의 종주국 소련이 붕괴하기 67년 전에 공산당은 망할 수밖에 없다고 놀라운 예언을 한 것이다.

　세 번째 예언은 미국 국민을 아주 깜짝 놀라게 했다. 1941년 12월에 태평양전쟁이 일어났는데 이승만은 그 6개월 전에 〈재팬 인사이드 아웃(일본 내막기)〉이라는 책을 썼다. "일본의 본질을 볼 때 반드시 전쟁이 일어날 것이다, 미국으로 쳐들어올 것이다"라는 내용이 담긴 책이었는데 당시에 아무도 그 책에 담긴 내용을 안 믿었다. 그런데 6개월 뒤 태평양전쟁이 일어나자 미국 사람들은 감동했다. 일본이 태평양전쟁을 일으키기 전 이승만은 이미 태평양전쟁을 예언한 셈이다. 〈재팬 인사이드 아웃〉은 미국에서 베스트셀러가 되었다.

　네 번째 예언은 정읍발언이다. 광복 이후 이승만이 전국에 다니면서 정치 운동할 때 전라북도 정읍에서 유명한 발언을 했다. 그 정읍발언은 이러하다. 절대 공산당하고는 말이 안 통한다, 공산당하고는 같이 섞일 수가 없으니까 남한만이라도 단독이라도 정부를 수립하자는 내용이었다. 그 발언 때문에 어떤 사람들은 이승만을 분단주의자라고 일컫는다. 그러나 절대 그렇지 않다. 이승만이 그 발언을 한 때가 1946년 6월이었다. 2년 뒤에 우리나라 정부가 수립되었지만 실제로 북한과는 함께 할 수 없었다. 선견지명이었던 것이다. 70여 년이 지난 지금 어떤가. 북한 김정은과 여전히 대화가 안 통한다. 공산당과는 말이 안 통하는 걸 이미 그때 이승만이 예언했던 것이다.

다섯 번째 예언은 미국과의 동맹으로 러시아, 일본, 중국이라는 강국들에 둘러싸인 한반도는 영구적으로 안정될 것이다, 안보가 지켜질 것이다, 미국이 지켜주게 된 우리나라는 영원히 안정되게 갈 것이라는 점을 예언했다. 미국은 우리나라 영토에 대해 침략 야욕이 없는 나라니까 미국이라는 민주주의가 발달하고 강한 나라 군대를 우리나라에 주둔시키면 우리나라 주변의 강대국들로부터 보호받을 수 있다는 것이다.

이승만은 20대 청년일 때 〈독립정신〉이라는 책에서 우리나라가 자유민주주의로 나아가야 한다고 부르짖었다. 또 공산당이 멸망하기 67년 전에 이미 공산당은 망할 수밖에 없다고 미국에서 주장했고 전쟁이 일어나기 6개월 전에 태평양전쟁을 예언했다. 정읍발언을 통해서 공산당은 절대 같이 못 간다는 걸 이야기했다. 그리고 주한 미군이 주둔하면 우리나라에는 평화가 계속될 것이라고 예언했다. 이승만을 잘 모를 때는 독재자라고만 생각하고 좀 알고 나면 그 업적에 감탄하며, 그가 한 여러 선견지명까지 깨우치면 그가 진실로 위대한 지도자였음에 감탄하게 된다.

지금 우리가 누리는 자유민주주의의 토대는 이승만이 만들었다. 그래서 나는 향후 역사학계에서 학생들에게 이승만이 '독재자'라고만 가르칠 게 아니라 이런 것에 대해서도 좀 제대로 가르칠 필요가 있다는 생각을 하게 되었다.

비상계엄이 가르쳐준 자유민주주의의 위기

지금 우리 대한민국은 바로 이승만 대통령이 통치하던 당시, 우리 한반도에 공산당과 좌익이 바글바글할 때처럼 또 다른 위기를 맞이했다. 2024년 12월 3일 윤석열 대통령이 비상계엄을 선포하기 직전만 해도 우리나라에 이렇게 종북 세력이나 공산주의 세력이 많은지 몰랐다. 또 중국이 우리나라 정치, 경제, 사회 분야에 이렇게 깊이 뿌리내린 줄 몰랐다. 조금 알았더라도 먹고살기 바쁘니까 그냥 넘어가자고 생각했는데 비상계엄을 통해서 많은 것을 알게 되었다. 정치적으로 더불어민주당이 그동안 해왔던 패악질에 대해서, 역사에 유례없는 스물아홉 번의 탄핵을 통해서 행정부를 마비시킨 것도 알게 되었다. 또 원래는 국회에서 소수 의견도 존중되어야 되는데 표결을 통해 다수당의 힘으로 밀어붙였다는 것도 알았다.

그뿐만 아니라 사법부의 카르텔, 우리법연구회, 공수처, 선관위, 헌법재판소의 문제도 알게 되었다. 지금은 헌법재판소의 시간이 되었는데 헌법재판소까지 이렇게 이념적으로 편향된 줄을 누가 알았겠는가? 이번 비상계엄이 아니었으면 헌법 재판은 당연히 헌법과 법률에 따라서 재판한다고 믿었을 것이다. 그런데 지금 헌법 재판도, 언론도 엉망이란 것을 알게 되었다. 윤석열 대통령의 최후 변론에 관한 그 장문의 글을 어느 방송사에서도 방송하지 않았고 모든 언론사가 자기들 유리한 대로 보도했다.

그래서 국민은 언론사를 통해서는 진실을 알 수 없다. 지금 유튜브가 없다면 박근혜 정부 때처럼 8 대 0으로 그냥 인용됐을 것이다.

하지만 이번에는 알아버렸다. 윤석열 대통령 덕분이기도 하고 국민들이 새로운 1인 매체를 통하여 많은 지식을 공급받는 덕분에 계엄 선포 당시 10%이던 대통령 지지율이 지금 50% 가까이 왔지 않은가? 윤석열 대통령의 정책을 돌아보니까, 이승만 대통령 때처럼 우리가 까딱하면 중국의 속국이 되고 제2의 홍콩이 될 수도 있는 것을 윤석열 대통령이 막아낸 것이다. 대부분 사람은 설마 우리가 중국에게 먹히겠는가 방심할 수도 있지만 절대 그렇지 않다. 이미 친중 정치 세력이 너무나 많이 우리 안에 녹아들어 있고, 경제적으로도 중국 자본이 무척 많이 들어와 있다. 그리고 그 세력은 민주당이라는 거대 정치세력과 손을 잡고 있다.

우리 인구가 5,000만 명, 중국은 15억이니까 30배이다. 국토 면적은 우리보다 중국이 95배 넓으니까 중국은 사우스 코리아를 쉽게 먹을 수 있는 작은 나라라고 생각할 수 있다. 화교 자본은 어마어마하고 무시무시하다. 지금 여의도나 강남에 수많은 빌딩 건물을 중국인들이 사들였다. 우리나라 인터넷 뉴스에 내가 등장하면 댓글에 욕만 달린다. 중국인 네티즌이 많기 때문이다. 지난번에 주한 중국 대사가 "중국인들은 탄핵 찬성 집회에 가지 말라."라고 공식적으로 발표했다. 그 말은 실제로 많이 갔다는 뜻이다.

공자학당이라는 것이 있는데 전 세계에서 우리나라에 그 숫자가 제일 많아 무려 스물세 개가 있다. 알만한 나라들은 공자학당이 중국 정부의 스파이 노릇을 한다는 사실을 알고 추방하였다.

이런 상황에서 윤석열 탄핵 반대 집회에 국민들이 동참하느냐 마느냐는 좌파 우파의 문제가 아니다. 진보 보수의 문제도 아니다. 이것은 대한민국을 살리느냐 죽이느냐의 문제이다. 나는 전 국민이 우리가 마주한 진실을 좀 더 자세히 알고 탄핵 반대하는 쪽에 서기를 바란다. 이것은 단순히 윤석열 대통령의 직무복귀를 원하는 게 아니라 대한민국 체제를 지키고자 하는 노력이라는 점을 인식해 주길 바란다. 이번에 기독교에서 탄핵 반대 집회를 주도하고 있는데 전국의 스님, 신부님들도 나와서 대한민국 체제를 반드시 지켜야 한다고 생각한다.

이승만이 주장했던 것처럼 우리나라가 공산화되면 안 된다. 사회주의 체제가 되면 안 된다. 이미 더불어민주당은 입법부를 장악했고 사법부와 경찰까지 자기들 맘대로 하고 있다. 이대로 가면 그들이 국민들 입을 틀어막고 자유가 다 사라진다. 그게 대한민국의 현실인데 그걸 누구 덕분에 알게 되었는가. 윤석열 대통령 덕분에 우리가 알게 되었다.

내가 지키려고 하는 것들 – 윤석열 대통령 직무 복귀의 의미

그렇다면 대한민국이 지켜야 할 것이 무엇인가? 나는 2030 세대에게 이런 정치를 만들어가자고 말하고 싶다.

첫째, 공산주의가 아니라 자유민주주의 체제를 지켜야 된다. 둘째, 경제적으로 사회주의가 아니라 자유시장경제로 가야 된다. 민노총처럼 갈등과 대립이 아니라, 기업가가 존중받고 근로자도 서로 존중하는 사회가 되어야 한다. 상속세는 보통 부자들의 재산을 빼앗는 것이라 생각한다. 지금 삼성의 경우, 이건희 회장이 세상을 떠났지만 아직도 상속세를 못 내고 있다. 기업을 갖다 팔아야 세금을 낼 수 있는데 중국인한테 팔아야 할지도 모른다. 몇 개의 알짜기업이 이미 그런 운명을 겪었다. 어쨌든 우리는 자유시장경제를 고수해야 한다. 셋째, 사회적으로는 무조건 나눠주자 퍼주자가 되면 안 된다. 일 안 해도 돈을 주면 누가 일하겠는가? 누구라도 돈을 벌려면 열심히 일해야 한다. 이런 마인드가 사회의 건전한 성장을 위하여 꼭 필요하기 때문에 나는 선별적 복지로 약자를 존중해주는 게 필요하다고 생각한다. 그 외에도 사상의 자유, 종교의 자유, 가정의 가치가 존중되고 개인의 자유가 보장되는 대한민국이 만들어져야 한다.

내가 지금 얘기한 그 체제가 바로 윤석열 정부의 방향이다. 이게 중도 보수이다. 이재명 대표는 며칠 전 민주당이 중도 보수라고 했다. 헛된 말이다. 민주당에서 우파를 자꾸 극우라고 모는 이유는 자기들이 설 자리가 없어졌기 때문이다. 50%가 윤석열 대통령을 지지하고 다시 복귀시키려 하는데 50%를 극우로 몬다는 게 말이 되는가? 앞으로 그런 사람을 극우로 모는 언론사나 기자가 있다면 그들은 꼴통 좌파임에 틀림없다.

중도 보수는 윤석열 정부이다. 그런 차원에서 현재 헌법재판소에서 심판받고 있는 윤석열 대통령의 탄핵이 반드시 기각되거나 각하되어야 한다. 이것이 헌법재판관들도 살고 국민도 살 수 있는 길이다.

우리나라 헌법학의 1인자인 허영 교수께서 두 가지를 지적했다. 첫 번째는 헌법재판소 안에 있는 불의한 재판관들의 편향된 재판이고, 두 번째는 심리 과정에서 나타난 위법 열 가지에 대한 지적이다. 만약 이대로 숱한 위법 속에서 탄핵을 인용한다면 헌법재판소는 가루가 되어 사라질 것이다. 이게 허영 교수님의 말씀이다.

만약 헌법재판소에서 탄핵을 인용해버리면 국민은 둘로 쪼개진다. 하지만 탄핵 각하되면 절차적으로 아무 문제 없다. 국회에서 탄핵소추안을 헌법재판소에 보낼 때 80%가 내란죄였는데 80%에 해당하는 내란죄를 탄핵소추 사유에서 빼고 재판했지 않은가. 이렇게 하여 모든 절차가 어긋나 있기 때문에, 헌법재판관 여덟 명이 살고 국민이 통합하는 유일한 방법이 바로 '각하'이다.

윤석열 대통령을 반드시 복귀시켜 국가 시스템을 정상화시키고 못다 한 계획을 행하게 해야 한다. 윤석열 대통령은 대통령 자리에 연연하지 않는다고 말했다. 내가 희생하겠다는 게 진정한 지도자이다. 박근혜 대통령과 마찬가지로 윤석열 대통령에게도 국가밖에 없다. 오직 국가를 위해서 헌신하겠다고 했고 심지어 남은 대통령 임기에도 욕심이 없다고 했다. 개헌이 필요하다면 개헌도 하면서 오직 국가를 위해서 희생하겠다고 했다.

나는 온 국민이 다 모여서 탄핵을 기각 또는 각하시키고 윤석열 대통령을 복귀시켜서 대한민국을 다시 살려야 된다고 생각한다. 그래서 산업화 세력, 민주화 세력, 안보 세력이 전부 하나가 되어서 대한민국을 일으켜야 한다.

윤석열 대통령은 중도 보수이다. 보수는 옛날 것에 집착하는 게 아니고 우리 인류가 수천 년 동안 싸우면서 지켜온 소중한 가치, 가정, 사상의 자유, 개인의 자유 이런 것이 존중되는 게 진정한 보수이다. 그래서 나는 합리적 보수, 중도 보수로 나아가는 것이 대한민국의 바람직한 방향이라고 생각한다.

자유 문명 수호의 사명

:

도태우(변호사)

자유민주체제 대 전체주의체제의 대립

운명적인 순간이면서 동시에 문명적인 순간이라고 하겠다. 어제 (2025. 2. 25.)가 윤석열 대통령에 대한 헌법재판소의 탄핵심판 변론종결일이었다. 12. 3 비상계엄 이후 전쟁과 같은 84일간의 날들이 이어져 왔다.

계엄 선포는 헌법상 대통령의 종국적이고 배타적인 권한으로 규정되어 있다. 그러나 국회를 지배하는 거대 야당은 해제 요구 결의라는 헌법적 견제를 넘어 6시간만에 종결된 계엄 선포와 그 후속 조치를 내란죄로 몰아 갔다.

전 언론과 나라를 뒤덮는 선동 속에 대통령을 내란수괴라 부르며 부결된 안건을 편법으로 재발의하여 탄핵소추 의결을 통과시켰다.

목표로 하던 대통령 직무 정지를 얻어낸 다음, 정작 탄핵 심판 과정에서는 소추사유의 핵심인 내란죄를 마음대로 철회하겠다고 했다.

내란죄 수사권 없는 공수처는 거대 야당과의 찰떡궁합 속에 불법적인 영장으로 경찰 수천 명을 동원하여 관저를 침입하고 군사작전을 펼치듯 현직 대통령을 체포 구속했다. 헌법재판소는 명문의 법 규정을 어긴 심리 진행에 대한 피청구인 대리인단의 이의 제기를 '특수한 징계 절차에 대한 소송 지휘'라며 입을 틀어막았다. 헌법 파괴적인 폭거가 거듭 밀어닥치는 쓰나미처럼 나라를 뒤흔들었다.

시야를 조금 넓혀 보면 이번 84일 간의 전쟁은 2016년 탄핵 사태 이후 지난 8년간 벌어져 온 전쟁의 절정이었다. 2016년 말 1987년 제9차 개헌으로 도입된 '적법 절차 원리'가 극심하게 훼손되면서, 자유민주적 기본질서에 바탕한 헌법질서 자체를 부정하고 전복시키려는 흐름과 자유 체제를 수호하려는 진영 사이에 큰 격돌이 생긴 뒤 물러설 수 없는 전쟁이 계속되고 있다.

시야를 더 크게 확장해 보면 1945년 해방 이후 80년에 걸쳐 한반도에서는 '자유민주체제 대 전체주의체제'라는 동일한 대립 구도의 전쟁이 이어지고 있다. 현재 탄핵사태에서 문제되는 '반국가세력', 〈북·중·러를 적대시한 것이 탄핵 사유〉라고 적는 흐름'이 제도권을 장악함에 따라 벌어진 국가 비상 상황의 문제는 80년 전 대한민국 건국을 둘러싼 미래 방향성의 대립이 현재까지 끈질기게 지속되고 있음을 일깨워준다.

시야를 극도로 확대해 보면 120년 전 한성감옥에서 무기수로 갇혀 있던 한 사람, 청년 이승만에게 찾아든 빛과 새로운 방향성의 출발에 주목하게 된다. 그 빛은 정치의 방향성만이 아니라 영혼의 문제, 삶 전체의 방향성과 관련된 문제였고, 바로 자유 문명을 향한 빛이었다.

실용적 자유주의와 이상적 자유주의의 결합

미국이 제2차 세계대전 참전을 주저하고 유럽이 나치즘의 손에 굴러떨어지기 직전인 1940년 4월 29일 미국의 문명비평가인 루이스 멈퍼드(Lewis Mumford)는 〈뉴 리퍼블릭(New Republic)〉지에 기고한 〈자유주의의 부패〉에서 자유주의가 수호하는 본류가 사실은 인류 문명 전통이라는 점을 다음과 같이 역설한다.

"이제 자유주의의 보편적인 요소와 도덕화하는 요소들이 파시스트 공격의 실제 목표이다. 이러한 보편적인 요소들은 근대 자본주의보다 한참 이전에 부상했고, 보다 큰 인간 전통의 부분들로서, 유대인들의 민속, 그리스인들의 실험 철학, 로마 제국의 세속적인 관행, 기독 교회의 성스런 교의들, 위대한 중세 후기 인문주의자들의 철학 속에 구현된 것들이었다.

관념들이 언제나 존재하는 경제 제도의 그림자라는 마르크스주의적 개념은 정확하게 이 지점에서 대놓고 사실에 반하게 된다. 왜냐하면 비록 문화가 관련된 유기적 전체를 형성하지만, 모든 시기와 장소는 인류의 일반적 유산의 일부가 되는 경향이 있는 침전물을 남기기 때문이다. 이 침전물은 양으로는 상대적으로 작으나 무한히 소중한 것이다; 또한 어떤 단일 계급이나 국민도 그것을 창조하거나, 그것의 유일한 수호자가 될 수 없다.

맨체스터 자유주의를 인격적인 책임, 인격적인 자유 그리고 인격적인 표현이라는 인문적 전통과 등치시키려는 노력은 때때로 자본주의적 특권의 옹호자들에 의해 공유된다; 그것이 바로 사적인 자본주의와 '미국적 방식'을 함께 묶어내려는 이들의 거대한 오류이다. 그러나 이러한 생각은 사적 소유권을 절대화하는 이들에 의해 주장되건 사적 소유권 체제에 절대적으로 도전하고자 하는 이들에 의해 주장되건 (모두) 그릇된 것이다.

자유주의의 가장 중요한 원리들은 배타적으로 자유주의에 매달려 있지 않다: 그것들에 고유한 힘을 주는 것은 그것들의 보편성과 역사적 연속성이다. 공자, 소크라테스, 플라톤, 아리스토텔레스는 제퍼슨과 밀 만큼이나 그것들을 향해 증언한다. 자유주의는 이러한 인문적 전통을 이어받아, 이를 개량하였고, 마침내 이를 결합하여 18세기에 자라났던 새로운 희망과 신념의 체계로 귀결되었다."

루이스 멈퍼드는 아래에 인용하는 글에서 보듯 두 종류의 자유주의를 구별한다. 이상적 자유주의와 실용적 자유주의가 그것인데, 전자는 후자의 뿌리이다. 이상적인 자유주의 속에서 중요한 것은 인간성(Humanity)이라는 로마의 위대한 표상과 같은 요소이다. 이는 모든 인종과 상황을 끌어안고, 자유와 정의를 추구하는 데 결합되어 있으며, 전제주의의 대척점에 서 있다.

"이제 분명히 기억해야 할 것은 자유주의는 두 측면을 가지고 있다는 것이다. 인간성의 경험과 사례에 깊이 뿌리를 두고 있는 이상적 자유주의가 존재하며: 이것은 모든 온량한 사람들의 연합을 명하는 독트린이다. 한편 자유주의의 일시적인 독트린으로서 실용적 측면이 존재하는데, 이는 자연의 과학적인 정복과 동력 기계류의 발명에 대한 다소간 사춘기적인 자만심으로부터 18세기에 자라난 것이다: 이쪽이 삶의 공리주의적인 양상을 강조하며, 순수하게 지적인 쟁점들에 집중하고, 관용과 '개방된 마음 자세'에 대한 배타적인 고려 속에서 그 자애로운 방호막을 공공연하게 문명의 목적 자체를 반대하는 자들에까지 확장할 준비가 되어 있는 입장이다.

이상적인 자유주의 속에서 중요한 것은 인간성(Humanity)이라는 로마의 위대한 표상과 같은 요소들인데, 모든 인종과 상황을 끌어안고, 자유와 정의를 추구하는 데 결합되어 있는 것이다. 이 이상은 근본적으로 모든 지점에서 파시스트들에 의해 옹호되는 전제주의의 대척점에 서 있다. 또한 그것은 대부분의 미국 자유주의자들에 의해 옹호되는 도덕적, 육체적, 정치적 고립주의 - 나머지 인류에 대한 파시스트의 경멸적 태도의 수동태이자 희석된 판본인 - 의 대척점에 서 있기도 하다."

이역만리 동양의 오지에서 수만 명 자국 젊은이들의 피를 쏟으면서까지 끝내 지켜내고자 했던 미국 자유주의의 '자유'는 루이스 멈퍼드가 위에서 말한 '이상적 자유주의'를 떠나 생각하기 어렵다.

오늘날 대한민국에서 전제적인 세력, 전체주의 세력의 어두운 그림자가 강력하게 사회를 뒤덮고 있다. 실용적 자유주의 태도만으로는 이 어둠을 극복할 수 없다고 본다.

흔히 '실용적 자유주의'와 대비되어 '전투적 자유주의'로 칭해지는 태도의 근저에 놓인 진짜 바탕은 '이상적 자유주의'라 할 것이다.

인간성(Humanity) 또는 자유로 집약되는 인류 문명 자체를 수호하려는 확고한 결단과 의지에 바탕해서만 자유와 문명의 전통을 말살하는 전제적 세력의 전체주의적 공격에 단호하게 맞설 에너지를 확보하게 될 것이다.

자유문명체제의 수호를 위하여

오늘 이 자리에 우리나라의 상원의원급인 뛰어난 의원님들(김기현, 나경원, 윤상현, 조정훈)과 문학계의 거장이신 복거일 선생님이 나오셨다. 그와 더불어 청년 세대 각성의 큰 불길을 점화시킨 전한길 강사님을 함께 모시고 신평 변호사님의 시문집, 문학 서적 출판을 기념하는 시간이 참으로 뜻깊다고 여겨진다.

근대 자유 문명에서 정치는 정말 중요하지만 자유 문명은 정치만으로 구성되거나 지탱될 수 없고 꽃필 수도 없다. 그런 면에서 오늘 문학과 정치가 함께 한 이 자리가 더욱 소중하게 여겨진다.

모쪼록 한 사람 한 사람의 존엄한 천부인권을 우주처럼 귀하게 여기는 데서 비롯된 자유민주체제 근대 문명이 오늘 여기 모인 한 분 한 분으로부터 더욱 자라나, 당면한 탄핵 사태를 넉넉히 극복하고 대한민국에서 놀라운 성장을 이루어 아시아 대륙 전체를 밝히는 큰 빛이 비추어지길 기원한다.

제2편

새롭게 변하는 대한민국

기다려야 한다

꽃이 필 때까지

네 마음이 열릴 때까지

밤은 언제나 어둡고 외로워도

살면 살아지는 것이니

겨울을 지나 봄이 왔는가 했는데

⋮

신평(시인)

비상계엄의 충격

2024년 밤 10시경에 윤석열 전 대통령에 의해 행해진 비상계엄은 나에게도 엄청난 충격이었다. 이를 국민에게 알리는 방송에서 그의 쫓기는 듯한 표정을 읽었다. 그동안 야당으로부터의 공격만이 아니라 자신이 모든 정치적 성장을 하도록 배려해 주었던 한동훈 국민의힘 대표가 그의 등에 칼을 꽂는 상황에 몰렸다. 한 마디로 극심한 내우외환이었다. 이로 인해 그가 겪었을 참담한 고통이 얼굴에서 여실히 읽혔다.

깜깜한 밤중에 윤 전 대통령 내외분을 위한 기도를 드렸다. 그분들이 처한 너무나 가혹한 상황이 거듭 떠올랐다. 그는 앞으로 자신의 앞에 끝없이 펼쳐진 자갈밭 길을 땡볕 밑에서 맨발로 힘겹게 걸어

가야 한다. 아, 제발 하느님께서 두 분에게 이 위기를 이겨낼 수 있는 지혜와 용기를 주시기를 기도할 따름이었다.

그러나 나는 이 비상계엄을 선포하게 된 이유에 관하여 전혀 모르고 있었다. 여러 군데 전화를 돌려 사정을 탐문하려고 했으나 누구 하나 아는 사람이 없었다. 참으로 이상한 일이었다. 비상계엄이 상징하는 야수의 잔인한 폭력성이 눈에 어른거릴 뿐이었다. 잠시 후 비상계엄이 국회의 해제의결에 따라 해제되긴 했어도 그 잔상은 쉽게 지워지지 않았다. 자연스럽게, 나는 이것이 그의 치명적 실책으로, 과연 이를 만회할 방법이 있기나 할까 하며 막바지로 몰리는 생각을 하였다.

사람은 누구나 안에 선과 악을 동시에 가지고 있다. 그리고 밝음과 어두움을 함께 가진다. 지혜롭고 착한 사람은 밝음과 선의 부분이 훨씬 크나 그 반대의 사람도 적지 않다. 윤 전 대통령은 기본적으로 무척 선하고 남에 대한 배려심도 깊으며 나무랄 데 없는 교양을 갖추었기도 하다. 그 성정은 '천하의 호걸'이라고 말해도 부족함이 없을 정도로 광활하다.[1] 그러나 비상계엄의 소식을 들으며 그 당시 내가 내린 판단은, 그의 마음에 내가 눈치채지 못한 극단으로 치우치기도 하는 어두운 면을 못 보았구나 하는 것이었다.

---

1   그 대표적인 예가 윤 전 대통령이 외국 유학을 간 경험이 없음에도 세계의 중심이라고 할 수 있는 미국의 워싱턴 D.C에 가서 2023년 4월 27일 그곳 상하 양원 합동 회의장에서 미국식 영어로 높은 격조를 지키며 연설한 것이다. 이를 보고 나는 그가 '조선 제1의 배포'를 가졌다고 말한 적이 있다.

다음 날 딸아이가 왜 이런 일이 생겼을까 하고 묻는 말에 나는 아주 짤막한 답을 했다. "권력에 취해서." 그만큼 나 역시 비상계엄에 대해 처음에는 극히 부정적 태도를 가졌다.

윤 전 대통령과 한동훈, 그 기이한 뒤틀림

한국의 현대 정치사에서 윤 전 대통령과 한동훈이라는 두 인물의 만남과 헤어짐에서 볼 수 있는 것처럼 인간관계가 뒤틀려버린 일이 따로 있던가! 윤 전 대통령은 진즉에 한동훈이라는 괜찮은 후배를 알아보고, 성심으로 그의 정치적 성장을 위하여 할 수 있는 일은 다 하였다. 그러나 한동훈은 그 은혜를 갚기는커녕 호시탐탐 윤 전 대통령 제거의 기회를 엿보고 있었다. 일찍이 중국의 사마천(司馬遷)은 사기(史記)의 자객열전(刺客列傳) 예양(豫讓)편에서 "남자는 자기를 알아주는 사람을 위해서 죽고, 여자는 자기를 좋아하는 사람을 위해서 얼굴을 단장한다."는 말을 하였다.[2] 이 고사에 비추어보면 과연 한동훈은 어떤 사람이라고 평가할 수 있을까?

나는 한동훈이라는 사람의 됨됨이를 일찍부터 알아보고, 그에 대하여 지금까지 세 번 예측한 일이 있다.

첫째 그가 국민의힘 비대위원장으로 있던 때였다. 나는 그가 윤

---

2   원문은 '士爲知己者死, 女爲說己者容'

전 대통령을 실권시킨 뒤 자신이 권좌에 앉는 궁정쿠데타를 획책하고 있다고 말하였다. 오랜 중국의 역사에서 궁정쿠데타의 가장 유명한 예는 두 개다. 하나는 사마의(司馬懿)가 조조가 실질적으로 세운 위(魏) 왕조에 대해 한 것이고, 다른 하나는 현대 중국의 모택동(毛澤東) 휘하에서 뛰어난 전략가로 입신하여 마침내 모택동을 몰아내려고 반기를 든 임표(林彪)의 경우이다. 한동훈은 임표의 길을 걸을 것이라고 했다.

둘째 그가 2024년 4월 총선참패로 비대위원장직을 사직했을 무렵이다. 당시 그가 재충전의 기회를 만들기 위해 유학을 떠날 것이라는 말이 무성했다. 그러나 나는 반드시 그가 곧 열릴 전당대회에 당 대표로 출마하고 또 무난히 당선될 것이라고 했다. 그는 총선을 사실상 자신의 정치적 입지를 다지기 위해 십분 활용하였으므로, 그의 조급하고 근시안적인 성품으로 미루어 총선 때 다져진 기반을 결코 포기하지 않으리라 판단했기 때문이다.

셋째 그가 그해 7월 국민의힘 당 대표로 화려하게 취임하였으나, 그의 정치적 장래가 밝지 않음을 '한동훈의 4불가론'으로 표현했다. 다음과 같다. ① 지역적 기반의 부재: 한국의 성공적인 정치지도자가 갖기 마련인 확실한 지역적 기반이 없다, ② 빈약한 상징자본: 역시 한국의 성공적인 정치지도자가 가져왔던 두 가지의 징표 즉, 고난의 서사(ordeal narrative)와 사람을 끌어모으는 능력의 면에서 부족하다, ③ 과도한 외모에의 집착: 신체적 보형물을 과다하게 착용하여 그 외모를 돋보이게 노력하나, 이런 예는 한국뿐만 아니라 세계 어느 나라의 정치지도자에게서 찾아볼 수 없다, ④ 처가 리스크: 그가 앞으로 본격적으로 등장할 정치판에서 한국의 대표적 기득권세력에 속하는 그의 처가가 노출되어 그에게 큰 해로 작용할 가능성이 크다, 이렇게 네 가지로 나누어 설명하였다.

그는 12.3 비상계엄 후 한덕수 총리와 함께 국정을 도맡기로 하여 일단 자신의 목표를 달성하는 듯이 보였으나, 이것이 갖는 법적 문제점이 드러나며 권력의 끈을 놓지 않을 수 없었다. 그러나 내가 예측한 대로 그는 윤석열 전 대통령의 탄핵소추에 결정적 역할을 하였다. 윤 전 대통령은 무력(無力)화되었고 그리하여 궁정쿠데타를 일단 성공시킨 셈이다. 하지만 그의 지나친 행동에 대한 당내 반발로 당대표직에서 축출되었다. 잠행하던 그는 이듬해인 2025년 2월 이후 출판기념회를 빌미로 전국적 행보를 하며 정계에 복귀하였다.

그러면 그는 과연 지난번 불명예스러운 당 대표 축출로 인해 잃어버린 정치적 입지를 앞으로 회복할 수 있을 것인가? 다음과 같은 여러 이유에서 어렵다고 본다.

우선 그는 짧은 정치경력 동안에 너무나 광범한 범위의 적대자를 만들어버렸다. 그리고 그렇게 하며 저지른 그의 행동들은 정치적으로 키워준 윤석열 전 대통령에 대한 단순한 배신에 그치지 않는다. 보수의 진영 전체를 궤멸의 위기로 몰아넣은 탄핵정국의 핵심유발자로서, 윤 전 대통령의 국회 탄핵소추와 구속은 그가 직접 방아쇠를 당긴 것이나 마찬가지다.

대선 후보급이 되기 위하여서는, 한국 정치의 현실에서 강한 지역 기반을 반드시 가져야 한다. 보수 쪽에서는 영남에, 진보 쪽은 호남에 강력한 지지세가 형성되지 않으면 안 된다. 그러나 한동훈은 지금 영남 특히 보수의 본산이라는 TK지역 주민들이 지지하지 않는다. 지지하지 않는 정도가 아니다. 그에게 깊은 '원한'조차 품고 있을 정도이다. 이 '원한'은 짧은 시일 내에 풀릴 수 있는 성질의 것이 아니다. 그가 영남 쪽이 아니더라도 어느 한 지역에 확실한 기반이 있다는 징표조차 없다. 그만큼 그는 정치적으로 허약하다.

그리고 그의 정치적 아우라는 대부분 윤 전 대통령에게서 빌려온 것이다. 그와 윤 전 대통령의 단절은 그것이 사라짐을 의미한다. 그는 다시 말하지만, 뛰어난 전략가였으나 측근에 있으면서도 모택동의 위대한 리더십을 알아보지 못했던 임표와 흡사하다. 지금 그에게 남은 것은 약간의 빛과 황량한 들판의 어두움이다. 그가 아무리 애써 이 어둠을 헤치고 나가봐야 그 쓸쓸하고 비참한 들판의 경계를 벗어나지 못할 것이다.

그가 '제2의 유승민'이 될 것이라는 말들을 많이 하나, 나는 그 말에 좀 어폐가 있다고 본다. 한동훈은 기껏해야 검사로서의 경험이 거의 전부다. 당연히 그의 식견에는 많은 제한이 있고, 이것은 그의 짧은 정치경력에서 뚜렷한 아젠다를 제시하지 못한 것으로 귀결되었다. 기껏 한다는 것이 '국민 눈높이'라는 공허한 슬로건의 반복이었다.

그에 비해 유승민이 제창한 '따뜻한 보수'는 우리 헌법 정신의 정수를 끄집어낸 것이다. 한국 헌법은 절대로 자유시장경제만을 지향하는 것이 아니다. 시장경제에서 생길 수밖에 없는 소수자의 눈물을 닦아주는 것을 전제로 하는, '사회적 시장경제'가 헌법의 근본이념이다. 유승민은 이와 같은 헌법의 정신을 직시하며, '따뜻한 보수'라는 절묘한 네이밍을 하였다. 한국의 보수정치인 중 처음이고, 또 이 점에서 그의 정치적 불운을 애석해하지 않을 수 없다. 다만 그가 윤 정부 들어 비난의 어조로 시종일관한 것은 어떤 변명으로도 만회할 길 없는 그의 너무나 큰 실책이다.

한동훈은 국민의힘 대선 후보가 되기 위하여 열심히 노력할 것이다. 그러나 그의 노력에 비례하여, 그 노력이 분열의 원심력이 본질인 이상 국민의힘이 가진 잠재력은 소진되어 갈 뿐이다. 진보 진영에서는 희희낙락하며 반길 것이다. '역선택'의 이점을 가장 크게 누릴 수 있다. 하지만 그가 대선후보가 되는 일은 있을 수 없다. 그는 앞으로 평생 이제나저제나 하고 요행수를 기다리며 '대권 낭인(浪人)'으로 떠돌 것이다. 어느 날 어둡고 거친 들판에 외로이 혼자 앉아 있는 자신의 모습을 발견하리라.

내란극의 폭주

1. 내란몰이의 시작
12.3 비상계엄과 그 해제 후 야당인 민주당의 주도로 비상계엄은

곧 내란이라는 프레임이 짜이고, 이를 토대로 윤 전 대통령에 대한 탄핵소추안이 발의되어 12월 14일 야당과 국민의힘 의원 중 한동훈 당대표의 추종 의원들이 힘을 합하여 탄핵소추를 의결하였다. 그 이후 민주당을 비롯한 야당 그리고 야당 성향의 언론사들은 한결같이 윤 전 대통령을 '내란수괴' 혹은 '내란우두머리'라고 호칭하며 조롱하였다.

그러나 12.3 비상계엄이 과연 내란죄에 해당할 것인가는 처음부터 큰 의문을 내포하였다. 무엇보다 그것이 형법상 내란죄의 구성요건을 충족할 수 있을 것인가?

형법 제87조는 '국가 권력을 배제하거나 국헌을 문란하게 할 목적으로 한 폭동'을 내란죄라고 규정한다. 이 조항에서의 '국헌 문란'을 동법 제91조는 '1. 헌법 또는 법률에 정한 절차에 의하지 아니하고 헌법 또는 법률의 기능을 소멸시키는 것, 2. 헌법에 의하여 설치된 국가기관을 강압에 의하여 전복 또는 그 권능 행사를 불가능하게 하는 것'이라고 규정하였다.

문제가 되는 비상계엄 선포의 조치가 위 제91조의 '헌법 또는 법률에 정한 절차'를 따르지 않았는가에 관하여 살필 때, 계엄법 제2조 제2항 "비상계엄은 대통령이 전시·사변 또는 이에 준하는 국가비상사태 시 적과 교전상태에 있거나 사회질서가 극도로 교란되어 행정 및 사법기능의 수행이 현저히 곤란한 경우에 군사상 필요에 따르거나 공공의 안녕질서를 유지하기 위하여 선포한다"라는 조항이 준거가 된다.

이와 같은 핵심적 헌법 및 법조항을 두고, 과연 윤 전 대통령의 비상계엄 선포 조치가 내란죄에 해당하는가에 관하여 좀 더 고찰할 필요가 있다. 즉 그 조치는 ① 계엄법 제2조 제2항의 요건에 해당하지 않는 것이었나? ② 형법 제91조의 국헌 문란에 해당할 것인가? ③ 과연 당시 배치된 군인들의 행위가 질서를 잃은 '폭동'이었는가라는 세 가지 점들에 관하여 모두 인정이 되어야 비로소 내란죄의 구성요건을 충족하게 된다. 그리고 여기서 말하는 '폭동'은 '한 지방의 평온을 해할 정도의 고강도 폭력 행사'를 의미한다. 지역의 광범성과 고강도의 폭력 행사라는 두 가지 요소가 있어야 폭동이라고 할 수 있다. 그런데 12.3 비상계엄에서 과연 그렇게 광범한 지역 즉 한 지방 전체에 미치는 고강도 폭력 행사가 있었는가? 처음부터도 이에 관해 상당한 의문이 제기되었으나, 그후 차차 비상계엄의 구체적 전모가 드러나며 그렇지 않다는 결론을 내릴 수밖에 없었다. 그러나 이에 관한 논의가 제대로 일어나지도 않은 채 '비상계엄은 곧 내란죄'라는 위험하고 성급한 프레임에 갇혀버렸다.

그리고 이 문제를 바라볼 때 우리는, 미국 연방대법원 2024년 7월 1일 '트럼프 대 미국' 사건[3] 판결을 살펴보아야 한다. 미국에서 2021년 1월 6일 당시 대통령 선거에 진 트럼프 대통령의 명백한 사주 하에, 폭도들(mob)이 국회의사당에 난입하여 대통령선거인단

---

3   Trump v. United States, 603 U.S. 593 (2024).

에 의한 바이든 당선자의 당선을 공식화하지 못하도록 하는 내란 (insurrection) 사건이 발생하여 5명이 죽고 무려 174명의 경찰관이 부상당하였다. 이 사건에 대해 미국 연방대법원은 2024년 7월 1일 삼권분립의 정신에서 '대통령이 직무수행 중 행한 행위(official acts)는 원칙적으로 면책(immune)'이라는 기념비적 판결을 선고하였다. 이 판결은 비록 미국에서의 것이기는 하나, 같은 대통령제 국가에서 삼권분립의 정신상 대통령의 권한 범위를 어디까지 인정하여야 할 것인가에 관한 깊은 통찰력(insight)을 주는 것임에는 틀림없다.

한편으로 또 생각해 보면, 의회를 절대적으로 지배하는 야당의 전례 없는, 세계사적으로도 유례를 찾기 힘든 '의회 독재'가 일어났다. 국회는 탄핵을 무려 29번이나 의결하였고, 수시로 특검법안을 통과하여 국회를 정쟁의 장으로 빠뜨렸다. 그리고 예산편성권을 부당히 행사하여 정상적인 국정운영을 상당부분 심각하게 마비시키는 횡포를 저질렀다. 이에 맞서 대통령은 헌법상 자신에게 인정된 비상계엄선포권을 행사하였다. 그러므로 이 사태의 본질은 국가권력을 이루는 3권 중 입법권과 행정권 간의 극한적 정치투쟁이다. 여기에서 비상계엄 선포의 요건을 갖추었는지 그리고 계엄군의 국회 배치 등의 점에서 작은 허점이 보인다고 하여, 국회의 과도한 행위는 전혀 문제 삼지 않은 채 일방적으로 대통령에게만 그가 '내란'을 일으켰다고 일의적으로 단정하여 모든 책임을 물을 수 있을 것인지 극히 의문스럽다.

그러나 강력한 '내란몰이'가 시작되었다. 경찰과 검찰 그리고 공수처의 세 수사기관이 일제히 먹이를 포착한 하이에나 떼처럼 달라붙었다. 그들은 속전속결의 자세를 보이며 신속하게 절차를 진행하였다. 앞에서 말한 대로 과연 대통령의 비상계엄선포행위가 내란죄에 해당할 것인가에 관하여는 우리 헌법의 해석에 관한 심오한 통찰이 필요한 문제이다. 여기에 대한 답은 헌법학자들의 도움을 받아 대법원 나아가서 헌법의 최종해석권을 가진 헌법재판소가 비로소 내릴 수 있다. 그만큼 복잡한 쟁점을 많이 포함하는 난제였다. 그러나 어느 수사기관이든 이를 무시하였다.

내란죄에 대한 수사권 자체가 없는 공수처는 직권남용죄 수사권한은 있으니 그 연장선상에 있는 내란죄까지 수사할 수 있다는 명분을 대며 윤 전 대통령에 대한 체포와 구속에 열중하였다. 그러나 수사의 초기 단계에서 확실하게 내란죄의 프레임을 완성하여 신속히 김용현 국방장관과 휘하의 군 장성들을 기소함으로써 '내란정국'을 조성한 제일 혁혁한 공은 검찰이 세웠다. 검찰에서 그 핵심의 역할을 수행한 이는 심우정 검찰총장과 박세현 서울고검장이었다.

심대평 전 충남지사는 내가 보기에, 마주하는 사람들에게 언제 어디서건 예(禮)를 다하는 분이다. 박순용 전 검찰총장은 훤출한 키에 부드럽고 온건한 지성을 갖춘 젠틀맨이다.

논어에 무신불립(無信不立)이란 말이 있듯이, 인간생활의 모든 영역에서 가장 중요한 핵심은 사람 간의 신의를 지키는 것이다. 신의란 것을 가벼이 생각하여 함부로 배신을 하는 인간은 그 자신이 비참해질 뿐만 아니라, 그가 속한 조직이나 공동체 전체의 물을 흐리게 하여 해악을 가하기 십상이다. 물론 큰 공의를 위하여 사소한 의리를 배반하는 것이야 어찌 탓할 수 있으랴!

그런데 요즘 우리 사회의 면면을 보면, 심지어 자신을 키워준 은인도 자신의 더 큰 개인적 성장의 욕망을 위하여 예사로 돌아서는 인간이 제 잘난 듯이 다닌다. 그의 주위에는 혼탁한 공기로 가득하다. 이렇게 배신이 일상화되어 대수롭지 않게 된 사회는 결국 무너지거나 퇴보할 수밖에 없을 것이다.

자신을 최고의 국가조직인 검찰의 총수 혹은 그 밑의 직책으로 임명해 준 사람을 내란죄라는 프레임에 가두고 그 수족을 자르며 회생불능의 상태로 몰아가려 한 심우정 검찰총장과 박세현 서울고검장은 그 아버지들의 명예에 어울리지 않는 자식이다.

일본 사회가 다 바람직한 것은 아니더라도, 그곳에서 만약 이런 일이 벌어졌다면 '깨끗함(いさぎよさ)'을 유난히 강조하는 사회 풍조에 비추어 스스로 할복이라도 했을지 모른다. 이런 것을 기대하는 것은 결코 아니다. 하지만 그런 행동을 하였다면 그런 결정을 한 후 최소한 그 자리에서 물러나는 정도의 염치는 가져야 할 것이다. 그래야 우리 사회가 신뢰의 기반을 가지고 바로 설 수 있다. 그럼에도 그들의 뻔뻔스러움은 바람에 날리는 꽃잎처럼 어지럽기만 했다.

아, 훌륭한 아비를 욕보이는 고약한 자식이로다!

2. 공수처의 광란

검찰의 내란죄 기소가 일단락되자, 이제 오동운 처장의 공수처가 말 그대로 광란을 부리기 시작했다.

원래 공수처법에 의하면, 공수처에는 내란범죄에 관한 수사권이 주어지지 않았다. 그러나 그는 직권남용죄 수사권한이 있음을 이유로 하여 이에 근거한 수사에서 그보다 훨씬 큰 범죄인 내란죄의 수사까지 포괄할 수 있다는 주장을 하며, 윤 전 대통령의 내란범죄를 수사할 권한이 있다고 우겼다. 이 논리는 나중에 광란과 광풍의 기운이 가라앉은 뒤인 2025년 3월 7일의 지귀연 판사에 의한 구속취소 재판에 의해 부정되었다. 오 처장의 논리가 갖는 큰 위험성은, 수사기관이 작은 범죄를 빌미로 하여 인신구속 등을 한 뒤 얼마든지 비교할 수 없이 큰 범죄도 마음대로 수사하게 할 수 있다는 점에서 보아도 드러난다. 현대 형사법의 큰 원리인 인권보장의 측면에서 이런 수사가 허용될 수는 없는 것이다.

그런데 오 처장은 현직 대통령을 당장이라도 '긴급체포' 또는 '구속'할 수 있는 듯이 주장하였다. 그러나 기본적으로 피의자를 긴급체포하거나 구속하는 것은 피의자의 주거가 일정치 않고, 증거를 인멸할 염려 혹은 도망하거나 도망할 염려가 있는 때에 한정된다. 아직 수사의 초기 단계였음에도 현직 대통령에게 이런 몰상식한 의혹의 시선을 보내며 한 그의 '대통령 망신주기'는 차츰 단계를 올려가며 거의 '광기'(狂氣)에 이르렀다.

이어서 공수처는 대통령에게 출국금지조치를 하였다. 대통령은 헌법상 밖으로는 나라를 대표하는 외교행위를 할 수 있는 권한이 주어진다. 공수처의 출국금지조치는 대통령의 외교에 관한 권한을 대폭 제한한다. 어쩌면 그 권한을 본질적으로 제한하는 행위다. 과연 대통령의 헌법상 인정되는 권한을 빼앗을 현실적인 뚜렷한 이유가 있었는가? '내란죄' 성립에 관한 헌법상의 쟁점이 아직 미해결의 상태고, 더욱이 수사는 초기 단계에 있으며, 확정된 범죄혐의는 하나도 없었다. 공수처의 출국금지조치는 헌법을 침해하는 역시 또 다른 '광기'(狂氣)였다.

어떻든 그는 공수처 수사의 원칙적 관할법원인 서울중앙지방법원에서 수사에 필요한 몇 차례의 압수수색 영장 등이 기각되자 방향을 틀었다. 대통령의 관저 소재를 빌미로 하여 예외적 관할 법원으로서 이념에 경도된 판사들이 장악한 서부지방법원에 체포영장을 청구하여 이를 발부받았다. 이것이 유명한 '영장쇼핑'으로 뒤에서 말하는 바와 같이 여기에 법적 의문을 던지지 않을 수 없는 것이었다.

그리고 나중에 윤 전 대통령이 정식으로 구속되자 가족들을 포함한 외부인의 접견 금지, 통신 제한의 가혹한 조치까지 내렸다. 그의 흔들리는 내면이 투사된 섬약한 그의 얼굴 뒤에 숨은 잔인성이 유감없이 발휘되었다.

그러나 이런 시련의 과정을 거치며 그 부당성이 국민에게 점차 알려졌다. 청년들을 중심으로 하여 탄핵 반대의 정서가 확산되고, 나아가서 '87체제'에 대한 회의가 점점 강해졌다. 그리고 이에 따라 윤 전 대통령에 대한 국민들의 지지율은 폭등하기 시작했다.

3. 이념의 포로가 된 서부지방법원

우리가 이번 탄핵정국을 돌이켜 볼 때, 아주 색다른 감정을 가지며 법원의 역할과 기능에 대해 많은 의문을 갖게 만드는 일들이 서부지방법원이라는 하나의 법원을 둘러싸고 숱하게 일어났다. 나중에 헌법재판소의 재판관이 되어 자신이 가진 이념을 강하게 구현하는 자세를 보인 정계선 법원장, 이곳의 부장판사로 있다가 헌법재판소 재판관으로 야당 측에 의해 추천되었으나, 마르크스 레닌주의자라는 비판을 받으며 여권의 강한 반발이 일었던 마은혁, 혹은 납득하기 어려운 대통령 체포영장을 발부한 이순형 그리고 결정적으로 윤 전 대통령을 구속해 버린 차은경 등의 주도하에 이들이 법원 전체의 좌로 편향된 강한 이념적 분위기를 만들어 다른 판사들을 심리적으로 컨트롤하고 있었던 것이 아닌가 하는 추측을 할 수 있다. 지금까지 70년이 훌쩍 넘는 한국 사법사(司法史)에서 하나의 법원 전체가 거의 완전히 좌측으로 경도된 예는 지금의 서부지방법원 외에는 달리 없었다.

공수처의 체포영장 청구를 받은 이순형 판사는 이 영장을 발부하며 이와 함께 청구한, 체포를 위해 대통령 관저에 접근하기 위해 필요한 수색의 영장에다 "형사소송법 제110조, 제111조⁴ 적용을 예외로 한다"라는 놀라운 내용을 붙였다. 영장 발부를 포함하여 법원의 판단인 재판에 특정 법률의 적용을 배제한다는 내용을 붙이는 것은 원래 법관에게 허용되지 않는 영역이다.

삼권분립의 원칙에서 사법은 만들어진 법을 그대로 적용하여 사회적 분쟁을 해결하는 과정이다. 따라서 법관에게는 사회적 엔지니어링(social engineering)과 같은 창조적, 형성적 작용은 허용되지 않는다. 그 결과 그런 작용은 다른 행정부나 입법부에 맡기고 사법부는 재판을 함에 있어서 일정한 자제를 하여야 한다고 하는 사법자제론(Judicial Restraint)이 세계적 대세를 이루고 있다. 그러나 의욕이 넘치는 젊은 판사들은 종종 이 한계를 넘으려는 유혹에 빠진다. 이순형 판사의 영장 발부는 아직 설익은 판사의 치기라고도 볼 수 있다. 하지만 아무래도 그 전후의 과정을 살피면 그가 가진 이념적 편향성의 발로가 아닐까 한다.

그러나 서부지방법원에서의 만행은 이에 그치지 않았다. 이어진 구속영장 발부 과정에서 차은경 판사는 이 사건이 국내외적으로 엄청난 관심을 끄는 사건이고 또 발부 당일 수만 명의 대중이 서부지방법원 둘레에서 지켜보는 상황이었음에도 영장발부 사유로 '증거

---

4   형사소송법 제110조(군사상 비밀과 압수) ① 군사상 비밀을 요하는 장소는 그 책임자의 승낙 없이는 압수 또는 수색할 수 없다. ② 전항의 책임자는 국가의 중대한 이익을 해치는 경우를 제외하고는 승낙을 거부하지 못한다.
제111조(공무상 비밀과 압수) ① 공무원 또는 공무원이었던 자가 소지 또는 보관하는 물건에 관하여는 본인 또는 그 당해 공무소가 직무상의 비밀에 관한 것임을 신고한 때에는 그 소속 공무원 또는 당해 감독관공서의 승낙 없이는 압수하지 못한다. ② 소속 공무소 또는 당해 감독관공서는 국가의 중대한 이익을 해하는 경우를 제외하고는 승낙을 거부하지 못한다.

인멸의 우려가 있다'는 하나 마나 한 말 한 마디만 달랑 붙였다. 이것은 현직 대통령을 일반 잡범 취급한 것이다.

나는 법관사회의 정풍을 촉구한 일로 법관재임명이 규정된 현행 헌법상 최초로 법관재임명에서 탈락한 불명예를 안은 사람이다. 그리고 그로부터 오랜 시간이 지났음에도 여전히 나는 법관재직시에 자신이 저지른 혹은 저질렀을지 모르는 오판과 같은 일들에 대하여 참회하는 마음으로 살고 있다. 그럼에도 과거 내가 판사로서 잘한 일을 억지로 꼽자면, 먼저 한국의 초등학교 졸업한 정도의 사람이 갖는 문해력으로 충분히 읽을 수 있게 한다는 생각으로 쉬운 판결문을 썼다는 점이다. 또 한 가지 기억나는 점은, 영장판사를 하며 쌍방의 이해관계가 첨예하게 대립하는 경우에는 왜 영장을 발부하는지 혹은 기각하는지에 관하여 나름의 설명을 넣어 작성한 문서를 붙였다는 점이다.

그런데 30년을 훌쩍 지난 시점에서 해방 후 처음으로 국가원수인 현직 대통령을 구속하는 영장을 발부하면서 차 판사가 한 행위는 어느 모로 보나 납득하기 어렵다. 이 역시 그 법원 전체를 뒤덮었던 그리고 차 판사가 가졌던 이념의 저주가 덮친 결과가 아닐까 한다.

그런데 내가 페이스북에 차 판사를 비판하는 글을 게재한 것이 큰 화근이 되었다. 글 속에 당시 인터넷에서 활발히 떠돌던, 차 판사가 탄핵 집회에 자주 참석하곤 했다는 내용을 언급했다. 그러나 그 글에 달린 댓글에서 차 판사와 동명이인일지 모른다는 제보가 있었다. 나는 즉시 글의 일부를 취소하고 그 점에 관해 사과를 하였다.

그러나 며칠 후 돌연 서부지방법원이 나를 명예훼손 혐의로 고발하였다. 그런데 고발이 있던 날 하룻밤 사이에 이를 일방적으로 보도하는 단독 기사가 무려 64건이나 났다. 엄청난 융단폭격이었다. 탄핵정국에서 언론의 지형이 얼마나 왜곡되었는지를 너무나 잘 알려주는 예이다. 이 고발이 탄핵정국을 상징하는 예의 하나로 보여, 부득이 여기서 조금 더 언급하려 한다.

경찰서의 통지가 와서 알아보니, 서부지방법원장(대행)은 총무과장을 시켜 고발인 진술조서를 작성하게 했고, 또 이 고발장 안에 슬쩍 차 판사의 피해사실을 넣었다. 그런데 차 판사에 대한 내 언급이 명예훼손에 해당한다고 하여 그 개인이 아니라 소속 기관이 명예훼손 고발을 대신할 수 있을까?[5] 적어도 서부지방법원의 판사회의에서 이 고발에 관한 찬성의 의사를 수렴하여 정한 것일까? 그리고 총무과장에게 고발인 진술조서를 대행하게 한 것은 적법한 것일까? 그리고 차 판사는 고발인 뒤에 숨어 나를 공격하는 것이다. 만약 당시 내가 허위사실임을 인식하지 못한 채 그런 말을 하였다면 명예훼손

---

5 대법원 2021. 3. 25. 선고 2016도14995 판결은 "정부 또는 국가기관의 정책 결정이나 업무 수행과 관련된 사항은 항상 국민의 감시와 비판의 대상이 되어야 하고, 이러한 감시와 비판은 표현의 자유가 충분히 보장될 때 비로소 정상적으로 이루어질 수 있으며, 정부 또는 국가기관은 형법상 명예훼손죄의 피해자가 될 수 없다."라고 판시한 바가 있다. 이 점에서 서부지방법원에게 과연 고발인적격조차 있을까 하는 의문을 품을 수 있다.

죄가 성립할 수 없고, 또 차 판사가 그런 사실을 알았음에도 정식으로 나를 고소하였다면 나는 그를 상대로 무고 등의 혐의로 역고소할 수 있다. 그러나 그가 고발인 뒤에 숨어 나를 공격하는 한 나는 그럴 수가 없다. 차 판사는 이런 점을 노려 교활한 꼼수를 부렸다고 해석할 수밖에 없었다.

한편 영장발부 당일 새벽[6] 화가 난 군중이 서부지방법원 안에 쳐들어가 집기나 기물을 부수는 등의 불상사가 일어났다. 그러자 수사 당국이나 사법부에서는 이것을 도저히 있을 수 없는 일로 치부하며 채증이 된 사람들을 엄벌에 처하겠다고 발표하였고, 이에 따라 젊고 전도 유망한 젊은 청년 90여 명을 모조리 구속하여 재판에 넘겼다. 일찍이 우리가 민주화 과정을 거치며 많은 소요사태를 경험하였으나, 이처럼 강경 일변도의 대응이 이루어진 적은 한 번도 없었다. 그리고 재판과정에서 그들은 피해자라고 할 수 있는 서부지방법원에서 재판을 받는 것은 부당하니 다른 법원으로 이송해달라는 신청을 하였으나 거부되었다.

법의 해석이나 적용에서 '이해관계의 상충'(conflict of interests)은 대단히 중요한 기준으로 작용한다. 이해관계를 가지는 이는 그 법의 적용 과정이나 공직 임명에서 물러나야 한다는 것은 법의 대원칙이

---

6   일부 알려진 말에 의하면, 차 판사는 그 전날 밤에 이미 영장발부 서명을 마치고 퇴근하였으나 짐짓 영장발부에 숙고를 거듭하여 그 다음 날 새벽에 영장 발부를 한 것인 양 꾸몄다고 한다.

다. 서부지방법원의 판사들은 청년들이 주동이 된 소요사태에서 명백히 이해관계인이다. 그럼에도 그들에 대한 구속영장을 거의 예외 없이 무차별적으로 발부하고, 또 이송신청을 거절하고 엄벌에 처하려고 한다. 이런 식의 조치는 법원칙에도 어긋나고, 이성이 아니라 감정에 기초한 법의 적용이라고 말할 수밖에 없는 것이 아닌가.

이렇게 이념의 색깔이 짙게 칠해진 서부지방법원은, 어쩌면 이념의 포로가 되어 한국의 헌법이 지향하는 이해관계가 대립하는 양쪽 당사자를 벗어난 중립적인 위치에 서서 국민의 인권보장을 기하며 자유민주주의의 가치를 실현한다는 법원의 숭고한 역할을 한참 벗어나 있는 듯했다.

헌법재판소의 비극

그러나 이념의 편향에 의한 사법과정의 왜곡, 법 원칙의 위배, 불공정성 등의 어두운 구름은 서부지방법원에만 드리운 것이 아니었다. 윤 전 대통령의 탄핵심판을 하는 헌법재판소는 더욱 짙은 어둠으로 싸여있었다.

1. 파행의 재판과정

아니나 다를까! 당초부터 이념적 성향을 의심받는 재판관의 숫자가 많은 것으로 의심받던 헌법재판소의 윤 전 대통령 탄핵심판은 파행으로 일관했다. 심판절차가 열리자마자 헌법재판소는 청구인인 국회 측에서 한, 탄핵소추 사유의 핵심인 내란죄 부분을 철회하겠다는 신청을 받아주었다. 이렇게 소추사유를 변경하면 '소추사유의 동일성'을 벗어난 것이 되어 국회의 재의를 요하는 것이 아닌가 하는 의문이 당연히 든다. 또 헌법재판소는 윤 전 대통령 탄핵심판의 기일을 일주일에 두 번이나 잡았다. 이렇게 재판기일을 잡아서는 피청구인 측에서 도무지 재판 준비를 제대로 할 수가 없다. 한국의 어느 변호사건 이 말에 동의할 것이다.

헌법재판소의 이 미션 임파서블(mission impossible)의 부과로 재판이 부실해지는 것은 말할 것도 없고, 탄핵재판이 준용하는 형사재판의 핵심적 가치인 피청구인의 방어권보장이 당연히 허물어진다. 여기에다 심지어 초시계를 갖다 두고 증인신문의 시간을 제한하는 사법사상 초유의 조치나 피청구인의 반대신문권 박탈 같은 파격의 조치로 시종일관했다. 형사소송법 제312조 제1항[7]의 규정을 무시하며 검사 작성 조서의 증거능력을 일방적으로 인정하는,[8] 등으로 숱한 헌법재판소법, 형사소송법, 민사소송법 등의 법률규정을 위반하였고, 탈법

---

7 형사소송법 제312조(검사 또는 사법경찰관의 조서 등) ① 검사가 작성한 피의자신문조서는 적법한 절차와 방식에 따라 작성된 것으로서 공판준비, 공판기일에 그 피의자였던 피고인 또는 변호인이 그 내용을 인정할 때에 한정하여 증거로 할 수 있다.
8 헌법재판소법 제40조 제1항은 탄핵심판의 경우에는 형사소송에 관한 법령을 준용하도록 규정하였다. 헌법재판소는 박근혜 대통령 탄핵의 경우에 검사 작성 조서의 증거능력을 인정한 전례를 들며 검사 작성 조서 증거능력 인정 조치의 정당성을 강변하였다. 그러나 그 당시의 형사소송법에서는 검사작성 조서의 증거능력이 인정되었다가 그후 2020년의 개정에서 증거능력을 제한하게 된 것이다. 헌법재판소는 이와 같은 경위를 고려하지 않았다. 또 단순한 재판의 소송지휘권에 관한 선례가 법률을 우선할 수 없는 것으로, 이 점에서 헌법재판소의 판단은 심각한 결함을 안고 있었다.

적인 꼼수가 난무하였다. 그러나 이러한 탄핵심판상의 잘못에 관하여는 책의 다른 부분에 언급하고 있으니 이를 생략하기로 하되, 그중에서 가장 이상한 한덕수 대통령권한대행의 탄핵소추에 관해서만 조금 더 언급하려고 한다.

우원식 국회의장의 독단으로 2024년 12월 27일 한덕수 대통령권한대행을 단순히 국무총리의 지위만을 인정하여 재적 과반수의 의결로 탄핵소추하였다. 이것은 헌법재판에 어느 정도 식견을 가진 헌법학자들의 공통적인 견해인, 대통령 탄핵소추와 같이 재적 2/3 이상의 의결을 요한다는 것에 배치된다. 한편으로, 한 대행 탄핵소추 사유는 국무총리 재임시의 사유와 대통령대행시의 사유가 섞여 있다. 탄핵소추를 한다면 논리적 대가 논리적 소를 포괄한다는 논리학상의 원칙에 의해 전자는 후자의 일부로 포괄되어 후자의 탄핵소추 정족수를 따라야 하는 것이 합당한 결론이다. 이는 헌법재판소의 다양한 위헌결정(단순위헌결정과 여러 변형의 위헌결정)의 주문을 선택함에 있어서 비슷하게 적용되는 것이기도 하고, 이를 일탈하면 당연히 위법한 것이 된다.

그런데 더욱 이상한 것은, 이 단순한 사건에서 헌법재판소는 가처분신청이 딸렸으면 1, 2주일 안에 우선 결정을 해주던 관행조차 완전히 무시한 채, 본안사건도 2025년 2월 19일 간단히 첫 기일에 바로 결심한 후 그 선고는 한없이 미적거리며 미루었다는 점이다.

이 사건의 처리 지연으로 헌법재판소는 점증하는 비판의 과녁이 되었다. 결국 3월 24일 기각결정을 선고하였는데, 세부적으로는 기각 의견 5명, 각하 의견 2명, 인용 의견 1명이었다. 그런데 헌법재판소가 종전에 하던 평결의 과정을 살피면, 평결을 할 때 적법요건을 먼저 따져 이를 위반하였다는 이유로 각하의견이 나오면 그것이 헌법재판소법이 정하는 심판정족수[9]를 충족하지 않는 한 이것을 제외하고, 나머지 재판관들의 본안에 관한 의견을 따져 심판정족수 충족 여부에 따라 기각 혹은 인용의 결정을 한다.[10] 심판정족수에 관한 법률의 규정과 헌법재판의 평결에 관한 종전의 방식에 따르면, 탄핵심판에서 인용의 결정을 6인 이상이 찬성해야 피청구인을 파면할 수 있는데, 이 사건의 경우 단 1명만이 여기에 찬성하였을 뿐이다. 그런데 의결정족수를 따져 바로 각하를 했어야 할 것이 아닌가 하는 생각을 할 수가 있다. 그러나 인용의 의견을 완강하게 주장하는 정계선

---

9 헌법재판소법 제23조(심판정족수) ② 재판부는 종국심리(終局審理)에 관여한 재판관 과반수의 찬성으로 사건에 관한 결정을 한다. 다만, 다음 각 호의 어느 하나에 해당하는 경우에는 재판관 6명 이상의 찬성이 있어야 한다.
1. 법률의 위헌결정, 탄핵의 결정, 정당해산의 결정 또는 헌법소원에 관한 인용결정(認容決定)을 하는 경우
2. 종전에 헌법재판소가 판시한 헌법 또는 법률의 해석 적용에 관한 의견을 변경하는 경우

10 평결의 방식에 관하여는 '쟁점별 평결방식'과 '주문별 평결방식'의 두 가지가 있다. '쟁점별 평결방식'은 쟁점을 크게 적법요건과 본안에 관한 것으로 나누고, 다시 본안의 쟁점을 구분하는데 이렇게 개개 쟁점별로 각기 순차표결을 하게 되는 것이다. 이에 대하여 '주문별 평결방식'은 쟁점을 적법요건에 관한 것과 본안에 관한 것으로 나누지 않고 결론인 주문에 초점을 맞추어 전체적으로 한꺼번에 표결하는 방식을 말한다. 이 방식에 따르면, 어떤 청구가 적법하지 않다는 의견을 낸 재판관은 '청구각하'의 주문을 따르는 것이어서 나아가 청구가 적법함을 전제로 하는 본안의 평결에 의견을 낼 수가 없다. 이를 '동시표결의 방식'이라고도 한다. 독일에서는 '쟁점별 표결방식'을 취하고 우리는 '주문별 평결방식'을 취해왔다.

재판관의 존재로 본안을 심리하지 않을 수 없어 끝까지 본안재판을 하지 않을 수 없었고, 이에 따라 다수의 기각 의견이 나오게 된 것이 아닐까 하는 추측을 해볼 수도 있다.

조금 더 이야기를 진전시키자면, 우리의 탄핵제도는 탄핵소추가 의결되면 즉시 권한 행사가 정지되는 점[11]이 상당한 문제를 안고 있다. 이 사건에서처럼 탄핵소추 의결의 정족수를 갖추지 못한 것이 너무나 명백한 경우에도 정계선 재판관처럼 어느 한 재판관이 떼를 쓰면 장기간 탄핵심판의 재판과정을 거칠 수밖에 없고, 그 기간 동안 피소추자는 자신에게 맡겨진 막중한 임무를 수행할 수 없게 되는 것이다.

헌법재판소의 일부 재판관들은 한 권한대행 사건의 취급에서 여실히 보이듯이, 이번 탄핵정국 내내 심판하는 자의 위치에 있으면서 법에 따른 재판을 했다기보다는 정치적 플레이어로서의 자기 정체성을 유지하는 자세를 보였다. 좀 더 심하게 말하자면, 문 소장 대행이나 정계선 재판관 등 이념에 경도된 일부 재판관들이 헌법재판소를 이용하여 정치놀음을 신나게 벌인 것이었다고 할 수 있다.

2. 헌법재판소 파행의 주역
판사의 경험에서 형사법정의 일상적 풍경을 말해 본다. 판사는

---

11 헌법재판소법 제50조(권한 행사의 정지) 탄핵소추의 의결을 받은 사람은 헌법재판소의 심판이 있을 때까지 그 권한 행사가 정지된다.

엄벌에 처할 피고인에게는 일부러 온정을 베풀 듯이 대한다. 피고인의 말도 경청해 주는 척한다. 그러다 선고날 표정을 확 바꾸어 큰 질책을 하며 중형을 선고한다. 반대로 피고인이 한 번 선처를 하여 기회를 주어 착실히 사회생활을 할 수 있을 것 같다고 판단되면, 재판기일 일부러 심히 꾸짖고 반성의 마음이 더 솟아나기를 기다린다. 물론 선고일 재판장은 온화한 낯으로 가벼운 형을 선고한다.

그런데 헌법재판소의 윤 전 대통령 탄핵심판을 보면 그런 통상의 재판 틀과는 너무 결이 달랐다. 소장 대행을 하는 문형배 재판관은 소송지휘권이라는 살벌한 무기로 자신을 둘러싼 뒤 거침없이 재판을 진행하였다. 그의 얄팍한 얼굴에 자리한 찡그린 표정은 피청구인에 대한 노골적인 적대감을 조금도 감추려고 하지 않았다. 탄핵 인용이 마치 하늘로부터 받은 신성한 사명인 양 시종일관 날뛰고 있는 듯한 인상을 주기에 충분했다. 아, 어떻게 그가 헌법재판소 재판관이 되고 더욱이 소장 대행까지 되어 헌법을 수호하는 가장 최상의 고결한 수단인 헌법재판절차를 이처럼 무법천지로 전횡하게 되었단 말인가!

그는 인류가 수백 년 간 쌓아 올린 근대 형사재판의 찬란한 원칙이나 그나마 사법개혁이라는 이름으로 고친 검찰조서의 증거능력 등에 관한 형사소송법의 조항 같은 것을 헌법재판에서는 무시할 수 있다고 생억지를 썼다. 헌법재판소법 제40조 제1항에서 '탄핵심판의 경우에는 헌법재판의 성질에 반하지 아니하는 한도에서 형사소송에 관한 법령을 준용'하도록 한 것을 들며, 그런 억지가 법률에 입각한 것이라고 한다. 그러나 위 법조문의 취지는 절대 문 재판관의 말처럼 해석할 일이 아니다.

헌법재판과 형사재판은 구조가 다르다. 전자는 당사자로서 청구인과 피청구인이 있고, 후자는 검사와 피고인이 있다. 전자는 파면 여부만을 판단하면 되나 후자의 경우에는 다양한 형을 선택하여 선고할 수 있다. 이러한 구조적 차이에서 연유하여 재판의 진행이 다소 달라질 수 있고, 이에 상응하여 형사소송법의 규정이 약간 형식적으로 변경될 수 있다는 것이 법률의 취지이다.

그러나 헌법재판에서도 형사재판과 마찬가지로 피청구인의 인권은 충분히 보장되어야 한다. 그것은 철칙이다. 우리가 비민주적 독재국가가 아닌 이상 그렇다. 따라서 형사재판을 규율하는 증거법상의 제반 원칙을 무시하고, 과도한 부담을 안겨주는 재판진행으로 피청구인의 방어권 자체를 허물어뜨릴 위험을 초래하는 것은 있을 수 없는, 절대 있어서는 안 되는 일이다. 재판 당사자의 인권을 짓밟지 않는 것은 헌법재판이건 형사재판이건 민사재판이건 모든 재판에서 지켜야 할 근본원칙이다. 오히려 헌법을 적용규범으로 하는 헌법재판에서 제일 확실히 지켜져야 마땅하다.

재판 당사자의 인권을 유린하며 진행하는 재판은 '재판'이 아니라 통탄하지 않을 수 없는 비열한 '개판'이다. 그리고 이 '개판'은 바로 법을 악용한 '제도적 폭력'의 행사에 다름아니다.

그러면 정당한 재판이란 과연 어떤 것일까에 관해 좀 더 말을 이어보자. 재판은 간단히 말해, 어떤 사실에 구체적 법령을 적용하여 결론을 내는 것이다. 그런데 재판에서 가장 어려운 일 즉 판사가 힘을 들여야 하는 일은 무엇일까? 흔히들 법령의 적용이 아닐까 하고 잘못 생각하나, 재판에서는 대부분 사실이 무어냐 하는 '사실인정'이 가장 힘든 일이다. 판사가 하나의 재판을 선고 혹은 고지하기까지 전 과정에서 '사실인정'이 차지하는 비율은 거의 80 내지 90%의 엄청난 비중을 차지한다고 보는 것이 타당하다. 내가 판사를 할 때 어느 사건의 실체에 관해 고심을 거듭하다 선고 전날 밤에 꿈을 꾸고, 그 꿈에서 본 사실을 받아들여 이미 써둔 판결문을 고쳐 선고를 한 기억이 있을 정도이다.

재판은 기본적으로 법관이 법정에 현출된 증거를 자유로운 심증에 의하여 판단하여 사실을 인정한다. 그러나 이것이 법관의 자의(恣意)로 흘러서는 안 된다. 그리하여 오랜 세월에 걸쳐 인류는 특히 형사재판에서 공정한 재판을 위해 적법한 증거의 선택과 그 가치의 평가에 관해 여러 원칙을 수립하였고, 우리를 비롯한 민주국가에서는 이 원칙들을 형사소송법에 제도화하였다.

그런데 윤석열 전 대통령에 대한 탄핵심판이 과연 재판의 궁극적 가치인 공정성을 확보하고 있는가에 관하여 많은 의문이 제기되었다. 한 두 가지가 아니라 재판 전반에 걸쳐, 사회 각층의 광범한 영역에서 비난과 비판의 의견이 분출되었다. 국가인권위원회는 정식으로 이를 문제 삼아 2025년 2월 10일 윤 전 대통령의 재판상 방어권이 현저히 침해되고 있다는 취지의 결정까지 내렸다.

헌법재판소가 탄핵심판에서는 적법절차의 원리가 적용되지 않는다는 이상하고 비논리적인 선례를 들고 있으나, 과연 그것에 선례의 가치를 인정할 수 있을 것인지 의문이다. 헌법을 제1차적 적용규범으로 하는 헌법재판은 다른 어느 재판 즉 민사나 형사 혹은 행정재판에서보다도 더 인권의 보장이 철저하게 이루어지는 절차를 거쳐야 한다. 그런 면에서, 이번 윤 전 대통령 탄핵심판에 현저히 나타났듯이 법의 규정을 떠나 적당하게 '사실인정'을 하면 된다는 안이한 인식이 헌법재판관들 사이에 팽배해 있다는 사실이 너무나 통탄스러웠다.

결국 윤 전 대통령에 대한 탄핵심판은 일부 재판관들이 가진 이념적 편향성에 눌려 우리 헌법의 제반 가치가 질식해 버린 경우라고 할 수 있다. 그리고 윤 전 대통령 탄핵심판을 파행으로 시종일관한 것은 소송지휘권을 무기로 무소불위의 권한을 행사한 문형배 소장 대행에게 제일 큰 책임이 있으나, 이를 내부적으로 제지하지 못한 다른 재판관들도 역사적 책임에서 절대 자유롭지 못할 것이다.

3. 헌법재판을 하지 않은 헌법재판소
앞에서 이번 헌법재판소의 윤 전 대통령 탄핵심판 과정에서 아쉬웠던 점들에 관해 대충 살펴보았다. 그런데 헌법학자인 내 입장에서는 이와 같은 여러 절차위반의 점 외에도 도저히 납득하지 못하는 점이 따로 있다. 그것은 헌법재판소가 제대로 된 '헌법재판'을 하지 않았다는 것이다.

일반의 상식으로는 헌법재판소 재판관들의 헌법적 식견이 아주 높을 것으로 생각한다. 그러나 미안한 말이지만, 이는 착각이자 오해이다. 헌법재판소의 재판관으로 임명되기 전에 그들은 헌법에 관한 전문적 지식을 쌓을 경험이 거의 없다. 임명되어 임기를 개시하고 나서 비로소 헌법에 관해 관심을 갖기 시작한다. 그러나 임기 5년 동안 헌법재판에 관해 진지하게 고민하고 성찰하는 연구를 한 재판관이 잘 보이지 않는다.[12] 그리고 대법원이 자신이 최고법원임을 강조하며 헌법재판소를 견제하는 통[13]에 헌법재판소의 위상 자체가 자꾸 낮아져 왔다.

이번 윤석열 전 대통령 탄핵심판에서 보듯이, 헌법재판소의 재판 과정이 너무나 들쭉날쭉한 것은 아무래도 재판관들의 헌법이나 헌법재판에 관한 얕은 소양에서 연유하는 것이다. 문형배 소장 대행 주도로 초스피드로 강행한 마은혁의 재판관미임명에 관한 권한쟁의심판 사건을 보자. 예고된 위헌선고를 하기 불과 두 시간 정도를 앞두고 청구인적격의 흠결을 지적[14]하는 이인호 중앙대 교수의 글이

---

12 이것은 대법원의 대법관 경우에도 마찬가지다. 대법원에서는 오래 전부터 헌법의 영역에서 충분한 소양을 갖춘 대법관을 영입해야 한다는 견해가 세를 얻었으나, 실제 대법관 임명 과정이 상당히 정치적인 경로로 진행되는 이상 아직 그 실현의 기회를 얻지 못했다. 대법원 혹은 헌법재판소를 포괄하여 그 인사의 적정성에 관해 사회적 논의를 통한 합의의 수렴이 절실하다고 하겠다.

13 이것은 주로 대법원장이 헌법재판소 재판관 3인을 추천하는 과정에서 일어나는데, 대법원장은 흔히 대법관이 될 수 있는 법관보다는 사법부 내에서 신망이 떨어지는 인사 혹은 연조의 차이가 있는 법관을 추천하는 방식으로 이루어졌다. 문재인 정부 때 김명수 대법원장은 노골적으로 이렇게 했다는 평을 받는다. 그 여파가 이번 윤 전 대통령 탄핵심판의 졸속적이고 위법투성이의 재판에 미쳤는지 모른다.

회자되며, 선고를 갑자기 거두어들인 것은 한 편의 코미디였다. 어디 이뿐이랴! 전반적으로 개탄스러운 재판 전개가 비일비재했다.

헌법재판은 국가의 최고법인 헌법규범을 적용 규범으로 하는 것이다. 헌법재판에 의해 헌법의 규범력과 실효성이 보장되고, 또 무엇보다 헌법에서 보장하는 국민의 지고한 기본권이 실현되며, 그 외 부수적으로 모든 국가작용이 헌법을 따르게 함으로써 헌법의 생명력이 유지된다.

이런 진정한 '헌법재판'의 관점에서 볼 때, 윤석열 전 대통령에 대한 탄핵심판의 본질은 우리 헌법상의 삼권분립구조에서 과연 비상대권을 비롯한 대통령 직무권한의 범위가 어디까지 미칠 것인가에 있다. 그리고 여기에서 우리 헌법은 대통령중심제 혹은 이원정부제를 취하는 일부 다른 국가와 달리 대통령의 국회해산권한이 없고, 또 단원제인 특성이 고려되어야 한다. 그리하여 국회가 그 권한을 극단적으로 밀어붙여 행정부와 입법부의 대립과 길항이 매우 고양된 상태에서 대통령이 비상계엄을 선포하였다면, 과연 행정부와 입법부의 균형을 유지하기 위해 어떤 헌법적 판단을 하는 것이 타당한지가 재판의 가장 주요한 쟁점이 되어야 한다.

그러나 헌법재판소는 이런 본질적 쟁점을 지금까지 윤 전 대통령 탄핵심판에서 단 한 번도 진지하게 심리의 대상으로 올린 적이 없었

---

14 국회의장이 권한심판청구를 하기 위해서는 국회의 의결을 거친 뒤 국회의 대표자로서 할 수 있는 것이나 이 사건에서는 그런 의결절차 없이 혼자서 임의로 청구한 것이다.

다. 당연히 비교헌법적 검토나 헌법전문가의 참고인 진술 한 번 없이, 지엽적이고 세부적인 사항에만 집착하여 일반의 형사재판에서처럼 증인신문절차에 거의 모든 힘을 쏟았다. 그마저도 준용하도록 되어 있는, 중요한 형사소송법, 헌법재판소법의 법규정들을 내팽개쳤다. 도대체 헌법재판관들은 무슨 근거로 단순한 소송지휘권이 법률을 초월할 수 있다고 믿는지 혹은 아무 구속력도 없는 업무처리상의 선례가 법률의 효력을 앞선다고 생각하는지 알 수 없다.[15] 도저히 '헌법재판'이라고 할 수 없는, 민망하고 조악한 재판을 진행해온 그 천박한 식견에 넋을 잃는다.

거기에다 일부 재판관의 이념적 편향성이나 특정 정당과의 유착 현상은 수시로 노골화되었다. 이것이 외부로 드러나도 아랑곳하지 않았다. 그 뻔뻔스러움이 너무나 놀랍기만 하다. 헌법재판소의 위상은 차마 얼굴을 들 수 없는 참혹한 수준으로 떨어졌다.

헌법재판소가 1988년 설립된 이래 세계의 주목을 받으며 착실하게 성공의 금자탑을 쌓아왔다. 과거 한국의 법학이나 법조실무는 거의 일본에 종속되어 있어서 일본의 이론이나 실무가 금과옥조처럼 통했다. 이 부문에서는 여전히 한국이 일본의 식민지로 남아있었다고 할 수 있다. 그러나 헌법재판소의 발족 후 점점 빠른 속도를 내며 한국 나름의 법학, 법조실무가 자리잡았다. 이제 어느 누구도 한국의

---

15 가령 문형배 소장 대행은 피청구인의 증인신문 봉쇄를 소송지휘권에 기하여 할 수 있다고 했고, 박근혜 대통령 때의 검찰작성 조서의 증거능력을 형사소송법의 규정에도 불구하고 인정하였다. 그러나 이러한 것들은 법률의 규정에 반하는 것으로, 그의 법에 대한 무감각 그리고 인권감수성의 저수준에 그 원인을 돌릴 수 있다.

법학, 법조실무가 일본의 아류라는 말을 하지 않는다. 그러면서 거꾸로 일본의 헌법학자, 행정법학자들은 마치 이슬람교도가 메카를 순례하듯, 한국에 오면 헌법재판소를 방문하는 것이 여행의 주된 목적을 이루었다.

그렇게 40년 가까이 쌓아 올린 찬란한 금자탑이었다. 그것을 문형배 소장 대행과 그에 동조하는 일당이 불과 몇 달 사이에 거의 전부 망가뜨려 놓았다. 기가 막힌 일이다. 쌓기는 힘들어도 무너지게 하는 것은 너무나 쉬운 일이었다. 정치가 과도하게 사법의 영역에 들어와 일으킨 대표적인 폐해로 기록될 것이다.

내 스승이신 고 김철수 교수가 헌법재판소 제도를 만들기 위해 평생 노력하신 것이나, 내가 헌법학을 전공한 젊은 법관으로서 1987년 여야 합의에 의해 새로운 헌법을 만들 당시 발족한 헌법개정특위 위원에게 한 보따리 참고자료를 건네며 그중에서도 꼭 헌법재판소 제도만은 만들어달라고 신신당부한 것이 모두 허망하게만 느껴졌다.

모든 것이 합하여 선을 이루었네

지난 12.3 비상계엄 이후 몰아친 '내란 광풍'에서 공수처, 검찰, 그리고 서부지방법원, 헌법재판소가 무슨 공을 세우겠다고 뛰어드는 오합지졸처럼, 여름철 모깃불에 뛰어드는 부나방처럼 서로가 경쟁적으로 법을 어기고 탈법과 꼼수를 서슴지 않는 '난장판'이 벌어졌다. 그러나 이런 어지러운 표면적인 현상의 땅 밑에서 서서히 역사를 뒤바꾸는 거대한 변화의 움직임이 시작되었다. 그리고 나를 비롯한 몇 사람은 언젠가 '사법영웅'이 출현하여 이 '난장판'을 가라앉히는 계기를 마련할 것이라고 말하며, 조용히 사태를 주시하고 있었다. 이대로 법치주의나 적법절차의 원리가 계속 무시될 리가 없고, 조만간 반전의 기회가 마련되리라고 믿었다.

이번 탄핵정국에서 사법의 '난장판'을 만든 것은 다름 아닌 한국의 재조(在朝) 법조인들이다. 한국의 사법은 워낙 이런 추태를 벌이는 일이 잦아 한국민의 사법신뢰도는 OECD 37개국 중 항상 제일 밑바닥이다. 나는 평생 이를 바로잡고자 '사법개혁'을 주창해온 사람이다. 그러나 이런 추잡한 현실에서도 고귀한 연꽃처럼 피어나, 자신의 성심성의를 다하여 올바른 재판을 실현해온 거룩한 판사들이 그나마 한국 사법의 명맥을 유지시켜 왔다. 나는 윤 전 대통령의 구속취소청구를 담당한 지귀연 판사가 바로 그 연꽃 판사의 한 사람이라는 확신을 가졌다. 그리고 사법의 '난장판'이 끝나고 법치의 질서가 회복될 계기가 찾아올 시기가 되었다고도 믿었다. 그래서 그가 구속청구를 인용할 것이라고, 또 사법의 '난장판'을 수습할 '사법영웅'은 바로 그일 것이라고 예측을 하였다.

2024년의 12.3 비상계엄 후 바로 이어 조성된 탄핵정국에서 하늘의 검은 구름은 수시로 내려와 숨을 눌렀다. 제일 힘들었던 것은 뭐니 뭐니해도 윤 전 대통령의 많은 측근들이 배신의 망치를 휘두르며 사라지는 일이었다. 어떻게 저럴 수가 있을까? 50년 지기라던 이철우 교수와 그 부친이신 이종찬 광복회장의 차디찬 경멸과 비난에는 차라리 눈을 가리고 싶었다. 내가 이랬으니 당사자인 윤 전 대통령 내외분은 도대체 어떤 심정이었을까.

 그런데 드디어 목마르게 기다리던 반전이 일어나기 시작했다. 아니 기적의 팡파르가 울려 퍼지는 소리가 들렸다. 수많은 젊은 청춘들이 들고 일어났다. 그들은 '계엄령'이 아니라 '계몽령'[16]이라고 부르며, 비상계엄에 의해 우리가 처한 현실을 비로소 알게 되었다며 목마른 함성을 올렸다. 1인 매체를 중심으로 하여 다양한 역량을 한껏 발휘하며 '87체제'에 저항하는 새로운 물결을 일으켰다. '87체제'가 상징하는 친중국, 친북한의 태도, '카톡열람'으로 노골화시킨 그들의 전체주의적 성향에 뚜렷이 반대하는 기치를 들었다. '87체제'의 기득권자들이 그들의 성향과 어긋난다는 이유로 윤석열 전 대통령을 탄핵시키는 데 성공하여 나라의 방향을 온전히 잡는다면, 얼마 가지 않아 우리가 '제2의 홍콩'으로 떨어질 것이라는 절박하고 당연한 예측이 청년들의 마른 목을 더욱 타들어 가게 했다. 그러던 중 불행히도 무려 수십 명의 젊은이들이 한꺼번에 잡혀가 고통을 당하는 불상사도 일어났고, 또 어떤 분은 자신의 생명을 바치기까지 했다.

 돌연 한 영웅이 나타났다. 역사 강사 전한길은 불굴의 투지와 샘물처럼 맑은 지성으로 거대한 시민혁명의 장을 이끌어갔다. 수많은 이들이 기성 언론의 노골적 무관심, 왜곡, 그리고 '극우몰이'의 매도에도 아랑곳하지 않고, 거리로 나가 오직 나라의 앞날을 걱정하는 목소리들을 합했다. 광화문에서 여의도에서 그리고 한남동에서 그들은 기꺼이 무명의 용사가 되어 희생과 헌신을 마다하지 않았다.

윤 전 대통령에 대한 야만적인 수사가 이루어지고, 서부지방법원과 헌법재판소에서 자신이 믿는 이념의 실현에 치우친 법관, 재판관들이 노골적으로 불법과 탈법을 저지르며 정상적인 재판의 궤도를 일탈하였다. 그러나 그것들은 어떤 면에서 '87체제'의 허구성과 위선을 뒷받침하는 확실한 증거였다. 그러므로 탄핵정국을 가르며 일어난 사회변혁의 물결을 더욱 촉진하는, 역설적인 긍정의 역할을 하였다고 할 수 있다.

---

16 '계몽령'이라고 부르는 것을 정당화시키는 사유들이 SNS를 타고 광범위하게 퍼져나갔다. 여러 버전이 있는 것 같으나 그중에서 하나를 들자면 이러하다.
[이번 탄핵사태로 알게 된 15가지]
1. 원래 우파끼리 따로 놀았는데 이번에 우파 대통합 이룸
2. 대진연(*대학 내의 대표적 친북한 서클) 조질려고 40여개 대학 학우들이 따로 단체 팠음
3. 전한길이라는 일타강사가 전국민 상대로 계몽론 강의
4. 시위 때마다 성조기 흔들어 재껴서 트럼프 원픽 고든 창(*Gordon Guthrie Chang III, 미국의 대표적인 우파 이론가로서 트럼프 대통령의 신임이 두터움) 꼬심
5. 부정선거 얘기하면 비아냥거리면서 비주류 취급하다 이젠 주류됨
6. 문재앙(*문재인 전 대통령)이 법원조직법, 검찰청법 개정해서 국적요건 폐지시킨 다음 짱개(중국인)들 대거 헌법재판소, 법원에 등용됨
7. 서부지법 혁명을 통해 서부지법 관내의 소름 끼치는 그림들 발견
8. 한국이 법치국가인 줄 알았는데 우딸법(*이념적으로 좌편향된 사법부 내의 '우리법연구회'를 말함) 국가인 거 탄로남
9. 공수처 매년 200억 지원받으면서 역사상 딱 1명 기소했는데 그게 윤카(*윤석열 전 대통령)임, 그것도 불법으로 기소 때림
10. 한동훈이 차기 대통령감이라고 생각했는데 배신자였다는 거 만천하에 공개됨
11. 경찰들 중에 짱개가 존나 득실거림
12. 공군도 짱개 뽑음
13. 윤석열 전 대통령 지키라고 친윤 권성동 권영세 뽑았는데 개헌, 조기대선 준비하자고 설쳐대는 배신자오브배신자 들통남
14. 선관위 가족회사인 거 발각
15. '자유의 꽃'이라는 노래 틀었더니 언론사들, 탄찬(*탄핵찬성) 집회자들 도망치는 거 보고 소름 돋음

드디어 2025년 3월 7일 한국 사법의 진정한 맥을 잇는 존재로서 사법부 내부에서 커다란 신망을 얻어오던 지귀연 판사가 분연히 나섰다. 윤 전 대통령의 구속을 취소하는 용단을 내렸다. 그의 단호한 결정[17]에 의해 윤 전 대통령이 석방되는 획기적인 일이 일어났다. 이로써 이제 새로운 시대로의 변화는 확고한 대세가 되는 커다란 변곡점을 맞았다고 하겠다.

돌이켜 보면, 추운 거리에서 눈이 오나 비가 오나 그리고 세찬 바람이 오장육부를 파고 들더라도 오직 공동체의 안위를 염려하여 자신의 모든 것을 바친 수많은 무명의 시민들이 먼저 있었다. 그리고 이들의 방향을 잡아주는 전한길 등 영웅들이 속속 탄생했다. '김기현, 나경원, 윤상현'의 의회 3인방은 일찍이 볼 수 없었던 투사적 면모를 보이며 자신을 기꺼이 불살랐다. 헌법재판소의 문형배 소장 대행을 중심으로 한 이념편향적 재판관들이 작당하여 자신의 이념을 주체하지 못해 몹쓸 난장판을 벌였으나, 변호인단은 묵묵히 최선의 결과를 다하려고 노력하여 제 역할을 해내었다.

---

17 구속취소의 근거로서 지 판사는 다음과 같은 두 개 취지의 사유를 우선시켰다. ① 구속기간의 계산에 관하여 이것을 일수로 계산하는 것과 시간으로 계산하는 것의 두 가지 학설이 있었으나, 인권보장의 대세에서 '의심스러운 때는 피의자 혹은 피고인의 이익으로'라는 법언에 따라 시간 계산한 것에 따르면 윤 전 대통령의 기소시점에서 이미 구속기간을 넘은 불법구속이었다. ② 공수처의 윤 전 대통령 수사는 작은 직권남용죄의 수사를 빌미로 그보다 훨씬 큰, 그리고 공수처의 소관사항이 아닌 내란죄에까지 미쳤던 바, 이는 다분히 위법의 소지가 있고 그리하여 불법구속의 의심이 있는 것이다.

혹독한 겨울이 지나갔다. 봄이 오고, 이제 우리 앞에 비로소 길이 보이기 시작했다. 시린 동토의 어지럽게 갈라진 지면이 녹고, 파릇파릇하게 자라나는 풀 사이로 반듯한 길이 났다. 우리는 이 길을 따라가면 된다. 얼마쯤 걷다 보면 우리는 새로운 시대가 곁에 어느 새 와 있음을 알 수 있을 것 같다. 모든 것이 힘을 합하여, '87체제'의 어둠도 거꾸로 작용하여 이처럼 선한 결과를 이루었으니, 아, 아, 좋은 봄이다! 모두들 봄의 향기에 취해 흥겨워했다.

그러나, 주저하는 헌법재판소

윤석열 전 대통령에 대한 헌법재판소의 탄핵심판이 2월 25일 결심되었으나, 한 달이 훨씬 지나도록 선고를 하지 못하는 상태가 이어졌다.

그런데 이런 헌법재판소의 결정을 내릴 수 없게 재판관들 사이의 의견이 교착된 원인으로, 기왕에 나는 헌법재판소 재판관들 사이에 발생했을 두 가지의 사유를 상정하였다.

먼저 탄핵의 인용 대 기각이 5 대 3으로 나뉘지며 진보 쪽에 편들어 인용의 의견을 가진 재판관들이 부족한 나머지 1표를 새로 임명될 수 있는 마은혁 후보자에게 의지할 요량으로 그 임명을 정치권에 부탁하며 시간을 끌 수 있다는 것으로 상정했다.

둘째는 문형배 대행이 초반에 쉽게 탄핵인용으로 끌고 갈 수 있다고 쾌재를 부르며, 너무나도 심하게 적법절차의 원리를 무시하고 재판을 졸속으로 진행한 것이 원인이다. 그런데 피청구인의 방어권을 부당하게 억압한 여건하에서이긴 하나 막상 증인신문을 해보니, 현행 형사소송법을 위반하여 과감하게 증거능력을 인정한 검찰작성의 조서 등의 증거가 현저히 오염되었을 가능성이 도저히 무시할 수 없을 만큼 현재화하였다. 덜컥 결심을 해놓았으니 오염되지 않은 부분이 어떤 것인지 이제 알 수도 없다. 재판을 하려면 먼저 사실인정을 해야 하는데, 이렇게 사실인정 자체에서 갈팡질팡할 수밖에 없는 상태이니 인용, 기각 어느 쪽으로든 결정문을 작성하기가 아주 어렵게 되어버렸다.

한 마디로 헌법재판소가 처하게 된 또 하나의 비극적 상황이었다고 본다. 이 상황을 만든 핵심 원인은 우선 문형배 대행의 졸속 재판에 있고, 그 핵심의 뒤에 숨은 더 근본적 원인은 헌법재판소 재판관들의 강한 이념화이다. '87체제'의 한 기둥을 이루는 헌법재판소의 설립 당시에는 이와 같은 일이 발생하리라고는 꿈에도 생각하지 못하였다. 도대체 완강한 '마르크스 레닌주의자'라는 평을 받는 마은혁 판사가 재판관으로 추천되리라고 당시 누가 감히 티끌만큼이라도 상상했겠는가?

충격의 헌법재판소 탄핵인용 결정문

이렇게 선고를 질질 끌던 헌법재판소는 결정의 선고를 갑자기 당기며 4월 4일 선고하였다. 많은 이들은 그 강한 충격파에 정신을 잃었다. 예상과 달리 8 대 0의 전원일치로 인한 점도 있고, 또 한편으로는 결정문 전반에서 윤석열 전 대통령에 대해 아예 숨조차 쉴 여지 없이 준엄하고 가혹하게 몰아친 비판과 비난에도 그 원인이 있다. 어찌 됐든 최고의 사법기관의 판단이니 이는 존중되어야 마땅한 일이다. 하지만 12.3 비상계엄이 어디까지나 '경고성 계엄'이었다는 윤 대통령 측의 주장[18]을 물샐틈없이 아니 진공상태로 압축시키듯이 철저하게 짓밟아 버린 비정함은 윤 대통령 지지자들의 마음을 아프게 할퀸다. 몇 가지 점에서 이 결정이 안고 있는 문제점들을 거시해 보려 한다.

첫째 헌법재판이 아니었다는 점이다.

이 사건은 집행부와 입법부의 극한적 길항과 이에 이은 대립상태에서 과연 대통령의 권한은 헌법상 권력구조의 기본인 삼권분립의 원칙 하에서 어떻게 정의되어야 할 것이냐 하는 점이 주된 쟁점으로 등장했어야 한다. 그러나 재판 내내 이 쟁점이 등장한 일도 없고, 결정문에도 단 한 마디 나타나지 않는다.

헌법재판소는 의당 미국이나 프랑스 등 대통령제를 취하는 다른

---

18 이에 관하여는 제3편 대통령의 최후변론을 보면 여실히 잘 알 수 있다.

나라에서 이와 같은 문제를 어떻게 들여다보고 있는지를 살피고, 헌법학자들의 의견도 참고인 진술 등의 형식으로 들었어야 마땅하다. 그리고 이에 관해 직접적으로 참고로 할 수 있는 2024년 7월 1일 미국 연방대법원의 기념비적 판결에서 대통령이 직무상 행한 행위는 원칙적으로 면책이라고 선언한 취지에 관한 숙고가 반드시 있었어야 할 것이다.

그러나 헌법재판관이 되어야 비로소 헌법에 관한 관심을 갖는 현행 제도에서 재판관들은 세계로 헌법적 시야를 돌리지 못하는 '우물 안 개구리'에 불과한 점이 이번 결정에서 여실히 시현되었다. 그들에게 이런 심오한 분석과 고찰은 애초부터 기대할 수 없는 노릇이었다. 다음 개헌의 시기에 헌법재판소를 존치시킨다고 하더라도, 그 구성원 수의 1/2 내지 1/3은 오랫동안 헌법학을 연구해온 학자 출신이 재판관으로 들어가게 개정해야 한다고 본다.

둘째 맥락(context)을 무시한 결정이었다.

사람의 말이나 행동은 그 자체만을 보아서는 대부분 정확한 뜻을 파악하기가 어렵다. 반드시 그 표현행위가 이루어진 전체의 맥락을 살펴야 함이 보통이다. 이 사건에서 헌법재판소는 12월 3일 '계엄의 밤' 두 시간 남짓 사이에 일어난 일만을 집중적으로 탐구하였으나, 계엄 전후의 사정 전체를 염두에 두고 계엄의 의미를 정의했어야 할 것이다. 그랬더라면 '경고성 계엄'이라고 볼 수 있는 많은 요소들이 그 전후에 깔려 있었다. 헌법재판소는 이런 점을 완전히 무시하였다.

셋째 결정의 핵심 부분은 상식에 반한다.

이 사건에서 가장 핵심을 이루는 부분은, 과연 계엄 당시 군인들이 국회의원들을 끌어냄으로써 계엄해제결의를 막으려고 했는가이다. 헌법재판소는 여러 정황을 들며 이를 긍정했다. 그러나 당시 국회의사당 안에 들어간 군인의 숫자는 16명에 불과했다. 그리고 그들은 모두 연소한 사람이다. 이런 인원으로 한 사람 한 사람이 호랑이와 같은 국회의원들 그리고 그 보좌진들이 가득 모인 상황인데 어떻게 의원들을 끌어낼 수 있단 말인가! 그리고 당시 모인 국회의원 숫자가 150명이 안 되었다면 그 목적을 달성하기 위해서는 더 이상 의사당 안으로 국회의원들이 들어가지 못하게 막는 것이 보다 손쉬운 일이 아닌가? 더욱이 이에 관한 홍장원, 곽종근의 증언이나 진술은 과연 신빙할 만한 가치가 있는 것이었나?

판사가 판결을 할 때나 법학자가 어떤 이론을 세우려 할 때, 하나의 결론을 미리 정하고 성급하게 끌어 맞추다 보면 이렇게 상식에 반하는 판결이나 이론이 도출되기 쉽다. 판사와 법학자를 모두 겪은 내 경험에서 하는 말이다. 헌법재판소가 이렇게 비상식적인 판단을 한 주된 이유는, 바로 윤 전 대통령의 '경고성 계엄' 주장을 철저하게 깔아뭉개려는 전제를 세워두었기 때문이다. 그 전제에 서서, 16명의 젊은, 더욱이 비무장 상태의 군인들이라도 당시 국회의원을 포함한 적대적인 수천 명의 군중이 운집한 국회의사당에서 국회의원들을 끌어낼 수 있다고 상식에 반하는 어리석은 판단을 한 것이다.

봄이 왔는데 봄 같지가 않구나

왕소군(王昭君)[19]을 언급한 '춘래불사춘'(春來不似春) 시구절을 생각나게 하는 시절이 왔다. 봄이 왔다고 생각했는데 헌법재판소의 탄핵심판 인용으로 윤 대통령이 파면되어, 봄이 오면 우리가 성사되리라고 기대했던 많은 일들에 차질이 생긴 때문이다. 그러나 탄핵정국을 거치며 자유주의의 아이콘으로 떠오른 윤석열 전 대통령이다. 그가 과연 앞으로 한 사람의 정치인으로서 어떤 입지를 갖게 될 것인가? 먼저 두 가지의 전제 사실을 깔지 않을 수 없다.

1. 윤석열 전 대통령의 사법리스크

이번 탄핵정국에서 가장 핵심 요소는 뭐니 뭐니해도 야권이 재빨리 비상계엄을 내란으로 치환해 버린 것이다. 그리고 그것을 가능하게 했던 핵심 요인은, 공수처가 아니라 검찰의 신속한 내란죄 수사와 기소이다. 이것은 바로 심우정 검찰총장과 박세현 서울고검장의 콤비가 해내었다. 그들은 바람이 불어오는 것을 멀리서 보고 먼저 누워 버린 풀이었다.

당초부터 내란죄가 성립하지 않는다는 견해가 헌법학계, 형법학

---

19 왕소군은 양귀비, 초선, 서시와 함께 중국 역사상 4대 미인의 하나로 꼽히는데, 전한 시기 황실의 궁녀로 있었으나 정략에 의해 흉노의 선우(單于)에게 시집을 갔다. 그에 관해 읊은 당 시대 동방규가 읊은 '소군원'(昭君怨)에서의 '호지무화초(胡地無花草) 춘래불사춘(春來不似春)' 구절이 유명해지면서 중국인들의 한탄의 대상이 되었다.

계의 대세였다. 하나만 들어보자. 다시 한 번 더 말하자면, 내란죄에 서 말하는 '폭동'의 의미는, ① 한 지방의 평온을 해할 정도의 지역적 광범성, ② 고강도의 폭력행사라는 두 요소를 포함한다. 12.3 비상계엄은 그것과는 상당한 거리가 있다. 그럼에도 심, 박의 콤비는 오염된 증언을 무차별적으로 받아들여, 새롭게 이동된 권력의 구미에 맞춘 결과를 내었다. 그러나 이렇게 해서 그들의 이름에 덧씌워진 오물은 아마 한국 사법사의 치욕으로 영원히 남을 것이다.

내란죄 사건은 기소의 관문은 통과했으나, 이제 법정의 시간이다. 만만치 않을 것이다. '사법농단' 사건과 유사한 과정, 아니 더 복잡한 과정을 거치며 재판이 진행될 것이다. '사법농단' 사건은 기소 후 5년 정도 지나 거의 전원 무죄의 1심판결이 선고되었고, 확정판결까지 아직 얼마나 더 시일이 소요될지 모른다. 12.3 비상계엄의 내란죄 사건은 더 많은 시일이 소요되고 또 그 무죄성은 '사법농단' 사건보다 훨씬 짙다. 그러니 윤 전 대통령의 사법리스크는 걱정할 필요가 없다.

2. 윤 전 대통령에 대한 강력한 국민들의 지지

윤석열 전 대통령은 지금 한국의 정치인 가운데서 가장 큰 대중적 기반과 지지세를 가지고 있다. 탄핵정국을 거치는 동안 여론조사상 그 지지세는 야당의 이재명 민주당 대표를 능가했다. 그리고 보수의 진영 안에서는 압도적이다. 앞으로 당내 일부세력을 중심으로 그의 국민의힘 출당을 요구하는 목소리가 높아지고 정국을 압도하게 된 야당과 제도권 언론들에 의해 '윤석열 죽이기'는 공공연하게 행해질 것이다. 그러나 청년층을 주축으로 하여 극적으로, 눈이 부시는 기적처럼 형성된 '87체제'의 극복과 새로운 질서의 수립을 갈망하는 세력이 그를 중심으로 하여 모여있고, 그 결집도는 과거 박근혜 전 대통령을 중심으로 모였던 '박사모'보다 훨씬 강고하다. 박사모는 박 전 대통령의 탄핵과 장기형 선고로 봄눈처럼 흩어져 버렸으나 윤 전 대통령에 대한 지지세력은 뚜렷한 이념적 방향성을 갖고 있어서 '박사모'와는 많이 다를 것이다. 그들의 타는 목마름으로 응집된 엄청난 열성을 배경으로 그가 가진 강인한 리더십은 점차 원기를 회복하여 정국의 한 축으로 작용할 것이다.

3. 결론

결론으로, 탄핵심판의 인용으로 그는 사라지지 않는다. 탄핵정국을 거치며 정치적으로 부활한 그이다. 그는 스스로 죽음의 길로 들어섬으로써 새로운 생명을 얻었다.

대통령직에서 파면되었더라도, 새로이 그가 가지게 된 엄청난 정치적 파워를 구사하여 조금은 더디지만 낡은 '87체제'를 끝내고 '새로운 대한민국'의 건설을 향한 국민의 열망을 실현시켜 나갈 것으로 본다.

'윤석열 2.0 시대'는 이제 형성 중에 있다. 그 핵심은 대한민국이 세계를 향하여 개방적인 자세로 선도해 나가고 자유와 창의의 정신이 넘치는 새로운 대한민국을 세우려는 것이다. 그는 결연한 의지를 보이며 우리 곁에 공고한 표정으로 언제까지나 우뚝 서 있을 것이다.

헌법의 위기와 그 해소 방안 모색
- 윤석열 대통령 탄핵심판을 중심으로

⋮

이인호(헌법학자)

헌법의 위기

나는 1996년에 헌법학 박사학위를 받고 학문의 세계에 뛰어든 이래 그 후 헌법재판소에서 3년 2개월 동안 헌법재판의 실무를 맛본 후 중앙대에서 헌법을 가르치고 배우면서 30년 넘게 헌법 공부를 하고 있다. 그러나 헌법 공부는 끝이 없고 알면 알수록 모른다는 인식만 깊어져 가고 있었다. 그런 와중에 '계엄선포와 내란죄 선동 그리고 탄핵소추'라는 국가적·헌법적 위기가 발생했다.

나도 처음에는 윤석열 전 대통령의 계엄 선포가 헌법의 요건을 충족할 수 있는지 의문을 가졌었다. 아마 헌법을 공부하는 사람들은 대부분 비슷한 의문을 가졌을 것이다. 그런데 국회를 장악한 거대 야당이 대통령을 '내란죄'로 몰아 계엄해제 당일 탄핵소추 발의안을 내는 것을 보고 놀랐다. 그리고 '내란이 아니다'라고 말하는 사람들을 '내란방조죄'로 위협하고 침묵을 강요하는 것을 보고 또 놀랐다.

계엄 선포 전부터 거대 야당의 입법권 폭주는 눈치채고 있었지만, 실체가 없는 내란죄 선동으로 탄핵소추를 통해 대통령의 권한과 직무를 정지시키고, 그것도 모자라 수사기관들과 일부 법원에 정치적 압력을 가하여 불법으로 현직 대통령을 구속하는 것을 보고, 뭔가 잘못되었다고 판단했다. 나아가 13일 만에 대통령 권한대행(국무총리)마저 불법으로 직무를 정지시키는 폭거는 '정상적인 헌법국가'에서는 상상조차 할 수 없는 일이다. '헌법의 형식을 빌린 의회의 연성 쿠데타'라고 규정할 수밖에 없다.

나도 처음에는 이 사태를 대통령과 국회(거대 야당)의 단순한 권력 투쟁으로 보았었다. 서로가 가진 헌법상의 권한을 극단으로 끌어올려 정치 투쟁을 하는 것으로 보았다. 그런데 지금 보면, 이 싸움은 정치 내전이며 체제 전쟁이다. 자유민주의 헌법 체제를 유지하느냐, 아니면 파기할 것이냐의 심각한 헌법 위기 상황이다. '나의 자유'가 빼앗길 수도 있는 상황이라는 절박함이 감돈다. 1933년에 독일의 나치가 바이마르 공화국을 무너뜨리고 독재 체제로 나아간 것은 총칼에 의한 것이 아니다. 의회 권력을 장악하고 '법률'로써 바이마르 공화국 헌법 질서를 뒤엎은 것이다.

나는 원래 이 글에서 이번 대통령 탄핵심판(2024헌나8)에서 어떤 헌법적 쟁점들이 있어왔는지를 우선 살피고, 이어서 대통령을 파면하는 정치적 형성을 헌법재판소가 쉽게 해서는 안 되는 헌법적 이유

일곱 가지를 제시한 뒤, 이 탄핵심판이 기각되어야 하는 이유를 설명하였다. 그러나 2025. 4. 4. 헌법재판소는 8인 전원일치로 국민이 뽑은 대통령을 파면하는 결정을 내렸다. 나의 주장은 무참히 깨어졌다. 결정문을 고통스럽게 읽으면서 느낀 것은 "87체제"에서 헌법재판소가 마침내 괴물이 되었다'는 점이다. 그 이유를 간략히 밝히고자 한다. 그리고 마지막 꼭지에서는 이번 헌법 위기를 초래한 87년 헌법체제의 결함을 향후 어떻게 고쳐나가야 하는지를 말해보고자 한다. 메아리 없는 한 헌법학자의 외침이지만 이것은 '나의 자유'를 나 스스로 지키기 위한 몸부림이다.

대통령 탄핵심판의 핵심적인 헌법 쟁점들

이 사건의 본안에서 핵심적인 헌법 쟁점은 네 가지로 이해된다.

첫째, 대통령이 내란죄를 저질렀는가?

둘째, 대통령의 계엄발동이 헌법상 요건을 충족했는가?

셋째, 계엄 시행 과정에서 계엄 권한의 범위를 넘어선 것인가?

넷째, 주권자의 의사(대통령 선출)를 파기할 정도로 대통령이 국민을 배반했는가? 이것은 두 차례의 헌법재판소 선례에서 제시한 '중대한 헌법위반'에 해당하는가에 관한 것이다.

먼저 이 네 가지의 헌법적 쟁점을 어떤 관점에서 바라보아야 하는지 그리고 대통령을 파면하는 정치적 형성을 헌법재판소가 쉽게 할 수 없는 헌법적 이유를 밝히고자 한다. 그다음 기본적인 사실관계에

기초하여 이 헌법적 쟁점들에 대한 내 나름의 헌법적 의견을 밝히려
고 한다.

대통령을 파면하는 정치적 형성을 헌법재판소가 쉽게 할 수 없는 일곱 가지 헌법적 이유

1. 해석을 통해 국가기관 간의 기능적 배분 질서를 변경해서는 안 된다고 말하는 헌법 해석의 원칙

헌법(憲法)은 국가시스템의 조직과 운영에 관한 법이다. 헌법은
국민의 합의(헌법제정권력)에 기초한 '정치적 지배의 기본원칙'을 확정
해 놓고, 이를 일상적인 정치적 논쟁의 대상에서 제외함으로써, 4년
또는 5년마다 형성되는 일상적인 정치과정을 규율한다. 그리고 그
규율의 내용은 매우 추상적이고 개방적인 언어로 되어 있다. 민사나
형사의 법률요건과 법률효과로 규정되어 있는 일반 법률과는 크게
차이가 있다.

이 때문에 헌법의 규정을 문리적으로만 해석하는 것은 경계해야
한다. '헌법의 통일성'이라는 관점에서 체계적이고 종합적인 시각에
서 헌법의 문언을 이해해야 한다. 특히 이번 사건과 같이 헌법기관
상호 간의 권한질서에 관한 규정(제77조 계엄조항)을 해석함에 있어서
는 헌법기관 각자의 기능이 유지되도록 해석해야 한다. 즉, 해석을
통해 헌법상의 기능적 배분 질서를 변경해서는 안 된다. 독일에서는
이 해석원칙을 '기능적 타당성의 원칙'이라고 부른다.[20]

물론 우리 헌법(제111조)은 탄핵의 심판을 헌법재판소의 관할로

하고 있다. 그렇지만 대통령과 국회의 권한 갈등에 의한 정치적 대립을 심판함에 있어서는, 대통령을 파면하여 그 기능이 유지되지 못하도록 하는 '새로운 정치적 형성'을 헌법재판소가 쉽게 해서는 안 된다고 할 것이다.

2. 다른 헌법재판과 본질적으로 다른 대통령 탄핵심판

대통령에 대한 탄핵심판은 다른 헌법재판과 본질적으로 다른 재판이다. 대통령을 파면하다는 것은 '선거를 통한 주권자의 직접적인 의사를 파기하는 것'이다. 위헌법률심판이나 헌법소원에서 법률을 위헌 선언하는 것은 다른 헌법기관(국회와 대통령)의 입법의사에 대해 그 효력을 정지하는 것이지만, 대통령에 대한 탄핵심판은 주권자의 직접적인 의사를 파기하는 심판이다.

그래서 판단기준도 본질적으로 차이가 있다. 즉, 앞선 두 차례의 탄핵결정(2004헌나1; 2016헌나1)에서 판례로 형성된 바와 같이, 단순히 대통령의 행위가 위헌인지 여부를 판단하는 것이 아니라, 그 위헌성이 중대해서 주권자가 대통령에게 주었던 국민적 신임을 파기할 정도로 대통령이 국민을 배반했는가를 판단하는 것이다. 이번 탄핵심판의 핵심도 '대통령의 계엄선포와 그 시행의 결과가 과연 국민의 신임을 배신한 것인가'에 초점이 맞추어져야 한다. 단순히 헌법상의 요건을 위반했는지에 초점을 맞추어서는 안 될 것이다.

---

20 한수웅, 헌법학 제11판, 법문사, 2021, 54면("국가기관은 헌법해석의 방법을 통하여 헌법상의 기능적 배분질서를 변경해서는 안 된다. 기능적 타당성의 원칙은 헌법상 권력분립질서의 관점에서 본 '헌법의 통일성 원칙'이라 할 수 있고, 이로써 '체계적 해석'의 일환이다.") 참조.

3. 탄핵조항의 헌법적 결함 및 대통령 파면이 가져올 권력분립의 정치시스템 붕괴와 국가적 위기

헌법은 "직무 집행에 있어서 헌법이나 법률을 위배한 때"에 국회가 탄핵소추를 의결할 수 있다고 규정한다(제65조 제1항). 사실 이 탄핵소추의 요건이 너무 추상적이고 포괄적이어서 탄핵절차를 왜곡시키는 측면이 있다. 또한 국회의 탄핵소추 의결이 있으면, 즉시 대통령의 권한과 직무를 정지시키는 조항(제65조 제3항)은 소추권을 가진 국회에게 과도한 권력행사를 가능하게 하여 대통령제 하에서의 권력 균형을 깨뜨리고 있다.[21]

대통령제 민주국가에서는 매우 기형적인 조항들이다. 대통령제에서 대통령이 갖는 민주적 정당성(국민적 신임)은 국회가 갖는 민주적 정당성과 별도로 성립되고 존재한다. 그런데 우리 헌법의 대통령에 대한 탄핵소추사유와 권한정지 조항은 대통령제 정부 형태의 민주적 균형의 원리와 충돌한다. 특히 지금과 같이 거대 야당이 국회를 장악해서 토론과 심의를 본질로 하는 의회주의(議會主義)의 본질을 무시하고 오로지 다수의 표로만 폭주하는 경우, 의회 독재와 정부 마비의 연성 쿠데타를 가능하게 한다.

이는 대통령제를 채택하고 있는 미국 연방헌법의 탄핵 관련 조항과 크게 대조된다. 미연방헌법(제2조 제4항)은 탄핵소추 및 파면 사유로 "반역행위(Treason), 뇌물수수(Bribery), 또는 그밖에 중대한 범죄

---

21 이 직무정지 조항은 제1공화국 헌법(1948년 헌법)에서는 없던 조항이다. 제2공화국 헌법(1960년 3차 개정)에서 의원내각제 정부형태를 채택하면서 새로 들어간 조항이다. 이후 대통령제 정부형태를 채택했음에도 그대로 유지되어 오다가 현행 헌법(1987년)에까지 그대로 이어졌다.

와 비행(or other high Crimes and Misdemeanors)"을 구체적으로 명시하고 있다. 중범죄가 아니면 탄핵소추 자체가 안 되는 것이다. '국헌 문란'과 같은 추상적인 개념을 사용하지 않는다. 그런데 우리는 '헌법이나 법률을 위배한 때'라고 너무 광범위하게 정하고 있어서 문제이다.

또한 미국은 하원(下院)에서 상당한 기간의 조사 절차를 거쳐 탄핵(impeachment)을 의결했다고 해서, 대통령이나 고위공직자의 권한이 정지되지 않는다. 상원(上院)에서 탄핵심판을 하는데(try impeachment), 이때 상원의원들은 선서를 하고 심판에 임하며, 대통령이 심판 대상일 때에는 연방대법원장이 심판을 주재한다. 그리고 출석의원 3분의 2 이상의 찬성으로 위 범죄 행위에 대해 유죄 인정(conviction)을 해야만, 그때 비로소 대통령이 파면된다(shall be removed from Office).

미국 230년의 역사에서 대통령이 탄핵되어 파면된 사례는 한 건도 없다는 점을 기억해야 한다. 미국 역사상 최초로 탄핵소추를 당했던 제17대 대통령 앤드류 존슨(Andrew Johnson, 1865-1869)에 대한 상원의 탄핵심판에서, 자신의 1표 차이로 탄핵을 기각시켰던 상원의원 에드먼드 로스(Edmund G. Ross)가 왜 탄핵 기각에 표를 던졌는지 그 이유를 밝히면서 이렇게 말했다: "만약 대통령이 불충분한 증거와 당파적인 이해로 인해서 내쫓기게 된다면, 대통령직의 권위는 실추될 것이며, 결국은 입법부의 종속적인 기관으로 지위가 전락하고 말 것이다."

그는 정치적으로는 대통령과 첨예하게 대립하던 인물이었다. 그럼에도 그는 자신이 기각결정을 내린 이유를 이렇게 설명했다: "대통령 탄핵 인용은 우리의 훌륭한 정치시스템을 타락시켜서 의회 내의 당파 독재정치를 실현시키는 것이다. 그것은 이 나라가 탄생한 이래 가장 교활한 위험이다. 만약 앤드류 존슨이 비당파적인 투표에 의해서 무죄로 방면되지 않았다면, 미국은 당파에 의한 통치의 위험을 면하지 못했을 것이고, 국가마저 위기 속으로 몰아넣었을 것이다."[22]

　　헌법규정에 있어서 우리와 차이가 있지만, 같은 대통령제 민주국가에서 대통령이 갖는 국가적 위상과 국민적 신임은 동일하다는 점을 생각할 때, 반드시 참조해야 할 비교헌법적 사례라고 하겠다.
　　에드먼드 로스는 만일 대통령이 탄핵 인용으로 파면된다면, 의회 내 당파 독재정치를 실현시키는 것이고 결국 국가를 위기 속으로 밀어 넣을 것이라는 경고를 하고 있다. 우리의 현실에서 지금 나타나고 있는 여러 상황을 볼 때 그의 경고가 결코 가볍게 들리지 않는다.

4. 과거 두 차례의 대통령 탄핵심판과 질적으로 다른 차이: 통치 행위 혹은 정치 문제의 법리가 적용되어야 할 사안

　　이번 대통령(윤석열) 탄핵심판은 과거 2004년의 대통령(노무현) 탄핵심판(2004헌나1)과 2017년의 대통령(박근혜) 탄핵심판(2016헌나1)과는 질적으로 다르다는 점을 이해해야 한다.
　　과거 두 차례의 대통령 탄핵심판은 대통령의 비공식적·비직무적 행위가 문제되었던 사안이다. 노무현 대통령 사건에서는 대통령이 기자회견에서 특정 정당을 지지한 발언, 헌법이 허용하지 않는 재

22　존 F. 케네디 저/배철웅 역, 용기 있는 사람들, 민예사, 2001, 170면에서 인용.

신임 국민투표를 제안한 행위, 대통령 측근의 권력형 부정부패와의 관련성이 문제되었다(기각). 박근혜 대통령 사건에서는 측근(최서원)의 국정개입 허용 행위가 문제되었다(인용),

그러나 이번 대통령 탄핵심판은 국가원수의 지위와 헌법수호자의 지위에서 대통령이 가진 계엄선포권의 행사가 문제된 사안이다. 그리고 국회가 계엄해제 요구를 의결하여 통제권을 행사한 사안이다. 계엄 선포(대통령) 및 계엄 해제 요구(국회)와 같은 고도의 정치 행위는 원칙적으로 헌법재판소의 심판 대상이 아니라는 것이 미국과 독일의 일반적인 법리이다. 이 점을 조금 더 부연하고자 한다.

우리 헌법상 대통령은 국가원수(國家元首)의 지위와 행정부 수반(首班)의 지위를 가지며, 각 지위의 책임에 상응하는 권한을 갖는다. 국가원수의 지위는 대외적으로 대한민국을 대표하고 대내적으로는 국민의 통일성을 대표하는 기능이다. 그래서 헌법은 그 책임을 이렇게 규정한다: "대통령은 국가의 독립·영토의 보전·국가의 계속성과 헌법을 수호할 책무를 진다(제66조 제2항)." 여기서 '헌법의 수호'란 각별한 의미를 지닌다. 즉 우리 헌법의 근본적인 가치결정('자유민주적 기본질서')을 내·외부의 위협으로부터 보호하는 것을 의미한다. 따라서 대통령은 '헌법수호자'로서의 책무를 함께 진다. 그리고 이 국가원수의 책임에 상응하는 대통령의 권한에는 외교권(조약비준권), 전쟁권(선전포고와 강화), 국군통수권, 비상대권(긴급명령권과 계엄선포권), 사면권, 훈장수여권이 있다.

물론 대통령의 이들 권한에는 한계와 제한이 있다. 헌법이 권한의 요건을 정하는 경우도 있고, 요건이 없는 경우도 있다. 대통령의 전쟁권(선전포고와 강화)에는 요건이 전혀 없다. 다만 국회의 (사전) 동의를 받도록 하고 있다. 그리고 계엄선포에 대해서는 요건을 정하면서, 국회가 (사후적으로) 해제를 요구할 수 있도록 하고 있다. 그러니까 대통령이 국가원수의 지위에서 행사하는 '고도의 정치적 성격을 갖는 권한의 행사'에 대해서 그 통제의 책임과 권한은 기본적으로 '국회'에 주어져 있는 것이다.

이처럼 우리 헌법은 국민의 통일성을 대표하는 국가원수의 지위에 있는 대통령에게 계엄선포권을 주면서, 국회에게는 사후적으로 계엄 해제를 요구할 수 있는 통제권을 주었다. 이것이 바로 계엄과 관련해서 우리 헌법이 채택한 대통령과 국회 사이 '권력의 균형과 견제'의 모습이다. 대통령의 계엄 선포와 국회의 계엄 해제 요구는 '고도의 정치적 성격을 지닌 국가적 행위'이다. 여기에 사법부(법원이나 헌법재판소)가 사후적으로 개입해서 그 잘잘못을 따지는 것은 헌법이 예정하고 있는 권력 균형을 깨뜨리는 행위이다. 바로 여기에 사법권(司法權)의 헌법적 한계가 있다.

독일의 헌법이론과 실무에서는 이들 정치 행위를 '통치 행위'(Hoheitsakt)라고 부르고, 미국에서는 '정치 문제'(political question)라고 부른다. '고도의 정치 행위' 개념은 행정권의 행사나 입법 행위와는 엄연히 구별되는 헌법상의 중요 개념이다. 그 대표적인 것이 국가비상사태의 선포나 계엄의 선포이다. 그리하여 이 통치 행위 혹은 정치 문제에 대해서는 사법부(법원이나 헌법재판소)가 개입해서 그 잘잘못을 따질 수 없다는 것이 독일이든 미국이든 공통된 법리이다.

물론 양국의 이 법리에는 미세한 차이가 있다. 예를 들어, 독일에서는 '국민의 기본권 침해가 중대할 때'에는 사법부의 개입이 허용되어야 한다는 이론이 있다. 이를 참조해서 우리 헌법재판소도 1996년에, 대통령(김영삼)이 발한 금융실명에 관한 긴급재정경제명령에 대해 '국민의 기본권 침해와 직접 관련되는 경우'에는 헌법재판소가 심사할 수 있다고 판단한 바 있다(93헌마186; 결론은 9인 합헌). 당시 헌법재판소는 긴급재정경제명령이 법률의 효력을 갖는 입법작용이라는 점을 함께 그 논거로 삼았다는 점에 주목할 필요가 있다. 당시 헌법재판소는 기본권 침해 연관성 및 입법 행위라는 점에 초점을 맞추어, 대통령의 긴급명령권 발동이 갖는 '고도의 정치적 성격'을 애써 무시했다. 다만, 헌법재판소는 본안 판단에서 아주 느슨한 심사기준을 적용하여 9인 전원일치로 대통령의 행위를 합헌으로 결정했다. 일종의 법리적 타협을 본 것이다. 그러나 여기서 주목해야 하는 점은, 이 결정은 대통령의 긴급명령이 유효한 것인지 여부를 평가한 것인지, 그 명령을 발한 대통령을 처벌(파면)할 것인지 여부를 판단하는 결정이 아니었다는 점이다.

아무튼 여기서 분명한 점은, 독일이나 미국의 통치 행위 혹은 정치 문제의 핵심적인 법리는 '고도의 정치적 성격을 가진 국가적 행위에 대해서는 원칙적으로 사법부가 심사할 수 없다'라는 것이다. 2004년에 우리 헌법재판소도, 위의 긴급재정경제명령 사건(93헌마186)과는 달리, 대통령(노무현)이 국군을 이라크에 파병하기로 한 결정에 대해 헌법재판소가 심사할 수 없다고 결정한 바 있다(2003헌마814). "외교 및 국방에 관련된 고도의 정치적 결단이 요구되는 사안에 대한 정치기관의 결정은 사법심사의 대상이 되지 않는다"라는 법리를 분명히 판시하였다. 또 대법원도 2004년에 "남북정상회담의 개

최는 고도의 정치적 성격을 지니고 있는 행위이고 그 당부를 심판하는 것은 사법권의 내재적·본질적 한계를 넘어서는 것"이라고 판시하였다(2003도7878).

한편, 미국 연방대법원은 2024년 7월 1일에 6 대 3의 의견으로 대통령의 공식적 직무행위(official acts)를 형사 기소하는 것에 대해 면책특권을 인정하는 판결(Trump v. United States)을 내렸다. 이 판결은 트럼프 대통령이 2020년의 대통령 선거 결과를 부정하고 번복하려는 여러 시도를 했다는 혐의로 기소된 사건에서 내려진 것이다. 당시 트럼프의 열렬 지지자들이 물리력을 사용해서 연방의회 의사당을 진입하는 과정에서 폭력 사태가 발생했고, 그로 인해 시위자와 경찰관 5명이 사망했으며, 140명이 부상을 입었다. 또한 당시 연방의회는 대선 결과를 인증하는 절차를 진행하고 있었는데, 폭동으로 인해 회의가 긴급 중단되고 의원들이 대피를 해야 했다.

이후 트럼프는 '내란 선동'(incitement of insurrection) 혐의로 하원에서 탄핵소추되었으나 상원에서 유죄가 부결되어 파면되지 않았다. 이후 바이든 행정부에서 트럼프는 같은 혐의로 기소되어 재판 진행 중에 대통령의 면책특권을 주장하면서 기소를 기각해야 한다고 신청했고, 연방대법원은 6 대 3의 의견으로 대통령의 공식적 직무 행위(official acts)를 형사 기소하는 것에 대해 면책특권을 인정하는 판결을 내린 것이다. 연방대법원은 세 가지 개념을 구분하면서, 다음과 같은 법리를 전개했다.

첫째, 대통령의 종국적이고 배타적인 헌법상의 권한 행사(his conclusive and preclusive constitutional authority)는 '절대적 면책'(absolute immunity)이다. 둘째, 그밖에 대통령의 직무와 관련된 모든 공식적 행위(all his official acts)는 '추정적 면책'(presumptive immunity)이다. 셋째, 대통령의 직무와 관련 없는 비공식적 행위(unofficial acts)는 면책되지 않는다.

미연방대법원은 왜 대통령이 면책되어야 하는지를 다음과 같이 설명했다: "대통령의 직무행위를 이유로 대통령을 형사 기소한다면, 단순히 그가 가진 증거를 찾는 이익과는 비교할 수 없는, 정부의 권한과 기능을 침해할 위험이 훨씬 더 크다. 만약 대통령이 잠재적 기소의 위험 아래에서 자신의 직무수행을 두려움 없이 공정하게 행사하는 것을 주저하게 된다면, 그것은 '효과적인 정부 기능에 특별한 위험'을 야기하는 것이다."

이처럼 이번 탄핵심판은 과거 두 차례의 대통령 탄핵심판과 질적으로 다르다.

그리고 앞서 언급했듯이, 헌법은 대통령의 계엄 선포에 대한 통제권을 국회에 주고 있다. 대통령이 계엄 선포를 12월 3일(화) 밤 10시 29분에 했고, 국회가 긴급 소집되어 2시간 33분만에 계엄 해제 요구를 의결했으며, 대통령이 국무회의를 거쳐 4일(수) 오전 5시 40분에 계엄 해제를 공고했다. 선포하고 해제까지 7시간 11분이었다. 계엄군이 출동했지만, 국회의 의결을 방해하지 않았으며, 국회의원이나 국회공무원 또는 시민을 체포한 일이 없고 계엄시행 과정에서 다친 사람이 아무도 없다. 국민의 기본권 침해라고 할 만한 어떤 것도 없었다. 계엄포고령은 사실상 시행되지도 않았다. 그리고 국회의 통제권이 적절하게 그리고 완전하게 행사되었다.

그렇다면 대통령과 국회가 주고받은 '고도의 정치 행위'에 대해 사법부(법원과 헌법재판소)가 개입할 여지는 없다고 보아야 한다. 위에서 살핀, 외국의 헌법이론과 실무에 비추어 보거나, 우리 헌법재판소나 대법원의 명확한 판례에 비추어 보더라도, 이 사안은 통치행위의 법리 혹은 정치문제의 법리가 적용되어야 하는 사안임이 분명하다.

미국 연방대법원이 2024년 7월에 선고한 판결까지 참조한다면, 대통령(윤석열)의 계엄선포는 우리 헌법이 대통령에게 종국적이고 배타적으로 부여하고 있는 권한의 행사(his conclusive and preclusive constitutional authority)에 해당하고 따라서 '절대적 면책(absolute immunity)'의 대상이다. 대통령(윤석열)이 자신의 배타적인 고유 권한을 행사했고, 그에 대해 국회가 온전히 통제권을 행사했다면, 그러한 고도의 정치 행위에 대해 사법부가 사후적으로 그 잘잘못을 따지는 것은 사법권의 한계를 넘는 것임을 인식해야 한다.

5. 비교헌법적 관점에서 본 비정상적인 내란 몰이와 탄핵소추

이번 국회의 탄핵소추 진행 과정을 헌법적으로 평가하면, 매우 기형적이고 비정상적인 과정이고 절차이다. 정상적인 헌법국가에서는 볼 수 없는 모습이다. 우선 비교헌법적인 분석을 짧게 한 다음, 우리의 기형적인 내란 몰이와 탄핵소추 의결에 대해 본다.

가. 미국과 프랑스: 대통령의 비상대권과 의회의 제한적인 사후 해제권

미국에서 올해 1월 20일 트럼프 대통령이 취임하자마자 남부 국경지대에 국가비상사태(National Emergency)를 선포하고, 군병력 1만명을 국경지대에 투입해서 불법이민자를 차단하고 추방하게 했다. 어제까지 바이든 정부에서 국가비상사태 선포 없이 관리하던 국경 지역이 새 대통령이 취임했다고 해서 갑자기 비상 상황으로 바뀐 것이 아니었다. 상황이 달라진 것이 전혀 없는데도 불구하고, 트럼프 대통령은 국가비상사태를 선포해서 군을 투입하였다.

흥미로운 점은, 미국 헌법에는 대통령에게 이런 비상대권(非常大權)을 직접 부여하는 조항은 없다. 그럼에도 대통령이 이런 비상대권을 갖는다는 것을 누구도 부정하지 않는다. 국가 안보를 책임지는 국군통수권자로서 대통령의 당연한 책임이자 권한이라고 보는 것이다. 그 대신에 미연방의회가 1976년에 국가긴급사태법(National Emergencies Act)을 만들어서 대통령의 비상대권을 제한하는 조치를 취한 적이 있다. 연방의회에 알리게 하고, 의회가 심의해서 상원과 하원의 일치된 결의가 있으면 대통령이 선포한 국가비상사태를 끝내도록 규정했다. 이 결의에 대해 대통령은 거부권을 행사할 수 있다. 그러면 3분의 2 이상의 국회 의결이 있어야만 국가비상사태를 해제할 수 있다.

프랑스 헌법(제36조)에는 계엄 선포 권한이 명시적으로 주어져 있다. 대통령이 계엄을 선포하면, 12일간 유효하게 지속되고, 그 연장이 필요한 경우에는 의회의 승인을 받아야 한다. 따라서 프랑스의 경우 적어도 12일 간은 대통령이 단독으로 계엄을 선포하고 유지할 수 있는 것이다.

이처럼 미국이든 프랑스든 국가 최고지도자인 대통령이 비상대권(非常大權)을 갖는다는 것은 당연한 헌법의 법리이다. 그리고 어떤 상황이 '국가비상사태'인지를 판단하는 것은 그 권한을 행사하는 대통령만이 할 수밖에 없다. 누구도 그 판단을 대신할 수 없다. 더구나 그 판단의 잘잘못을 누구도 평가할 수 없는 것이다. 대신에, 미국이든 프랑스든 의회가 사후적으로 그 비상대권의 효력을 지속할 것인지에 관해서만 통제권을 가지게 된다. 미국은 상하 양원의 결의로 해제를 요구하면 대통령이 거부권을 행사할 수 있고 3분의 2 이상의 의결로써 해제를 할 수 있다. 프랑스는 대통령의 계엄선포에 대해 12일 간은 의회가 통제할 수 없도록 하고 있다.

나. 계엄선포 후 비정상적으로 진행된 국회의 내란 몰이와 탄핵 소추

여기서 주목해서 봐야 하는 부분이 있다. 미국에서 트럼프 대통령이 취임하자마자 느닷없이 국가비상사태를 선포했다고 해서, 그 권한 행사를 놓고 '내란이다, 탄핵해야 한다'라는 주장이 나오지 않는다. 다만, 그 효력을 정지시키기 위한 소송이 제기될 수는 있다. 만일 소송이 제기된다면, 그 효력을 정지시킬 것인지를 놓고 연방법원의 1심, 2심, 그리고 연방대법원의 재판까지 가야 할 것이다. 물론 일시적 금지명령(preliminary injunction)의 청구에 대해서는, 다소 빠르게 재판이 진행될 것이다. 그렇지만 이들 재판은 대통령의 권한 행사를 처벌하는 재판이 아니다. 단지 그 효력을 정지하거나 중단하는 재판일 뿐이다. 그리고 이 재판에서 '정치 문제의 법리'가 검토될 것이다.

정상적인 헌법국가라면 대통령의 비상대권 행사에 대해 이렇게 진행되어야 한다. 그런데 우리는 어떠했는가? 매우 비정상적인 방향으로 진행되었다. 대통령이 계엄 선포를 하고, 국회가 2시간 40분만에 계엄 해제 요구라는 통제권을 바로 행사했다. 그리고 대통령이 국회 의결을 존중하여 헌법에 따라 계엄 해제를 했다. 선포에서 해제까지 7시간 11분이 걸렸다.

그런데 국회를 장악한 거대 야당은 바로 내란죄 몰이를 하면서, 계엄 해제 당일(2024년 12월 4일) 대통령에 대한 탄핵소추안(1차)을 발의했다. 조사 절차는 생략했고, 증거 자료로 언론기사 7건을 첨부했다. 3일 후(12월 7일) 탄핵소추안은 국회에서 부결되었다. 한 번 부결되었으면 그것으로 끝내야 하는데, 내란죄 선동을 계속하면서 며칠 후(12월 12일) 또 탄핵소추안을 발의했고, 이틀 후(12월 14일) 내란죄 선동에 넘어간 일부 여당 의원들이 가세하면서 탄핵소추가 의결되었다. 그 즉시 막중한 대통령의 권한은 정지되었다. 대외적으로 국가는 위기에 빠졌고, 대내적으로는 극심한 혼란이 일어났다.

이것은 결코 정상적인 헌법 절차가 아니다. 민주당은 대통령의 권한을 정지시킨 것도 모자라, 13일 만에(12월 27일) 대통령 권한대행(한덕수)까지 '불법으로' 탄핵시켰다. 여기서 불법이라고 하는 이유는, 대통령 권한대행을 탄핵하려면 국회재적의원 200명의 찬성이 있어야 하는데, 국회의장이 임의로 150명 찬성이면 탄핵이 된다고 일방적으로 선언하고서는 192표의 찬성으로 탄핵 가결을 선포했다. 또한 민주당은 방통위원장, 감사원장, 행정안전부장관, 법무부장관, 검사들을 줄줄이 탄핵하여 권한을 정지시켰다.

더 나아가 공수처와 경찰은 누구의 사주를 받았는지 대통령에 대해 체포·압수를 시도했고 급기야 현직 대통령을 불법으로 구속시켰다. 그리고 계엄 시행에 관여했던 국방부 장관, 경찰청장 등을 모두 구속시켰다.

국가를 이끌어가는 대통령과 행정부의 직무를 마비시켜 국가 전체를 혼란에 빠뜨린 것은 과연 누구일까? 이것은 '의회 쿠데타'이다. 이 점에 대한 헌법적 평가 없이 대통령 계엄선포의 요건 위반 여부를 따질 수 없다.

6. 조사 절차와 심의과정 없는 탄핵소추 의결의 헌법적 문제

거대 야당(민주당)은 계엄 선포가 해제된 당일(2024년 12월 4일) 언론 기사 7건을 참고자료로 붙여 대통령 탄핵소추안(1차)을 발의했고, 국회는 3일 후(12월 7일) 조사 절차와 심의 과정 없이 본회의에 상정하여 찬반 토론 없이 투표를 진행했다. 투표수는 195표로 확인되었다. 재적의원 3분의 2(200표)의 찬성이 없었기 때문에 안건은 '부결'되었다. 헌법에서 규정하는 "국회재적의원 3분의 2 이상의 찬성"은 '의결 정족수'가 아니라 '의결 표수'이다. 투표 결과 의결표수를 넘지 못했다면, '투표 불성립'이 아니라 '안건 부결'이다. 그런데 국회의장은 '부결'을 선언하지 않고 편법으로 '투표 불성립'을 선언했다. 중요한 헌법상의 절차를 왜곡시킨 것이다.

이렇게 1차 탄핵소추안은 12월 10일(화) 회기가 만료되는 정기회(제418회)에서 무산(부결)되었다. 그런데 거대 야당(민주당)은 정기회가 끝나자마자 다음날 바로 임시회(제419회)를 열어서 2차 탄핵소추안을 발의했고(12월 12일), 이틀 후(12월 14일) 내란죄 선동에 넘어간 일부 여당 의원들이 가세하면서 탄핵이 의결되었다. 그 즉시 막중한 대통령의 직무는 정지되었고, 국가는 대내외적으로 큰 혼란과 위기에 빠졌다.

이런 중대한 결과를 낳는 대통령 탄핵소추 의결을 하면서, 국회를 장악한 거대 야당은 사실조사나 토론·심의 과정 없이 오로지 표결로써만 밀어부쳤다. 의결을 뒷받침하는 증거 자료는 언론 기사 63건이 전부였다.

이것이 얼마나 비정상적인 절차인지는 우리와 유사한 탄핵소추 절차를 가진 미국의 사례와 비교하면 쉽게 드러난다. 닉슨 대통령 탄핵소추의 경우, 1972년 6월에 워터게이트 스캔들이 터지고 상원(上院)의 특별조사위원회가 1973년 2월 7일 그 스캔들에 대한 사실조사에 들어갔다. 그로부터 꼭 1년 후인 1974년 2월 6일 하원(下院)은 결의안을 통과시켜 그의 법사위원회(Judiciary Committee)에게 탄핵소추를 위한 충분한 근거(sufficient grounds)가 존재하는지 여부를 판단하기 위한 조사권한을 부여한다. 이에 따라 하원 법사위원회는 1974년 7월 27일 논의된 다섯 가지 소추사유 중 세 가지 소추사유(사법방해, 권력남용, 의회모독)만을 인정하여 하원에 보고하였다. 요컨대, 워터게이트 스캔들이 터지고 상원의 특별조사위원회에 의한 1년의 사실조사와 다시 하원의 법사위원회에 의한 6개월에 걸친 소추사유 확인 및 인정절차를 거쳤다. (닉슨 대통령은 하원의 소추의결이 있기 직전인 1974. 8. 9. 사임하였다)

미국은 하원의 탄핵소추가 의결되어도 대통령의 직무가 정지되지 않는데도, 이렇게 엄중한 조사 절차를 진행해서 의결에 들어간다. 그런데 우리는 탄핵소추가 되면 대통령의 직무가 정지되고 그것만으로 국가적 위기 상황에 빠진다. 대외신인도는 추락하고 국민경제는 위험에 처하며 국론은 극도로 분열된다. 헌법이론적으로는, 주권자(국민)가 두 기관(대통령과 국회)에게 양분해서 나누어준 민주적 정당성의 한 쪽을 국회가 부정해 버리는 절차이다. 이 중대한 국회의 탄핵소추 의결 과정에 사실 조사와 토론·심의가 완전히 빠졌다는 것은 중대한 헌법적 절차 위반의 문제를 남긴다고 하지 않을 수 없다.

헌법 제65조 제1항은 "대통령이 그 직무집행에 있어서 헌법이나 법률을 위배한 때"에 국회가 탄핵의 소추를 "의결할 수 있다."라고 규정한다. 여기서 탄핵소추의 의결에 들어가기 위한 전제로서 '헌법이나 법률을 위배한 때'를 명시한 것은 적어도 국회 차원에서 '위반행위가 인정된 때'를 의미한다. 따라서 국회 차원에서의 위반행위 인정 절차가 생략되었다면, 소추의결의 전제요건이 충족되지 않은 것으로서 헌법 제65조 제1항을 위반한 것이라고 평가할 수 있다.

이런 관점에서 국회법 제130조는 헌법적 문제를 안고 있다. 제130조(탄핵소추의 발의)는 "탄핵소추가 발의되었을 때에는 본회의는 의결로 법제사법위원회에 회부하여 조사하게 할 수 있다."라고 규정한다. 조사 절차를 생략할 수 있도록 한 것이다. 그러나 헌법(제65조 제1항)은 국회의 의결에 앞서 '헌법이나 법률의 위반행위'를 확인하도록 요구하고 있다.

과거 헌법재판소는 대통령(노무현) 탄핵결정(2004헌나1)에서 이러한 헌법문제를 진지하게 검토하지 않은 채 '국회의 자율성'이라는 피상적인 논리와 국회법의 규정을 들어 조사 절차를 생략한 결함이 바람직하지는 않지만 '국회법'에 위반되지는 않는다고 판단했다. 그러나 국회법이 헌법에 합치되는지를 규명하지 않고, 국회법 규정을 들어 헌법의 요구를 무시하는 것은 명백히 잘못된 헌법 논증이다. 당시 다수의 헌법학자들이 조사 절차를 생략한 탄핵소추의 위헌성을 지적하면서 헌법재판소의 이 부분 판시를 비판했다. 예컨대, 김종철, "노무현대통령탄핵심판사건에서 헌법재판소의 주요 논지에 대한 비판적 검토", 세계헌법연구 9호, 2004, 12-13면; 송기춘, 우리 헌법상 대통령 탄핵제도에 관한 소고, 공법연구 제32집 제5호, 한국공법학회, 2004, 432-434면; 김하열, 탄핵심판에 관한 연구, 고려대학교 법학박사학위논문, 2005, 165-169면을 들 수 있다.[23]

이번 탄핵소추와 탄핵심판의 전 과정을 보면, 순서가 거꾸로 되었다. 국회는 탄핵소추를 의결하기 전에, 조사위원회를 열어서 사실 조사 및 토론과 심의를 먼저 했어야 한다. 2~3개월 정도 조사 과정을 거쳐서, 사실 인정을 하고 그 인정된 사실에 대한 헌법적 평가를 내린 다음에, 탄핵소추의 표결에 들어갔어야 한다. 이런 절차를 통해서 국민들은 계엄선포에 대해 진지하게 평가할 수 있는 기회를 가질 수 있었다. 이것이 '정치적 공론장'으로서 국회의 기본적인 기능이고 역할이다. 그런데 국회는 이 절차를 생략했다. 국민을 무시한 것이다. 국민이 선출한 대통령의 권한을 정지시키는 결정을 내리면서, 그러니까 주권자의 의사를 정지시키는 결정을 내리면서, 국민에게 제대로 된 설명과 보고를 하지 않은 것이다. 더구나 탄핵소추 여부에 한 표를 던져야 할 국회의원들조차 사실에 관한 정확한 정보와 그 헌법적 의미를 생각하고 토론할 기회를 전혀 갖지 못했다. 그저 '내란 선

---

23 기이한 점은, 당시 국회의 조사 절차 없는 탄핵소추 의결을 위헌이라고 주장했던 이들 헌법교수들이 이번 탄핵심판에서는 무조건 탄핵 인용을 해야 한다는 의견서를 내고 있다는 점이다. 과거와 현재의 동일한 사안을 평가하면서 앞뒤가 완전히 다른 주장을 하려면, 자신의 헌법해석론이 변경되었음을 먼저 고백해야 할 것이다.

동과 거짓'이 난무한 가운데 당 지도부의 지시에 따라 일사분란하게 표를 던졌다. 평소에 한 명 한 명의 국회의원이 '헌법기관'이라고 자칭하던 그 모습은 어디에서도 찾아볼 수 없었다.

이 때문에 사실 조사는 헌법재판소가 담당할 수밖에 없었다. 4월 18일 두 명의 헌법재판관(문형배 이미선)이 퇴임해야 하기 때문에, 시간에 쫓긴 헌법재판소는 무리한 재판 진행을 했다. 아쉽게도 헌법재판소는 11차례의 변론에서 사실 인정을 위한 증거 조사에 너무 많은 시간을 썼다. 많은 헌법 쟁점에 대한 변론은 거의 없었다. 한 차례 양측 대리인의 주장만 듣고 변론은 종결되었다. 변론에서 무엇이 헌법적으로 중요한 쟁점이고, 각 쟁점에 대해 청구인(국회)과 피청구인(대통령)의 논리가 무엇인지 서로 공방을 주고받는 모습은 없었다. 그리하여 무엇이 헌법적 쟁점인지, 어떤 사실적 요소나 법리가 그 쟁점에 어떻게 연결되는지 언론이나 국민은 알지 못한 채, 모든 쟁점과 판단은 헌법재판소의 밀실에서 논의되었다.

이처럼 중요한 탄핵심판 절차가 꼬인 것은 국회를 장악한 거대 야당이 조사 및 심의 절차 없이 표결로만 탄핵소추 의결을 밀어붙인 중대한 헌법적 흠결에 그 원인이 있다. 만일 헌법재판소가 이 중대한 흠결을 짚어서 평가를 내리지 않는다면, 영원히 우리의 탄핵심판 절차는 후진성을 면하지 못할 것이고, 의회 독재의 유혹은 계속될 것이다.

7. 대통령보다 취약한 민주적 정당성(국민적 신임)을 가진 헌법재판소

대통령은 국민이 주권 행사를 통해 선출한 대한민국의 최고지도자이다. 그러나 헌법재판관은 국민이 직접 선출하지 않으며 그만큼 국민적 신임이 대통령에 비해 취약하다. 특히 우리의 헌법재판소 구성 방식(나눠먹기) 때문에, 대통령과 국회가 합의하는 헌법재판소장을 제외한 재판관들은 반쪽짜리 민주적 정당성을 가지고 있다. 심지어 국회는 여야 간 나눠먹기식으로 3인의 헌법재판관을 추천하고 있다. 그렇게 추천된 재판관이 과연 '국민 전체의 재판관'이라 할 수 있는가? 그저 일반 국민은 그렇게 임명된 재판관이 '특정 정파의 재판관'으로 직무를 수행하지 않기를 바라고 기대하는 수밖에 없다.

헌법재판소가 이 취약한 민주적 정당성을 보완하는 방법은 오직 공정한 재판절차의 진행, 충실한 법리에 기반한 설득력 있는 논증, 직무적 양심에 따른 결론에 있다고 할 것이다.

윤석열 대통령 탄핵심판에 나타난 여러 쟁점에 대한 의견

아래에서는 이번 윤 대통령 탄핵심판에서 제기되는 핵심 쟁점들에 관해서 나름의 의견을 개진하기로 한다.

1. 내란죄 소추사유에 대한 기각 의견

가. 내란죄 소추사유를 판단의 대상에서 제외할 수 있는지 여부

청구인(국회)은 탄핵소추의 핵심이자 대부분을 차지하는 내란죄를 소추사유에서 빼겠다고 법정에서 진술했다. 이에 대해 재판부는 분명한 입장을 밝히지 않았다.

그러나 헌법재판소는 두 차례의 선례(2004헌나1; 2016헌나1)에서 심판대상을 확정하면서, "헌법재판소는 사법기관으로서 원칙적으로 탄핵소추기관인 국회의 탄핵소추의결서에 기재된 소추사유에 의하여 구속을 받는다. 따라서 헌법재판소는 탄핵소추의결서에 기재되지 아니한 소추사유를 판단의 대상으로 삼을 수 없다."라고 판시했다.

선례가 판시한 바와 같이 '헌법재판소는 탄핵소추의결서에 기재된 소추사유에 의하여 구속을 받'으며, 따라서 심판의 대상은 그 소추사유에 의해 이미 확정되었다. 그러므로 '의결서에 기재되지 아니한 소추사유를 판단의 대상으로 삼을 수 없'는 것과 마찬가지로, 의결서에 기재된 핵심적인 소추사유를 임의로 판단의 대상에서 제외할 수 없다.

나. 실체가 없는 내란죄 소동

대통령의 계엄 선포 행위를 두고 내란죄 운운하는 것은 '실체(實體)' 없는 논란이다. 형법상 내란죄(內亂罪)는 대한민국을 부정하는 반국가세력에 적용되는 사형까지 가능한 엄청난 범죄이다. 내란죄(형법 제87조)를 구성하는 범죄행위란 "대한민국 영토의 전부 또는 일부에서 국가권력을 배제"하거나 그에 준하여 "국헌을 문란하게 할 목적으로 폭동을 일으킨 행위"이다. '영토의 전부 또는 일부에서 국가 권력을 배제'한다는 것은 반국가세력이 무력으로 특정 지역을 장악한 채 대한민국의 공권력에 맞서서 대치하고 있는 상황을 의미한다. 그리고 이런 상황은 아니지만, 그에 버금가는 수준의 '폭동을 일으킨 행위'가 내란죄를 구성하는 범죄행위이다.

대통령의 비상계엄 선포는 '의회의 연성 쿠데타'와 '외부 세력에 의한 체제 붕괴'의 임박한 위험을 국민에게 알리는 '비상벨'을 울린 것이다. 자유와 민주의 헌법시스템이 내·외부의 공격에 의해 위협받고 있는 상황을 '계엄'이라는 형식을 통해 알리기 위한 것이다.

대통령의 이와 같은 권한 행사에 대한민국을 부정하는 내란의 고의와 목적이 있었다고 볼 수 없고, 또한 그 권한 행사를 '폭동(暴動)'이라고 볼 수는 없다. 대통령의 계엄선포와 그 시행은 헌법이 대통령에게만 부여한 비상대권(非常大權)의 행사이며, 국가적 위기 상황에 대한 판단은 전적으로 대통령의 몫이다. 우리 헌법(제66조 제2항)은 대통령에게 "헌법을 수호할 책무"를 주었다. 따라서 헌법수호자로서 대통령은 우리 헌법의 근본적인 가치결정('자유민주적 기본질서')을 내·외부의 위협으로부터 보호할 책임이 있다. 이 책임에 상응하는 대통령의 권한 중의 하나가 계엄선포권과 같은 비상대권이다.

1980년 5.17 비상계엄이 내란죄로 처벌된 것과 이번 계엄 선포를 같은 논리로 비교하는 주장이 많은데, 그러나 당시 계엄을 사실상 주도한 군인 세력은 대통령 신분이 아니었다. 당시 계엄 시행 과정에서 무력이 행사되었고 많은 사람이 희생되었다. 그 상황과 이번 대통령의 계엄발동을 비교하는 것은 비교할 수 없는 것을 무리하게 섞어 넣는 것이다.

결국, 청구인(국회)이 제시한 내란죄 소추사유는 기각되어야 마땅하다.

2. 계엄발동 요건 위반의 소추사유에 대한 기각 의견

헌법(제77조 제1항)은 "대통령은 전시·사변 또는 이에 준하는 국가 비상사태에 있어서 …… 계엄을 선포할 수 있다"라고 규정한다. 여기서 어떤 국가적 위기가 '국가비상사태'에 해당하는지는 헌법해석과 적용의 문제이다.

그러나 '국가비상사태'라는 개념은 매우 포괄적이다. 특정 상황을 미리 예정할 수 있는 것이 아니며, 미리 예정한다면 그 자체가 '비상상황(非常狀況)을 규율하는 법'이라고 할 수 없다. 따라서 헌법의 문언에서 "전시·사변에 준하는"이라는 예시는 통상의 형법조항과 같이 엄격하게 해석할 수 없다. '전시(戰時)'라는 용어만 보더라도 그 본래의 의미는 '전쟁이 벌어진 때'인데, 전쟁이 벌어지기 전(前)에 준비를 위한 계엄발동이 당연히 가능해야 한다. 또 반드시 '전쟁'이 아니어도 북한의 연평도 포격 도발과 같은 상황에서도 계엄발동이 가능해야 한다. 또한 '사변(事變)'이라는 개념도 그 자체로 매우 포괄적이다. "병력(兵力)을 사용해야 하는 국가적 사태나 난리"라고 사전에서 풀이할 정도로 광범위한 개념이다.

일부 헌법학자들은 "전시·사변에 준하는"이라는 예시 문구에 집착하여 이번의 계엄선포가 요건을 충족하지 못한다고 단순하게 주장한다. 그러나 이는 '비상상황(非常狀況)을 규율하는 헌법조항'에 대한 올바른 해석의 태도라고 보기 어렵다. 헌법을 형법처럼 해석해서는 안 된다. '헌법의 통일성'이라는 관점에서 체계적이고 종합적인 시각에서 헌법의 문언을 이해해야 한다. 특히 비상상황을 규율하는 헌법 조항이라는 점에 유의해야 한다.

그리고 헌법은 계엄선포권을 국가의 최고지도자인 대통령에게 단독으로 주면서, 국가적 위기 상황에 관한 판단 권한을 함께 주었다고 볼 수밖에 없다. 이는 대통령의 선전포고권과 구별된다. 헌법(제

73조; 제60조)은 대통령에게 전쟁권(선전포고권)을 주면서 국회의 '사전 동의'를 받도록 하고 있다. 이는 선전포고에 관한 판단을 국회와 함께 하도록 한 것이다. 그러나 계엄선포는 대통령이 단독으로 하도록 하고 있고, 대신 계엄 상황을 지속할 것인지에 관한 판단과 결정은 국회에게 주고 있다. 앞에서 살핀 대로, 미국과 프랑스도 비슷하다. 심지어 프랑스는 대통령이 계엄을 선포하면 12일 동안은 의회가 간섭하지 못하도록 헌법이 규정하고 있다.

요컨대, 이번 대통령의 계엄 선포가 '국가비상사태의 헌법 요건'을 충족했는지를 헌법재판소가 사후적으로 평가하는 것은, 헌법이 대통령에게만 주고 있는 판단 권한을 헌법재판소가 빼앗는 것이며, 헌법재판소의 월권(越權)으로서 권력분립의 헌법 원칙을 위반하는 것이다.

3. 계엄 권한의 범위를 넘었다는 소추사유에 대한 기각 의견

헌법(제77조 제3항)은 "비상계엄이 선포된 때에는 법률이 정하는 바에 의하여 영장제도, 언론·출판·집회·결사의 자유, 정부나 법원의 권한에 관하여 특별한 조치를 할 수 있다"라고 규정한다. 이번 계엄의 시행에서 이루어진 일련의 조치들이 헌법이 허용하는 권한의 범위를 벗어난 것인지 여부가 문제된다. 특히, 계엄군이 국회의 경내와 의사당의 본관에 진입한 것, 선거관리위원회가 관리하는 건물에 계엄군이 투입된 것, 그리고 계엄포고령의 내용이 문제된다. 이는 지금까지 변론에서 확인된 인정 사실을 기초로 헌법적 평가를 해야 하는 문제이다.

우선, 계엄군의 국회 진입과 관련해서 논란이 있다. 변론에서는 증인들의 증언이 일치하지 않고 서로 엇갈리는 상황이 표출되었다. 이런 경우 헌법적 평가를 함에 있어서는 당시 국회에서 전개되었던 객관적인 상황을 가지고 평가를 해야 할 것으로 보인다. 객관적으로 국회 봉쇄가 이루어졌는가, 실제로 국회의원이 체포되거나 본회의 장 출석과 의결에 방해를 받았는가를 평가해야 할 것으로 본다.

당시의 객관적인 상황은 국회의원을 비롯하여 어느 누구도 체포되지 않았으며, 국회의원이 본회의에 참석하는 데 실질적인 방해를 받지 않았다. 계엄 선포가 되고 국회로 모여든 많은 시민들로 인해 경찰이 질서유지의 통제를 하는 상황에서 국회의원의 경내 진입에 약간의 지장은 있었지만 신분 확인 후 바로 출입이 가능했다. 그리고 계엄 선포 후 2시간 33분만에 계엄해제 요구안이 의결되었다. 혼란과 소동은 있었지만, 이는 계엄 선포에 불가피하게 따르는 부수적이고 경미한 장애이다.

시민들 중 어느 누구도 체포되거나 다친 사람이 없으며, 언론의 자유를 제한당한 사람은 아무도 없었다. 오히려 격렬한 반대 목소리가 분출되어 나왔다. 이처럼 객관적인 상황은 계엄 시행으로 인해 국민의 기본권이 제한받은 바가 없음을 말해 준다.

또한 계엄사령관이 공표한 계엄포고령은 전혀 시행이 되지 않았다. 계엄포고령에 '국회의 정치활동을 금한다'라는 잘못된 문구가 담겨 있지만, 실제로 시행되지 않았다. 국회의 경내에 진입한 계엄군이 이 부분 시행을 위한 지시를 받은 바도 없고, 당시의 객관적 상황도 국회의 기능이 정상적으로 수행되었음을 말해 준다.

대통령의 계엄 선포는 '의회의 연성 쿠데타'와 '외부 세력에 의한 체제 붕괴'의 임박한 위험을 국민에게 알리는 '비상벨'이었다. 휴대폰에 시끄러운 재난문자가 울리면 놀라고 당혹감을 느끼는 것과 마찬가지로, 대통령이 직접 울린 '비상벨'에 국민이 놀라고 당혹한 것은 사실이다.

그렇지만 계엄 선포가 권한 범위를 넘어섰는지를 평가하기에 앞서, 대통령이 왜 '비상벨'을 눌렀는지를 먼저 평가해야 한다. 대통령이 2024. 12. 3. 비상계엄을 선포하면서 발표한 긴급 담화문에서, 그리고 변론 과정에서 직접적인 진술을 통해, 그 이유를 상세히 밝혔다. 대통령은 주요 행정부처, 수사기관(공수처와 경찰, 검찰), 심지어 일부 법원과 선거관리위원회까지 국회를 장악한 거대 야당이 입법권, 탄핵소추권, 예산심의권을 가지고 정치적 압박과 회유를 하는 상황에서, '의회의 연성 쿠데타'와 '외부 세력에 의한 체제 붕괴'의 임박한 위험을 알리고자 했던 것이다.

거대 야당에 포획된 지금의 국회는 '정치적 공론장(公論場)'으로서 국회 본연의 모습을 잃어버렸다. 29차례의 탄핵소추, 국방을 비롯한 주요 행정기능을 마비시키는 수준의 예산 삭감, 계속되는 위헌적인 법률의 제정, 대통령의 정당한 거부권 행사에 대한 위협 등 지금까지 보여주고 있는 거대 야당의 거침없는 폭주는 헌법이 그어 놓은 선을 넘은 것이 아니라 아예 그 헌법의 선을 지우려고 하고 있다. '의회 독재'의 길로 들어섰다. 야당 국회의원들은 지도부의 지시에 일사분란하게 행동하며, 의회주의의 중요 요소인 '소수자 보호'는 안중에도 없다. 이 상황에 대한 헌법적 평가 없이 대통령의 계엄 선포가 위헌인지를 따지는 것은 헌법 판단에 있어서 선후(先後)가 바뀐 것이다.

한편, 비상계엄 선포의 절차적 정당성을 두고도 논란이 있지만, 국무회의는 의결기관이 아니다. 신속성을 요하는 비상계엄에서 절차의 문제를 엄격히 따질 것은 아니라고 본다. 통상의 국무회의는 통과의례이다. 오히려 이번에 국무총리를 비롯해서 여러 장관이 대통령의 계엄 선포에 대해 문제 제기를 했다는 것은 실질적인 심의를 했다고 볼 수 있다.

또한 중앙선관위 건물에 군을 투입한 것을 놓고 논란이 있다. 그러나 부정선거의 정황이 있다는 것은 지금 전 국민의 반수 정도가 인정하고 있는 사실이다. 그럼에도 재판부는 부정선거에 관한 증거 신청을 모두 기각했는데 이해하기 어렵다. 부정선거의 의혹에 관한 부분은 대통령이 계엄 선포를 한 주된 이유 중의 하나이기 때문에 이 부분에 대한 최소한의 증거 조사가 있어야 했다.

그리고 계엄군이 선관위 관련 건물에 들어갔다고 해서, 선관위의 권한 행사나 직무가 방해를 받았거나 마비되었다고 볼 수 없다. 이는 당시의 객관적 상황이 말해 준다.

선거관리위원회는 선거법, 정당법, 정치자금법을 집행하는 기관이다. 입법기관도 사법기관도 아니다. 단지 선거 등에 관한 행정사무를 독립적으로 수행하도록 요구받고 있다. 그런데 그 위원장을 전부 법원에서 맡고 있다. 매우 이상한 조직 구성이다. 헌법은 중앙선관위원 3명을 대법원장에게 주고 있지만, 대법관이나 법원장으로 그 3명을 채우라고 하지 않았다. 그런데 항상 대법관이 중앙선관위원장 자리를 겸직해 왔다. 그리고 모든 지방선관위 위원장도 법관이 하고 있다. 이는 심각한 이해충돌의 문제를 안고 있다. 이 점은 대통령이 계엄선포를 통해 선거부정의 의혹을 파헤치고자 했던 원인 중의 하나라고 본다.

정리하면, 이번 계엄의 시행 과정에서 헌법이 허용하는 계엄 권한의 범위를 넘어섰는지를 평가함에 있어서는, 계엄 시행의 객관적 상황에 기초해서 평가를 해야 하고, 또 대통령이 계엄선포라는 '비상벨'을 왜 울렸는지 그 배경을 충분히 고려해야 한다. 결론적으로, 이번 계엄 시행은 '비상벨'의 목적에 부합하는 수준의 권한 행사에 그친 것이고, 따라서 계엄 권한의 범위를 넘었다는 소추사유는 기각되어야 한다.

4. 국민의 신임을 배반한 행위인지 여부

마지막으로, 이상과 같은 설명에서 대통령의 계엄 선포와 시행은 주권자인 국민이 대통령에게 준 신임을 배반한 것이라고 볼 수 없다. 오히려 대통령은 '의회의 연성 쿠데타'와 '외부 세력에 의한 체제 붕괴'의 임박한 위험에 맞서 헌법시스템을 보호하기 위한 헌법 수호의 책무를 이행한 것이다.

'87체제'에서 괴물이 되어 버린 헌법재판소

1. 파면 결정의 요지

2025. 4. 4. 헌법재판소는 8인 전원일치로 국민이 뽑은 대통령을 파면하는 결정을 내렸다. 헌법재판소는 대통령의 비상계엄 선포와 그 후속 조치들(국회 군경 투입·계엄포고령·중앙선관위 압수수색·법조인 위치확인 시도)이 헌법과 법률을 위반했으며, 이는 국민의 신임을 배반한 행위로서 헌법수호의 관점에서 용납될 수 없는 중대한 법 위배에 해당하고, 대통령을 파면함으로써 얻는 헌법수호의 이익이 대통령 파면에 따르는 국가적 손실을 압도할 정도로 크다고 판단하였다.

그러나 이 결정은 우리 헌법상 대통령과 국회 그리고 헌법재판소 3자 간의 권력균형에 관한 고민이나 이해가 전혀 없는 인식 아래에서 내려진 재판이다. 대통령·국회·헌법재판소의 헌법적 권한에 대한 몰이해를 드러내고 있을 뿐만 아니라, 증거재판주의의 기본을 포기한 상태에서 사실판단을 하고 있으며, 논증에 있어서 논리적 정합성과 공정성을 잃은 결정이다. 실로 '헌법재판'이라고 하기에는 부끄러운 '정치재판'이다. 그 이유를 아래에서 짧게 밝힌다.

2. 탄핵심판청구가 적법하다는 판단의 중대한 오류들

헌법재판소는 파면 결정의 본안 판단에 앞서 피청구인(대통령) 측이 제기한 각하 주장을 모두 배척하였다. 그러나 헌법재판소는 왜 배척하는지 그 논거를 자세히 설명하지 않은 채 그저 "피청구인의 주장을 받아들이지 아니한다."라고 결론짓고 있다. 탄탄한 법리에 기반한 설득력 있는 논증은 재판의 정당성을 확보하는 핵심적인 부분이지만, 헌법재판소는 이를 포기하였다. 그나마 제시하고 있는 논증은 헌법에 대한 이해가 결여된 것으로 보이는, 실로 납득하기 어렵고 기이한 설명으로 채워져 있다. 여기서는 헌법재판소가 적법 여부와 관련하여 어떤 주장에 대해 어떻게 판단했는지를 간략히 소개하면서 그 오류를 지적한다.

첫째, 헌법재판소는 대통령의 계엄선포가 "고도의 정치적 결단을 요하는 행위"임을 인정하였다. 그렇지만 헌법이 계엄의 요건과 절차를 정하고 있으므로 대통령을 파면하는 탄핵심판절차에서 그 헌법 및 법률 위반 여부를 "심사할 수 있다고 봄이 상당하다."라고 간단히 결론지었다. 그런데 고도의 정치적 성격을 띠는 '통치행위'임을 인정했다면 원칙적으로 사법심사의 대상이 아니라는 것을 인정한 셈인데, 헌법에 요건과 절차가 정해져 있다는 사실이 이 원칙을 깨뜨릴 논거가 될 수 있는가? 기존의 선례에 대한 분석이나 비교헌법적 분석은 전혀 없다. 그냥 '헌법재판소가 탄핵심판권한이 있으니까 심사할 수 있다'는 것이다. 설득은 필요 없다는 식의 오만한 태도가 아닌가?

둘째, 국회가 탄핵소추 표결에 앞서 사실조사 및 토론·심의를 생략한 부분에 대해, 헌법재판소는 국회법이 생략할 수 있도록 허용하고 있으므로 소추절차에 헌법적 흠결이 없다고 판단하였다. 그러나 국민이 뽑은 대통령의 권한을 정지하는 중차대한 표결을 하면서, 계엄선포의 경위와 배경·대통령의 의도와 목적·계엄시행의 과정·그로 인한 피해 등에 관한 정확한 사실 확인이 없이, 그리고 그 사실에 대한 헌법적 평가에 관한 심의와 토론이 없이, 표결에 참여한 국회의원들은 도대체 무슨 판단에 근거해서 표를 던진 것인가? '공개적 토론'을 통해 국민에게 정보를 제공하고 그에 기초해서 심의와 토론을 거쳐 국가의사를 결정해야 하는 의회주의(議會主義)의 기본적 절차가 의도적으로 누락되었는데, 이를 승인한 헌법재판소는 대체 '의회주의'에 대한 이해가 있는 헌법재판부인가? 이런 후진적인 탄핵소추절차가 앞으로 계속되어도 괜찮다는 것인가?

셋째, 헌법재판소는 1차 탄핵소추안이 '부결'된 것이 아니라 '의결정족수 부족으로 투표가 불성립'하였고, 2차 탄핵소추안은 별도의 임시회를 열어 표결했으므로 일사부재의 원칙(국회법 제92조) 위반이 아니고 달리 헌법 위반도 없다고 판단하였다. 그러나 이 판단은 중대한 오류이다. 1차 탄핵소추안에 대해 투표 결과 투표수 195표가 확인되었고 200표 찬성이 없었기 때문에 안건은 '부결'된 것이다. 그럼에도 국회의장은 '투표 불성립'을 선언함으로써 중요한 헌법절차를 왜곡시켰는데, 헌법재판소는 이를 승인하고 말았다. '의결정족수'와 '의결표수' 개념을 구분하지 못한 것이다.

넷째, 국회의 탄핵소추의결서가 명시한 소추사유 중 가장 중요한 핵심 소추사유인 '내란죄' 부분을 철회하는 문제와 관련해서, 헌법재판소는 '소추사유의 변경'에 해당하지 않는다고 판단하였다. 헌법재판소는 "별도의 의결절차 없이 기존의 소추사유와 동일성이 인정되지 않는 정도로 소추사유를 변경하는 것은 허용되지 않는다"라는 선례를 인용하면서도, 그렇지만 "동일한 사실에 대하여 단순히 적용 법조문을 추가·철회·변경하는 것은 소추사유의 추가·철회·변경에 해당하지 않는다."라는 새로운 법리를 제시한 다음, "청구인(국회)이 형법 위반행위로 구성하였던 사실관계를 헌법 위반으로 포섭하는 것은 소추의결서에 기재하였던 기본적 사실관계를 동일하게 유지하면서 그 위반을 주장하는 법조문을 철회 또는 변경하는 것에 지나지 않으므로, 허용되지 않는 소추사유의 변경에 해당한다고 볼 수 없고, 이를 전제로 한 특별한 절차를 거쳐야 한다고 보기도 어렵다."라고 판단하였다. 그러면서 아예 '내란죄' 부분에 관한 판단 자체를 하지 않았다.

그러나 이는 핵심적인 심판대상에 관한 중대한 판단의 오류이며 누락이다. '대통령이 내란죄를 저질렀다'라는 소추사유의 사실관계는 '국헌을 문란하게 할 목적으로 폭동을 일으킨 행위'이다. '국헌문란의 목적'과 '폭동'의 사실은 '국가비상사태의 부존재로 헌법상 계엄 요건을 충족하지 못한다'는 것과는 완전히 다른 사실이다. 이 양자가 어떻게 '동일한 사실'인가? 그런데 헌법재판소는 이것을 '동일한 사실'이라고 말하면서 형법 위반을 헌법 위반으로 포섭하는 것은 법조문의 변경에 불과하기 때문에 탄핵소추 사유의 변경이 아니라고 강변한다. 사슴을 가리켜 말(馬)이라고 말하고 있는 것이 아닌가? 국민을 눈먼 어린 황제로 취급하지 않고서는 불가능한 논증이다.

3. 계엄선포 요건에 대한 판단 권한을 빼앗은 헌법재판소

헌법재판소는 본안판단에서 대통령의 계엄선포가 헌법상의 요건을 위반했고 또 계엄의 시행이 헌법이 규정한 계엄권한의 범위를 넘었다는 이유로 '헌법과 법률의 위배'를 인정하였다. 우선 계엄선포의 요건 위배 판단에 대해 본다.

헌법재판소는 대통령의 계엄선포가 헌법상의 요건을 위반했다는 점을 세 측면에서 인정하고 있다. 즉, 실체적 요건과 절차적 요건을 모두 위반했으며, 나아가 국군통수의무를 위반했다는 것이다. 헌법(제77조 제1항)은 "전시·사변 또는 이에 준하는 국가비상사태에 있어서 병력(兵力)으로써 공공의 안녕질서를 유지할 필요가 있을 때"에 계엄을 선포할 수 있다고 규정한다. 그런데 헌법재판소는 이 실체적 요건을 너무 엄격하게 해석한다. 즉 '국가적 위기상황이 현실적으로 발생해야 한다'는 것이다. 그래서 '위기상황이 발생할 우려가 있다'는 이유만으로는 계엄을 선포할 수 없다고 말한다. 그리고 이 위기상황의 존재는 객관적으로 인정되어야 하고 대통령의 주관적 확신만으로는 요건이 충족되지 않는다고 판시한다. 그러면서 국회의 전횡과 부정선거의 의혹 정황만으로는 '객관적인 위기상황'이 아니라고 스스로 판단하면서, 위 실체적 요건을 충족하지 못했다고 결론지었다. 행정부의 기능 마비와 외부 세력에 의한 체제 붕괴의 임박한 위험을 국민에게 알리기 위한 비상벨을 울린 것이라는 대통령의 주장은 받아들여지지 않았다. 국가적 위기상황에 관한 대통령의 판단 권한을 헌법재판소가 빼앗아 대신한 것이다.

물론 헌법재판소의 이 판시와 판단은 국가긴급권의 남용을 막아야 한다는 관점에서 이해할 수 있는 측면이 있다. 그렇지만 헌법재판소는 계엄에 대한 과거의 역사의식에 매몰된 이해에 바탕해서 판시와 판단을 하고 있다. 실제로 헌법재판소는 많은 지면을 할애해서 이번 대통령의 계엄선포가 "국가긴급권 남용의 역사를 재현"했다고 강조하면서 그렇기 때문에 대통령이 국민의 신임을 배반했다는 판단을 내렸다.

그러나 이는 민주정부가 들어선 '87체제'가 아닌 그 이전의 군사정부 시절의 이해이고 감성이다. 현행 헌법의 국가긴급권을 과거의 역사의식에 기초해서 해석해서는 안 된다. 현재의 국가위기 상황은 물리적 전쟁에 의해서만 발생하지 않는다. 테러, 폭동, 사이버전, 해킹, 부정선거의 시도, 방화 등 실로 다양한 요인과 상황에 의해 발생하고, 또 예방적 차원에서도 신속하게 대응해야 할 필요가 있다. 헌법재판소의 계엄요건에 대한 판시에는 현재와 미래를 보는 눈이 전혀 없다. 한편으로, 이미 현행 헌법은 계엄권한의 남용을 막기 위해서 미국이나 프랑스에 비해 훨씬 강력한 통제장치를 마련해 두고 있다. 실제로 계엄선포 후 2시간 33분만에 국회가 통제권(계엄해제요구권)을 행사했고 대통령이 즉각 이를 받아들여 계엄 상황은 종료되었다. 대통령과 국회 간의 권한다툼이 정치적으로 종결된 것이다. 그런데 헌법재판소는 대통령의 계엄권한 요건을 부당하게 좁히면서까지 한쪽 정치세력의 손을 들어주었다. 이는 사법권의 한계를 스스로 넘은 것이다.

4. '증거에 의한 사실인정'이 아닌 '사실의 추정'에 근거한 재판

다음으로 헌법재판소는 비상계엄 선포의 후속 조치들(국회 군경 투입·계엄포고령·중앙선관위 압수수색·법조인 위치확인 시도)이 헌법과 법률을 위반했다고 판단하였다. 즉, 대통령의 계엄시행이 헌법이 정한 계엄권한의 범위를 넘었다고 판단한 것이다. 이를 위해서는 이들 후속조치에 대한 사실판단이 선행되어야 한다.

그런데 헌법재판소는 '증거에 의한 사실인정(fact-finding)'이 아닌 '사실의 추정(推定)'에 근거한 사실판단을 하였다. 예를 들어, 헌법재판소는 '대통령이 국회의원을 체포하라고 지시했다'라는 사실을 입증하는 어떤 직접증거도 제시하지 않았다. 그런데도 이 사실을 인정하였다. 그러나 그 근거는 제3자의 진술, 행동의 개연성, 정황적 사정이다. 즉, "육군특수전사령관(곽종근)의 발언이 화상회의 시스템을 통해 예하부대에 전달되었다는 점, 대통령의 이런 지시가 없었더라면 곽종근이 김현태와 안으로 들어가 150명이 넘지 않게 할 방법을 논의할 이유가 없는 점, 의결정족수라는 용어를 고려하면 *끄집어낼 대상은 국회의원*이라고 해석될 수밖에 없는 점, 곽종근이 일부 용어의 차이만 있을 뿐 일관되게 진술하고 있는 점 등에 비추어 볼 때, 피청구인의 주장('체포 지시를 하지 않았다')은 믿기 어렵다."라고 판단하고 있다.

그러나 진술의 일관성이 진실을 담보하지는 않는다. 사전 조율의 가능성이나 위계에 의한 영향력 하의 증언 가능성이 있다는 반대 정황이 이미 드러난 상태였다. 대통령이 한 반대 진술의 일관성은 왜 무시하는가? 또한 헌법재판소는 행동의 개연성에 근거해서 사실을 추론해 냄으로써 다른 가능성을 고려하지 않는 오류를 범하고 있다. 심지어 헌법재판소는 "대통령의 주장은 믿기 어렵다."라고 판단하고 있는데, 이는 사실판단에 있어 입증책임(立證責任)을 전환하는 것이다. '대통령이 체포 지시를 했다'는 사실은 탄핵소추를 하는 청구인(국회)이 입증해야 할 사실이다. 그런데 대통령이 그 반대 사실을 입증해야 하는 것처럼 판단하고 있다. 이는 증거법칙의 기본을 무시한 것으로 "탄핵심판의 경우에는 형사소송에 관한 법령을 준용한다."라고 규정한 헌법재판소법(제40조)을 명백히 위반한 것이다. 이렇게 헌법재판소는 심판의 결과를 좌우하는 핵심 사실에 관한 판단을 증거법칙과 헌법재판소법을 위반한 채로 하였다.

더 나아가, 헌법재판소는 사실판단의 출처와 근거(증거목록)를 전혀 제시하지 않고 있다. 어떤 증거자료에 의거해서 사실판단을 했는지를 알 수 없다면, 사후적인 법적 분석이 불가능하고 이는 비판을 봉쇄하는 것이 된다. 이렇게 객관성과 투명성이 없는 판결을 신뢰하라고 말할 수 있겠는가?

5. 평의 결과가 왜곡되었다는 의심과 그 근거

헌법재판소는 국민 여론이 탄핵 찬성과 반대로 팽팽히 갈린 이 사건에서 8인 전원일치로 대통령의 행위가 국민의 신임을 배반했다고 판단하면서 국민이 직접 뽑은 대통령을 파면하였다. 그런데 평의의 결과가 왜곡되었다고 의심할 만한 서술이 결정문에서 나타나고 있다.

결정문은 대통령의 행위가 국민의 신임을 배반한 행위로서 헌법수호의 관점에서 용납될 수 없는 중대한 헌법위반이라고 판단을 내리고서는, 마지막 결론 부분에 가서 지금까지와는 결이 다른 이야기를 시작하고 있다. 즉, 헌법재판소는 계엄선포 이전 국회의 횡포로 인한 국정 마비 상황을 쭉 열거하면서, 대통령의 계엄선포는 "국정 최고책임자로서 이를 타개해야 한다는 인식과 책임감에 바탕한 것으로 이해할 수 있다."라고 언급하고서는, "피청구인(대통령)이 야당이 중심이 된 국회의 권한행사에 관하여 권력의 남용이라거나 국정 마비를 초래하는 행위라고 판단한 것은 정치적으로 존중되어야 한다. 대통령과 국회 사이의 대립은 일방의 책임에 속한다고 보기는 어려우며, 이는 민주주의 원리에 따라 조율되고 해소되어야 할 정치의 문제이다."라고 설명한다. 그리고 이어서 국회와 대통령 모두를 질책한다. 그런 다음, 국회 다수의 횡포에 대해 대통령은 헌법이 예정한 다른 헌법수단으로 대응했었어야 한다고 조언까지 한다. 다른 헌법수단으로는 헌법개정안 발의, 국가안위에 관한 중요정책의 국민투표 부의, 법률안 제출, 심지어 정당해산의 제소까지 언급을 하고 있다.

한 결정문 안에서 이런 모순된 이야기가 전개된다는 것은 8인 재판관 사이에서 실체적 판단에 있어 팽팽한 의견대립이 있었다는 것을 암시한다. 그런데 결론은 8인 전원일치로 났다. 이는 평의의 결과가 인위적으로 왜곡되었다는 의심을 사게 만든다. 만일 그렇다면 헌법재판소는 앞에서는 탄핵심판절차가 '정치적 심판절차'가 아닌 '규범적 심판절차'라고 규정해 놓고서, 실제로는 '규범적 심판'을 한 것이 아니라 '정치적 심판'을 한 것이다.

6. 헌법수호자를 파면하고 스스로 괴물이 되어버린 헌법재판소

헌법(제66조 제2항)은 "대통령은 국가의 독립·영토의 보전·국가의 계속성과 헌법을 수호할 책무를 진다(제66조 제2항)."라고 규정함으로써 대통령에게 '헌법수호자'로서의 책무를 지우고 있다. 그리고 이 국가원수의 책임에 상응하는 권한으로 외교권(조약비준권), 전쟁권(선전포고와 강화), 국군통수권, 국가긴급권(긴급명령권과 계엄선포권) 등을 대통령에게 주고 있다.

그러나 이번 대통령 파면결정으로 헌법재판소는 헌법수호자의 지위를 스스로 찬탈하였다. 현행의 '87체제'에서 헌법재판소가 괴물이 된 것이다. 국민으로부터 직접 선출되지 않은, 민주적 정당성이 매우 취약한, 8인의 법복귀족(헌법재판관)들이 국민이 직접 뽑은 대통령을 파면함으로써 '의회의 연성 쿠데타'를 완성시키는 위험한 정치행위를 하였다. 이로써 국회와 대통령 사이의 권력균형은 완전히 깨어졌으며, 뿐만 아니라 이제 헌법재판소가 두 정치기관 위에 군림하는 권력 지형이 새롭게 형성되었다. 3권분립의 체제가 무너진 것이다.

그리고 그동안 사법(司法) 권력에게 금과옥조(金科玉條)로 여겨졌던 '절제의 미덕' 즉 '사법자제(司法自制)의 원리'는 우리의 헌법에서 사라졌다. 이 괴물을 그대로 둘 것인지 이제 국민은 고민해야 할 때이다.

헌법 위기의 원인이 된 현행 헌법의 결함과 개선 방향

앞에서 12.3 비상계엄을 전후하여 헌법의 위기로까지 부를 수 있는 국가적 위기 상황이 전개된 과정을 대통령에 대한 탄핵소추와 탄핵심판을 중심으로 살펴보았다. 그러면 왜 이런 국가적 위기 상황이 발생하게 되었는가를 진단하고, 앞으로 어떻게 해야 하는가를 고민하지 않을 수 없다. 우리는 여러 관점에서 그 원인과 배경을 짚어볼 수 있겠지만, 헌법학자인 나의 시각에서 보면, 1987년 현행 헌법 자체에 근본적인 제도적 원인이 있다. 그러므로 우리가 앞으로 여러 제도를 정비하여 '새로운 대한민국'을 건설하려고 한다면, 우선 이번 탄핵심판에서 나타난 지극히 불합리한 현상을 개선하기 위해 다음과 같은 헌법과 관련법률의 규정을 개정하지 않으면 안 될 것이다.

1. 탄핵조항의 개헌

무엇보다 현행 헌법에서는 대통령의 권력과 국회의 권력 상호 간에 권력 균형이 깨어져 있는 상태이다. 그 대표적인 조항이 '탄핵조항'(제65조)이다. 헌법은 탄핵소추 사유를 너무 광범위하게 규정하고 있다. 대통령이나 고위공직자가 직무를 수행함에 있어서 "헌법이나 법률을 위배한 때" 국회는 탄핵소추를 할 수 있다고 규정한다. 이렇게 포괄적이고 광범위한 사유로는 국회 내 특정 정치세력이 다수의 표만 가지고 있으면, 탄핵소추를 가능하게 한다. 특히, 탄핵소추가 의결되면 곧바로 대통령의 권한 행사를 정지시키는 조항이 문제이다.

세계 유례를 찾아보기 어려운 탄핵조항이다. 비교해서 보면, 미국 연방헌법은 탄핵소추 사유가 아주 제한적이고 구체적이다. "반란행위, 뇌물 수수, 또는 그 밖의 중대한 범죄와 비행"이라고 되어 있다. 또한 하원이 탄핵소추 의결을 했더라도, 대통령의 권한이 정지되지 않는다.

그러나 우리의 탄핵조항은 국회의 다수 세력에게 너무 강력한 권한을 주고 있다. 여의도 정치권에서는 우리의 정부 형태를 '제왕적 대통령제'라고 부르지만, 이는 잘못된 평가이다. 오히려 '제왕적 국회'라고 보아야 한다. 향후에 헌법 개정을 한다면, 이 탄핵조항을 반드시 고쳐서 대통령 권력과 국회 권력의 균형을 새로 맞추어 조정해야 한다. 그리하여 '정치의 사법화(司法化)'를 막아야 한다. 그렇지 않으면, 지금의 국가적 위기 상황은 계속 재연될 것이다.

대통령이 파면되어 대통령 선거를 앞두고 있는 지금의 시점이 이 탄핵조항을 개정할 수 있는 절호의 기회이다. 민주당의 대통령 후보도 국민의힘 대통령 후보도 반대할 이유가 없다. 누구든지 대통령으로 당선된 후 정치상황의 변화에 따라 국회 권력이 또다시 대통령을 정치적으로 탄핵소추할 가능성을 미리 차단해 두는 것이 정치적으로 유리한 계산일 것이다. 여소야대 상황에서만 대통령 탄핵소추가 일어나는 것이 아니다. 여대야소의 경우에도 5년 단임 대통령의 힘이 빠지는 후반기에 여당 안에서의 정치갈등으로 탄핵소추가 일어날 수 있다. 이미 두 차례(노무현, 박근혜) 이를 경험했다. 원포인트 개정을 한다면, 정부형태에 관한 헌법개정이 아니라 바로 이 탄핵조항의 개정이다. 여기에는 여야가 쉽게 합의할 수 있기 때문이다.

2. 헌법재판소 조직 구성 방식의 개선 등

또한 이번 탄핵정국에서 드러난 '사법(司法)의 정치화'를 막아야 한다. 그러기 위해서는 헌법재판소의 조직 구성 방식을 민주주의 원리에 맞게 변경해야 한다. 지금의 대통령 3인, 국회 3인, 대법원장 3인의 나눠먹기식 구성 방식은 헌법재판소를 '정파화(政派化)'할 뿐이다. 민주적 구성 원리에 맞는 방식은 대통령이 후보자를 지명하고 국회가 승인하여 대통령이 임명하는 방식이다. 이것은 대통령제 민주국가의 보편적인 구성 방식이기도 하다.[24]

여기서 지나치게 정파적이고 극단적인 후보자가 헌법재판관으로 임명되는 것을 막는 방법은 국회에서의 의결표수를 출석의원(혹은 재적의원) 3분의 2 이상(66%) 혹은 5분의 3 이상(60%)으로 하는 것이다. 그렇게 하면, 국회의 소수 세력이 동의하지 않는 후보자는 국회의 승인을 받기 어렵기 때문에, 대통령이 후보자를 고를 때 보다 중립적이고 균형적인 인사로, 국회의 소수 세력도 승인할 수 있을 정도의 신망 있는 사람을 골라야 할 것이다.[25] 이에 더하여, 헌법재판관의 임

---

24 중앙선거관리위원회의 조직 구성도 이 방식에 따라 동일하게 개정되어야 한다.

25 의원내각제인 독일의 경우에는 연방의회가 헌법재판관을 선출하는데, 정치적 중립성을 확보하기 위하여 3분의 2의 가중다수결로 선출한다(헌법재판소법 제6조와 제7조). 헌법재판관의 임기는 헌법이 아닌 법률에서 12년 단임으로 정하고 있다. 그리고 연방하원 및 상원에서는 선출에 앞서 재판관선출위원회를 열어 비공개로 사법철학과 정치적 균형성을 사전에 심사한다. 선출이 되면 헌법재판관은 헌법에 대한 충성 서약을 하게 된다.

기를 지금의 6년 연임 가능에서 9년 단임으로 늘리고(정년제 폐지), 헌법재판관의 자격을 다양화하여('법관의 자격' 삭제) 현직의 민·형사 법관이 바로 헌법재판관으로 임명되는 길을 제한적으로 허용해야 한다.[26] 이와 아울러 심도있는 헌법논의에 기한 재판이 되도록 오랜 기간 헌법학을 연구한 학자들도 재판관으로 선임될 수 있는 길이 모색되어야 하지 않을까 한다.

그밖에 장기적인 쟁점이지만, 향후 대법원과 헌법재판소의 일원화를 검토해야 한다. 현행 사법부의 이원 체제(대법원과 헌법재판소)는 두 사법기관의 위상을 병렬적으로 두고 있기 때문에, 한정위헌 결정을 둘러싼 관할권 갈등이 심각한 수준에 있고, 그 결과 사안에 따라서는 서로 충돌하는 두 개의 판례가 공존하는 상황(예를 들어, 제주도 위촉위원 뇌물죄 사건)이 종종 생겨나고 있다. 법의 통일성이 훼손되는 상황이다. 또한 지금처럼 이원화된 상황에서 그동안 헌법재판소는 위헌법률심판이나 헌법소원심판을 할 때 구체적인 사건과 연관해서 법률조항의 위헌 여부를 판단하지 않고, 법률조항을 통째로 놓고 위헌을 판단하고 효력을 전부 무효화함으로써 지나치게 광범위한 법률통제권을 행사하고 있다. 권력분립의 관점에서 볼 때 민주적 입법의사에 대한 과도한 헌법재판권의 행사이다. 그리고 이렇게 이원화된 사법체계 하에서 국민의 권리구제는 복잡하고 중첩적이며 시간과 비용이 많이 드는 절차로 구성되어 있다. 사법체계의 일원화를 통해 국민의 권리구제절차를 간소화하고 시간과 비용을 줄여야 한다.

---

26 독일 연방헌법재판소에는 2개의 재판부가 있고 각 재판부에 8명의 헌법재판관이 있는데, 이 중 최소 3명은 연방대법관 출신을 선출하도록 하고 있다.

그렇기 위해서는 미국이나 일본처럼 대법원을 정점으로 하는 일반 법원이 재판 속에서 헌법재판권을 함께 행사하게 하거나, 아니면 독일처럼 헌법재판소를 정점으로 하여 재판소원이 가능하게 하는 방식이든, 어느 쪽이든 두 사법기관을 일원화하는 방안을 논의할 필요가 있다.

3. 선거관리위원회 조직 구성 방식의 개정

이번 탄핵정국에서 부각된 선거관리위원회의 조직 구성 방식에 대한 개선도 함께 요구된다. 무엇보다, 중앙선거관리위원회의 조직 구성 방식을 민주주의 원리에 맞게 변경해야 한다. 지금의 대통령 3인, 국회 3인, 대법원장 3인의 나눠먹기식 구성 방식은 중앙선관위를 '정파화(政派化)'할 수 있다. 민주적 구성 원리에 맞는 방식은 대통령이 후보자를 지명하고 국회가 승인하여 대통령이 임명하는 심플한 방식이다. 이것은 대통령제 민주국가의 보편적인 구성 방식이기도 하다. 여기서 지나치게 정파적이고 극단적인 후보자가 중앙선거관리위원으로 임명되는 것을 막는 방법은 국회에서의 의결 표수를 출석의원(혹은 재적의원) 3분의 2 이상(66%) 혹은 5분의 3 이상(60%)으로 하는 것이다.

이렇게 함으로써 (대)법관이 중앙선거관리위원회를 비롯한 각급 선거관리위원회에 참여하는 것을 차단해야 한다. '선관위와 법원의 이해 결탁'을 막아야 한다. 사법부가 다른 행정조직의 구성에 참여하고 심지어 집행 결정에 참여하는 것은 그 자체로 사법권(司法權)의 범위를 넘는 정치적 행위이다.

그리고 대법원장 지명 3인의 몫을 삭제한다면, 지금처럼 9인으로 구성할 필요가 없다. 5인 정도로 조직을 슬림화하고, 대신 모든 위원을 상임으로 전환해야 한다. 지금의 1인 상임, 8인 비상임 체제는 합의제 기관의 본질에 맞지 않는다. 합의제 기관에서 위원끼리 지위와 권한 및 책임에 있어서 차등이 있어서는 안 된다. 모든 위원은 동등한 권한과 책임을 가져야만, 의사결정에 있어서 동등한 영향력을 가질 수 있다. 아울러 위원장은 호선으로 하되, 1년 혹은 2년 단위로 돌아가면서 위원장을 맡는 방안도 고려할 필요가 있다.

여기서 현재 오랫동안 관행적으로 계속되고 있는 '법관의 선관위원 겸임' 관행이 헌법적으로 문제가 없는지를 검토해야 한다. 헌법의 권력 분립 원칙에 위반될 소지가 다분하다.

헌법(제114조 제2항)은 "중앙선거관리위원회는 대통령이 임명하는 3인, 국회에서 선출하는 3인과 대법원장이 지명하는 3인의 위원으로 구성한다"라고 규정한다. 헌법은 '법관의 중앙선관위원 겸임'을 명령하고 있지 않다. 그런데도 대법원장은 관행적으로 현직의 대법관과 다른 2인의 고위직 법관을 중앙선관위원으로 지명해 왔다. 그리고 각급 선관위에는 지방법원장 혹은 법관이 선관위원을 겸임하도록 법률(선거관리위원회법 제4조 제2항)이 요구하고 있다.

그러나 '법관의 선관위원 겸임 관행'은 우리 헌법이 예정하는 권력 분립 질서의 모습이라고 보기 어렵다. 헌법은 "사법권은 법관으로 구성된 법원에 속한다(제101조 제1항)"라고 규정하고, 또 "선거와 국민투표의 공정한 관리 및 정당에 관한 사무를 처리하기 위하여 선거관리위원회를 둔다(제114조 제1항)"라고 규정한다. 사법권은 재판하는 권한이며, 선관위 업무는 공직선거법, 정치자금법, 정당법을 집행하는 행정 업무이다. 이 두 사법권과 선거행정권은 본질적으로 서로 다른 권한이다. 그런데 대법원장이 지명하는 대법관이 중앙선관위의 장을 맡아 선거행정권을 장악하고, 또 대법원장이 임명하는 일반 법관들이 각급 선관위의 장을 맡아 선거 행정을 관장하는 것은 '사법권과 선거행정권의 통합'이라는 심각한 문제를 안고 있다.

헌법 어디에서도 이러한 권력 통합을 허용하는 바가 없다. 오히려 헌법은 선거관리위원회를 별도의 독립기관으로 분리하고 선거행정권을 사법권과 구분하여 규정하고 있다. 선거는 본질적으로 정치적 행위이며, 선관위는 정당과 후보자의 선거 행위 및 정치자금을 관리하고 집행한다. 현직 대법관과 법관들이 정치적 사안에 관여하는 셈이다. 이는 자칫 사법권 전체를 정치적 오염에 물들게 하고, 장기적으로는 국민의 사법 신뢰를 훼손할 우려를 낳는다. 이미 이러한 우려가 현실화되었다. 이제라도 위헌성이 짙은 '법관의 선관위원 겸임 관행'을 끝내야 한다.

4. 4년 중임 대통령제로의 개정

한편, 여의도 정치권에서는 '정부형태'를 중심으로 한 개헌 논의가 주로 이루어지고 있다. 특히 정치권은 '의원내각제 성격을 가진 분권형 대통령제'를 선호하는 경향이 있다. 국민이 뽑은 대통령은 외교 등 외치(外治)를 담당하고, 내치(內治)를 담당하는 행정부는 국회의 다수당이 장악하는 형태이다. 그러나 국민은 자신의 지도자를 직접 뽑고자 하는 경향이 강해서 위 정치권의 바람이 쉽게 국민적 승인을 받을 것으로 보이지 않는다. 또한 북한과의 대치 상황과 대한민국이 처한 국제지정학적 위치는 '강한 리더십'을 필요로 한다. 따라서 만일 정부형태를 개헌한다면, '4년 중임의 대통령제'가 맞다고 본다.

　'새로운 대한민국'을 건설하기 위한 국가 재편이나 개헌의 과정
에서 내가 헌법학자로서 꼭 하고 싶은 말은, 헌법은 사생대회(寫生大
會)에서 각자가 그리고 싶은 것을 마음대로 그려 넣을 수 있는 도화
지(圖畫紙)가 아니라는 점이다. 특정 정파의 이념과 가치를 담는 그릇
도 아니다. 국민 모두가 공감(共感)하는 보편적인 가치를 담는 국가의
설계도(設計圖)이다. 향후의 헌법 개정 논의에서 유의하지 않으면 안
되는 점이라고 생각된다.

비상계엄 정국이 바꾼 대한민국

:

심규진(언론학자)

대중주의 우파가 처음으로 생겨나다

윤석열 전 대통령이 쏘아올린 비상계엄과 탄핵 정국은 기존 정치권의 질서를 완전히 뒤흔들며, 전통적 보수와 진보의 경계를 허물었다. 그 중에서도 단연 눈에 띄는 점은 2030을 중심으로 한 새로운 친윤 지지층의 형성이다.

이미 오래 전부터 좌파 진영은 핵심 지지층을 중심으로 한 팬덤 정치로 연명해왔다. 호남을 기반으로 한 김대중 전 대통령을 필두로, '노사모'를 등에 업은 노무현 전 대통령, '대깨문'의 지지를 받은 문재인 전 대통령 등 좌파 진영이 배출한 대통령 뒤에는 늘 극성 팬덤이 있었다. 이재명 대표가 대선 패배와 온갖 사법리스크에도 불구하고 유력 대선주자로 건재할 수 있는 까닭도 '개딸'이라고 불리는 극성 지지층에 있다.

반면 보수 진영 정치인 중엔 이런 팬덤을 가진 정치인이 없었다. 이회창 총재는 한때 제왕적 총재라고 불릴만큼 보수당 내에서 막강한 영향력을 행사했으나 대선에서 패배한 뒤 쓸쓸한 야인이 됐다. 사상 최대 표차로 당선된 이명박 전 대통령에게도 극성 지지층은 없었다. 당연히 광우병 사태 같은 악재가 발생했을 때 그를 지켜줄 정치 세력도 전무했다. 보수 진영에서 가장 강력한 팬덤을 가지고 있었던 박근혜 전 대통령조차 최순실 사태 이후 지지층이 모래성처럼 쓸려나가며 한 줌의 지지층밖에 남지 않았다. 지금 와서 돌이켜 보면 무리하다고밖에 할 수 없는 탄핵과 처벌은, 지지 세력을 상실한 권력자가 짊어져야 하는 쓸쓸한 숙명 같은 것이었다.

윤석열 전 대통령의 경우 계엄이라는 충격적인 사태에도 오히려 지지율이 상승하는 현상이 나타났다. 특히 젊은 지지층이 새롭게 유입되면서 20대 젊은이들이 탄핵 반대 집회 연단에 서고, 대학가 곳곳에서 탄핵 반대 집회가 일어났다. 그 기세는 주저 없이 탄핵으로 내달렸던 헌법재판소마저 망설이게 만들 만큼 거침없었다.

'극우'라는 낙인찍기에도 아랑곳하지 않는 이 새로운 지지층의 탄생은 기존의 보수우파 진영에서는 볼 수 없던 현상이다. 현재 대한민국 정치 지형은 보수와 진보라는 기존 진영 구도를 넘어 '친윤'과 '반윤'이라는 새로운 전선이 형성됐다. 윤 전 대통령의 운명에 따라

이 친윤 지지층의 미래도 달라지겠지만, 분명한 것은 이런 현상이 대한민국 정치의 패러다임 변화를 예고하고 있다는 사실이다. 바로 대중주의 우파의 탄생이다.

엘리트주의 정치와 대비되는 대중주의는 많은 경우 중우정치 또는 포퓰리즘이라는 폐단을 부른다. 굳이 남미의 많은 국가의 실패 사례를 들지 않더라도, 이른바 '소득주도성장'을 내세워 마구잡이로 현금을 살포하며 천문학적으로 국가부채를 늘린 문재인 정부의 사례만 봐도 대중주의 정치의 폐해를 알 수 있다. 하지만 다른 쪽으로 눈을 돌려보면 대중주의를 앞세워 정권을 잡아 전임 좌파 정권이 저지른 병폐들을 치유하는 사례도 얼마든지 찾아볼 수 있다. 가령 이탈리아를 남유럽의 병자에서 건져 올린 조르자 멜로니 총리, 과감한 긴축으로 아르헨티나 경제를 최악의 수렁에서 건져낸 하비에르 밀레이 대통령 같은 경우가 그렇다.

전통적으로 한국의 보수우파는 대중주의를 백안시하고 엘리트주의를 추구해 왔다. 그러나 한국뿐 아니라 많은 국가에서 엘리트주의는 유권자의 표를 모으는 데 한계를 드러내고 있다. 아무리 좋은 정책과 고매한 인품을 가진 정치인들이 많다 한들, 대중에 소구하지 못하고 정권을 잡지 못한다면 그건 죽은 정당이나 다름없다. 대중주의로 유권자들의 환심을 사고 정권을 잡아 나라를 병들게 하는 좌파에 맞서 싸우려면 보수우파도 대중주의라는 무기를 집어 들어야 한다. 이번 계엄 사태는 그 가능성을 보여주고 있다. 어떻게 이런 일이 가능했을까. 보수우파는 대중주의라는 무기로 무엇을 해야 할까.

이런 질문에 대해 나름대로 답해보려 한다.

대중은 강한 리더십을 원한다

지지층의 결집은 그 중심에 있는 윤석열 전 대통령을 빼놓고는 설명할 수 없다. 윤 전 대통령의 정치적 기질을 살펴보면, 그의 정치적 기질이 노무현 전 대통령과 매우 닮아 있다는 생각을 하게 된다. 실제로도 그는 노 전 대통령을 존경한다고 여러 번 말했다.

노무현은 평생 언더독[27]이었다. 학력, 계파, 이념 어느 곳에서도 주류로 인정받지 못했다. 하지만 그는 언더독의 분노와 낭만을 안고 체제를 향해 돌진했다. 중도 대통령을 꿈꾸었고, 좌파 진영의 기득권을 무너뜨리고 싶어 했다. 그러나 그 꿈은 정치적 힘을 얻지 못했다.

그가 정치적 상징이 된 것은 죽음 이후였다. 죽음으로 그는 부활했고, 그의 비극은 좌파 진영의 종교적 교리가 되었다. 윤석열은 언더독은 아니다. 서울법대, 검찰총장, 대통령. 엘리트 코스를 걸어온 인물이다. 하지만 보수 정치권에서 보기에 그는 용병이었다. 보수 진영의 정통 계보에서 비롯된 인물이 아니었고, 심지어 전임 보수 대통

---

27 이 말에는 여러 기원이 있으나 글자 뜻 그대로 보면, '궁지에 몰린 개' 혹은 '싸움에서 진 (바닥에 깔린) 개'라는 뜻을 가진다. 비교할 수 있는 여러 대상 가운데에서 '약자'라는 의미로 자주 쓰인다.

령을 직접 감옥에 보냈다. 그 때문에 시기와 경계의 대상이 됐다.

그런 점에서 노무현과 윤석열은 유사점이 있다. 노무현이 고건을 택했듯, 윤석열은 한덕수를 선택했다. 그 또한 '중도'를 표방하며 보수를 넘어 합리적 대통령으로 인정받고자 했다.

그러나 보수는 언더독 서사를 소비하지 않는다. 보수는 힘과 통치를 원한다. 따라서 윤 전 대통령이 의지할 것은 애초부터 '동정'이 아니라 '결단'과 '리더십'이었다. 정권 중반을 넘긴 상황에서 윤 전 대통령은 궁지에 몰려 있었다. 특검 공세, 낮은 지지율, 당내 권력의 이동. 그 속에서 보수 언론과 주류 정치권은 윤 전 대통령을 조기 퇴장시키고 차세대 체제로의 전환을 논의할 것이 자명했다.

그런 상황에서 윤 전 대통령은 비상계엄이라는 승부수를 던졌다. 하산길에 접어든 대통령으로서 정치적 생명을 구걸하며 연명하는 대신, 대통령에게 주어진 마지막 권한인 계엄령을 발동하며 정치적 대결 구도를 다시 '윤석열 대 이재명'으로 재편했다. 자신의 정치적 생명을 미끼 삼아 대중의 도파민을 자극하며 새로운 국면을 열었다.

윤석열의 싸움은 두 갈래로 진행됐다. 하나는 이재명과의 승부였고, 다른 하나는 국민의힘을 비롯한 엘리트주의 보수진영과의 승부였다. 처음에 윤 전 대통령은 국민의힘이 자신을 지켜줄 거라 생각했던 것 같다. 하지만 국민의힘은 애초부터 대통령의 하야를 기정사실화하는 듯했고 탄핵을 막는 데도 실패했다. 그래서 결국 1차전은 윤석열과 국민의힘의 대결이 됐다.

당이 자신을 보호해줄 힘도, 의지도 없다는 걸 깨달은 윤 전 대통령은 방향을 바꿨다. 독자 노선으로 끝까지 싸우다 쓰러지겠다고 마음먹은 것이다. 대통령이 스스로 전선을 긋자, 당도 그 전선에서 자유로울 수 없게 됐다. 당의 움직임도, 지지층의 움직임도 대통령의 선택에 따라 출렁이는 종속변수가 됐다. 위기에서 발현된 대단한 승부 감각이다.

이 승부 감각은 무너져가는 보수우파 지지층을 다시 다잡는 계기가 됐다. 대통령이 투쟁의 의지를 밝히자 보수 지지층에게도 싸움의 끝에서 살아남을 수 있다는 희망이 생겼다. 그의 정치적 운명과 행보는 최근 컴백에 성공한 트럼프를 연상시킨다. 트럼프는 2021년 1월의 국회의사당 난입 사태 이후 지지층의 열광을 재점화했다. 정치는 결국 행동하는 강력한 정치적 결사체가 이끌어 가게 된다. '모든 것을 걸고 미친 듯이 덤벼드는 자'가 기회주의자를 이기기 때문이다.

윤석열은 이번 결단을 거의 단독으로 감행했다. 비서실장도, 총리도, 내각도 철저히 배제한 채 오롯이 자신의 책임으로 떠안았다. 박근혜 탄핵 정국에서 보수진영이 겪은 처절한 패배를 목격했던 그로서는, 이번만큼은 책임을 외주화하지 않고 전부 짊어지려 했던 것으로 보인다.

이 승부의 끝은 아직 잘 모른다. 일단 헌법재판소의 탄핵소추 인용으로 파면되었으나 그가 새로운 반전을 만들 여지도 상당하다. 물론 그가 역사적 조롱의 대상으로 전락할 수도 있다. 그럼에도 우리가 후자보다 전자의 가능성을 더 높게 보는 것은 탄핵정국을 거치며 그가 인기 없는 대통령에서 적어도 국민의 절반 정도가 열렬히 옹호하는 정치인으로 부활했기 때문이다.

여기에서 하나 분명한 것은 윤석열은 죽음처럼 고요한 정치적 정체 상태에서 벗어나, 스스로 불을 지피며 마지막 승부를 선택했다는 점이다. 그가 끝내 실패하더라도, 정치란 결국 '계산기를 두드리는 자'가 아니라 '모든 것을 걸고 싸우는 자'의 무대다.

윤석열의 승부수에 대한 최종 평가는, 시간이 지나고 역사가 기록할 것이다. 그러나 분명한 것은 처음부터 그의 결단과 고독에 애증을 품고 주목하는 사람들이 존재했다는 점이다. 어찌 보면 그것은 대통령이 된 윤석열과 대통령이 되지 못한 안철수의 차이였다. 또한 무기력하게 탄핵된 박근혜와 지지층 결집에 성공한 윤석열의 차이이기도 하다.

뉴미디어의 등장과 디지털 의병의 참전, 그리고 청년층의 힘

하지만 강력한 원군이 없었다면 윤 전 대통령의 승부수도 외로운 싸움에 지나지 않았을 것이다. 미디어 지형의 변화와 디지털 의병의 참전은 윤 전 대통령에 대한 팬덤을 형성하고 탄핵 정국을 요동치게 만드는 데 결정적인 역할을 했다.

박근혜 탄핵 당시에는 신문과 방송 등 레거시 미디어의 영향력이 절대적이었다. 그러나 지금은 유튜브, 페이스북, 인스타그램 같은 소셜미디어의 영향력이 폭발적으로 커졌다. 이 덕분에 탄핵 반대 진영도 거대한 '이념의 진지전'을 펼칠 무대를 확보했다.

특히 주목할 점은 MZ세대 청년 디지털 인플루언서들의 적극적인 참전이다. 청년의 목소리로 보수의 논리를 설파하는 이들은 반중정서가 강한 또래들에게 탄핵 문제를 다시 생각해 보게 하는 역할을 했다. 대표적으로 유튜브 크리에이터 '그라운드C'는 이번 사태를 통해 가장 주목받는 인물 중 하나로 떠올랐다. 탄탄한 보수적 이념과 깊이 있는 역사 지식을 바탕으로 한 그의 방송은 동시 접속자 5만 명을 기록하며 폭발적인 인기를 모았다. 신남성연대, 트루스포럼을 비롯한 기독교 청년단체들도 이번 탄핵 사태에서 강력한 존재감을 드러냈다.

전한길 강사의 혜성 같은 등장도 큰 역할을 했다. 정치평론가 차명진은 "이번 탄핵 전쟁 최고의 명장면은 '전한길의 칠판'이었다. 광야에서 말 타고 달려온 것이 아니라 칠판 속에서 분필을 들고 튀어나온 사람. 정치인도, 군인도, 검사도, 배우도, 의사도, 교수도 아닌 학원 강사."라고 평가했다.

전한길 강사의 등장도 유튜브에서 시작됐다. 계엄 초기만 해도 그는 윤석열 전 대통령에 대해 비판적인 시각을 보였으나, 한덕수 총리 대행이 국회에 의해 탄핵소추된 이후 더불어민주당의 폭주와 윤석열 전 대통령의 담화 내용을 근거로 사법부, 언론, 선관위를 비판하기 시작했다. 이후 1월 28일부터는 '세이브 코리아' 여의도 집회에 모습을 드러내며 직접 거리로 나섰고, 탄핵 정국의 최대 스피커로 자리매김했다.

그는 칠판을 앞세운 온라인 한국사 강사로서 2030 세대의 멘토로 떠올랐고, 평범한 중도층의 목소리를 대변하며 이들의 인식 변화를 이끌어냈다. 전한길 강사가 우파 진영의 대표 스피커로 성장할 수 있었던 이유는, 때 묻지 않은 진정성과 디지털 의병장으로서 최적화된 화법, 인간적인 매력, 그리고 2030 세대와의 탁월한 소통 능력 덕분이었다.

그의 동영상은 수백만 조회수를 기록하며 엄청난 파급력을 발휘했다. 그는 다른 우파 스피커들과 함께 전국 집회 현장을 누비며 '더불어민주당 세력 대 새롭게 등장한 중도 우파 세력' 간의 대결 구도를 형성했다. 그 결과 탄핵 정국의 상징으로 2030 세대가 전면에 등장했고, 이들이 대한민국 정치 지형의 변화를 주도하는 새로운 중심 세력으로 떠올랐다.

이러한 '디지털 의병단'은 기존의 정치적 경계를 넘어선 새로운 문화전쟁의 전위대 역할을 했다. 이들은 부동산, 재테크, 영화 리뷰 등 다양한 콘텐츠 채널을 운영하며 정치 현안과는 거리를 두던 인물들이었으나, 이번 비상계엄과 탄핵 정국을 계기로 본격적으로 정치적 목소리를 내기 시작했다. 정치적 중도 성향을 유지하던 사람들조차 이 흐름에 합류하며, 자신들의 플랫폼을 통해 탄핵 반대와 우파 진영 결집을 촉진했다.

종교인들은 종교 채널을 통해 교계 내 보수의 목소리를 전달했고, 부동산 전문가들은 재테크 채널을 통해 민주당 집권과 이재명 정권 출범 시 예상되는 경제적 불안을 경고하며 지지층을 결집시켰다. 한 도시계획 전문가는 자신의 유튜브 채널에 '대통령 탄핵을 막아야 한다'는 제목의 영상을 올려 10만 회 조회수를 기록하며 디지털 공간에서 강력한 파급력을 입증했다. "더 이상 김어준과 민주당에 속을 수 없다."고 선언하며 좌파에서 우파로 전향을 알린 마이크로 인플루언서들도 속속 등장했다.

이 디지털 의병단의 출현은 단순한 정치적 움직임이 아니라, 젠더 갈등이 팽배한 청년 세대의 반발심이 표출된 결과이기도 하다. 뉴진스, 소녀시대 등 인기 연예인들이 이대녀 중심의 탄핵 찬성 촛불 집회를 지지하자, 극단적 페미니즘과 PC(political correctness) 문화에 반감을 가지고 있던 이대남과 우파 진영이 반격에 나선 것이다. 디지털 플랫폼과 오프라인 집회를 기반으로 한 이 새로운 세력의 등장은 윤석열 전 대통령 탄핵 반대 운동에 강력한 동력을 제공했다.

이 세대가 없었다면 탄핵 반대 집회는 박근혜 대통령 탄핵 반대 당시처럼 6070 보수층만이 모이는 '찻잔 속 태풍'에 그쳤을 것이다. 그러나 2030 세대의 참여는 분위기를 완전히 바꾸었다. 일부 젊은 층이 용기 내어 목소리를 내자, 비슷한 생각을 품고도 선뜻 행동하지 못했던 또래들이 뒤따르기 시작했고, 이러한 흐름은 밴드 웨건 효과(bandwagon effect)[28]와 스노우볼 효과(snowball effect)[29]로 이어졌다.

온라인에서 출발한 움직임은 오프라인으로 확산됐다. 과거 민주화운동의 중심 무대였던 서울대, 연세대, 고려대 등 주요 대학 캠퍼스에서 탄핵 반대 집회가 이어졌고, '계엄=독재'라는 기성세대의 프레임에 대한 젊은 세대의 근본적인 의문이 표출됐다. 정치적 무관심 세대로 불리던 2030 세대는 이제 정치의 중심 무대에 올라섰다. 이들의 등장은 대한민국 정치 지형을 바꾸는 결정적인 요인이 되었고, 앞으로의 정국을 좌우할 가장 강력한 변수로 작동하게 됐다.

윤석열 대통령 탄핵 인용 이후···
반이재명 전선의 구심점 될까

윤 전 대통령이 지지층 결집에 성공했지만 탄핵은 우파 진영의 기대와 달리 인용되었다. 그럼에도 불구하고 싸움은 다시 윤석열과 이재명의 승부가 됐다. 애초부터 조기대선이 열린다 해도, 국민의힘과 범보수 진영은 윤석열 대통령을 지울 수 없는 사정이었다. 이는 '86'으로 대표되는 전체주의 세력과 자유주의 세력 간의 '최후의 심

---

28 밴드왜건은 행렬을 선도하는 악대차다. 악대차가 연주하면서 지나가면 사람들이 모여들기 시작하고, 몰려가는 사람을 바라본 많은 사람들이 무엇인가 있다고 기대하고 무작정 뒤따르면서 군중들이 불어나는 여러 현상을 일컫는다.

29 어떤 사건이나 현상이 작은 출발점에서부터 점점 커지는 과정을 일컫는 말이다.

판'이 될 지도 모른다.

　　과거 86 운동권은 독재 정권에 맞서 민주주의를 외쳤다. 그들의 주도로 전두환 정권의 철권통치하에서 대통령직선제를 내세우며 거대한 1987년의 '6월 민중항쟁'을 이끌어내어 결국 제6공화정의 새로운 헌법을 만들었다. 이 헌법을 중심으로 하는 '87체제'의 성립에 지대한 역할을 하였다. 하지만 시간이 흐르며 이들의 투쟁 방식은 왜곡됐다. 그들이 '87체제'의 주역이 되어 40년 가까운 세월을 지나며 부패하고 위선적인 기득권자들로 변해갔다. 이제는 '87체제'가 다분히 타인의 침묵할 권리를 억압하고, 다른 목소리를 내는 소수를 향해 집단적 폭력을 휘두르는 전체주의적 행태로 변질됐다. 이런 억압적 문화는 온라인 공간까지 확산되어, 더욱 심화된 형태로 나타나고 있다.

　　예컨대, 비상계엄으로 빚어진 탄핵정국의 초창기에 벌어진 임영웅 사태는 우리 사회에 만연한 좌파의 파시즘적 폭력성과 사상 검증의 민낯을 또 한번 드러냈다. 가수 임영웅 씨는 비상계엄 이후 본인의 SNS에 팬들이 보내준 생일선물 사진을 올렸다는 이유로 여초 사이트[30]의 집단 린치의 타겟이 됐다. 민주주의와 법치주의를 자처하는 이들이 오히려 특정 인물에게 침묵조차 허락하지 않으며 집단적 린치와 조리돌림을 가하는 모습은 경악스럽기까지 하다.

---

30 여성들이 주류인 온라인 커뮤니티를 이루는 많은 사이트를 지칭한다.

과거 86운동권 세대의 폭력적 선동 방식은 오늘날에도 변형된 모습으로 이어지고 있다. 당시 그들은 군부 독재에 맞서 싸운다는 명분을 내세웠지만, 지금은 그 경험을 왜곡해 타인의 목소리를 억압하고 침묵할 권리마저 빼앗으려 한다. 그들의 논리는 단순하다. "우리 기분을 상하게 했다면, 가만두지 않겠다." 이는 민주주의의 기본 원칙인 자유로운 발언과 침묵의 권리를 부정하는 전체주의적 발상이다.

특히, 여초 사이트를 중심으로 한 극단적 팬덤 문화는 더욱 심각한 문제를 야기한다. '우리는 한 편'이라는 부족주의에 기반해 자신들의 입맛에 맞지 않는 인물을 표적 삼아 집단 공격을 가하며, 마치 70~80년대 운동권의 폭력적 시위를 온라인으로 옮겨 놓은 듯한 모습이다. 단지 화보를 올렸다는 이유만으로 차은우 씨를, 침묵을 지켰다는 이유만으로 임영웅 씨를 비난하며 '눈치도 없다'는 조롱과 '말대꾸하지 말라'는 폭언을 퍼붓는 모습은 집단 광기의 전형이다.

이는 팬덤 문화의 왜곡된 갑질이 낳은 비극이다. "내가 티켓을 사고 앨범을 샀으니 연예인은 내 마음에 맞게 행동해야 한다."는 사고방식은 결국 연예인을 사유화하려는 시도로 변질된다. H.O.T의 이재원 씨가 "너 같은 애가 앨범 안 사도 괜찮다."고 말했듯, 연예인은 개인의 인격과 존엄을 가진 독립된 주체다. 그러나 일부 집단은 이를 무시하고 끝없는 사상검증과 강요, 그리고 모욕을 일삼고 있다.

임영웅 사태의 중심에 있는 좌파 평론가 김갑수 씨의 발언은 그

파시즘적 행태의 정점을 보여준다. 그는 한 개인이 침묵할 자유조차 누리지 못하도록 "한국인의 자격이 없다."고 단언하며 조리돌림을 주도했다. 지식인으로서 가져야 할 최소한의 품격과 민주 시민으로서의 소양은커녕, 오히려 갈라치기와 선동의 최전선에 선 모습이다. 이는 더 이상 단순한 개인 공격이나 해프닝이 아니다. 자유와 법치를 위협하는 심각한 사회적 병리다.

침묵의 자유를 지키려는 한 개인을 향해 사상 검증과 자아비판을 강요하며, '왜 우리 편이 아니냐'는 이유로 낙인찍고 탄압하는 것은 공산주의의 홍위병 문화와 다를 바 없다. 이러한 전체주의적 억압은 민주주의의 근본을 훼손한다. 우리는 지금 이 순간, 무언의 압박과 조리돌림 속에서 자유가 무너지고 있는 현장을 목격하고 있다. 개인의 표현과 침묵의 자유는 지켜져야 한다. 그 기본적 권리를 파시즘적 집단 폭력으로 짓밟는 사회는 더 이상 자유로운 사회가 아니다. 언론과 지식인 사회, 그리고 우리 모두가 이에 대한 경각심을 가지고 목소리를 내야 한다.

현재 좌파 진영이 바라는 대로 '윤 전 대통령 탄핵-조기 대선-이재명 당선'으로 상황이 흘러갈 조짐이 보이고 있다. 이미 2단계까지 성취되었다. 그렇다면 우리는 다음과 같은 악몽 같은 시나리오를 마주하게 된다. 우선 대통령이 된 이재명은 권력을 더욱 공고히 하며 독재적 행보로 나아갈 가능성이 높다. 아이러니하게도, 이러한 독재적 모습은 대중의 열광과 지지를 불러일으킬 수 있다. 군과 국정원 같은 핵심 기관의 대대적 숙청 및 해체, 공공의대 설치 및 의사 증원 등 과거 문재인 정부에서 이루지 못했던 과제들을 너무나 손쉽게 실현하며, '무능한 보수는 못하지만 나는 한다'는 이미지를 구축할 가능성도 농후하다.

사법 체계 약화, 검찰 조직의 해체, 김정은과의 공개 회담 등 일련의 과정을 통해 그는 '평화 대통령'으로 불릴 수도 있다. 기본소득과 지역화폐를 통한 무차별적 재정 살포, 북한 인권 문제 무시, 대북전단 금지, 심지어 또 다른 서해 공무원 사건과 같은 충격적 사건이 발생해도 사회는 무기력하게 침묵할 것이다.

오늘의 대한민국은 1차 세계대전 후 패배감과 혼란 속에서 히틀러가 등장한 독일과 닮아 있다. 국민의힘은 국정 주체로서의 동력을 상실했고, 보수 지지층은 정치적 난민이 되어 갈 곳을 잃었다. 더불어민주당 내 절대권력을 구축하게 될 이재명 앞에서 안철수 같은 중도의 설 자리는 사라질 것이며, 중도 정치는 의미조차 없어진다.

국민들은 패배에 대한 분풀이 대상만을 찾으며 복수에 취하거나, 승리의 광기에 취해 극단적 파시즘 정치에 스스로 동조할 가능성이 크다. 그리고 피의 숙청 정치에 최적화된 집단이 바로 지금의 더불어민주당이 될 것이다. 정치적 혼란 속 극단적 리더십은 파시즘적 열광을 불러오고, 좌우의 의미는 사라지며 극단의 정치는 더욱 기세를 떨칠 것이다.

만일 이재명이 집권하게 된다면, 윤석열 대통령을 내란수괴로 몰고, 국민의힘을 내란동조당으로 몰아가서 보수우파 진영을 말살하

는 전체주의적 행태를 보일 것이다. 한국판 마오이즘(Maoism)[31]의 재
앙이 펼쳐지는 것이다. 또한 가장 먼저 문재인과 한동훈에 대한 특
검부터 시작할 가능성이 크다. 그 과정에서 친문 세력은 완전히 제압
되고, 이재명은 절대군주로 등극한다. 우파 지지층조차 '못한 일을
대신 해줬다'며 열광할 수 있으며, 이는 이재명의 지지율을 정점으로
끌어올릴 것이다. 그의 말처럼, '권력은 잔인하게 써야 한다'는 통치
철학이 실제로 구현되는 날이 오게 될 수도 있다.

보수 정당은 청년층 기반의
대중주의 정당으로 거듭나야 미래가 있다

1. 한국 2030 세대의 특징

이번 계엄과 탄핵 사태는 보수우파 진영에 최대 위기를 불러왔지
만, 다른 한편으로는 '체질 개선'의 계기를 제공하고 있기도 하다. 한
때 엘리트·기득권 중심의 방어적 태도로 인해 '식물성 우파'라 불리
던 보수는 점차 강경하고, 대중적이며, 싸울 줄 아는 '동물성 우파'로
변모하는 중이다. 하지만 이런 변화를 일시적인 것이 아닌 근본적인
변화로 만들려면 보수우파 정당이 청년층을 기반으로 한 대중주의
정당으로 거듭나야 한다. 그렇지 않으면 4050 세대를 기반으로 한

---

31 현대 중국의 창설자 마오쩌둥(毛澤東)의 혁명전략을 일컫는 말이다. 그는 대중을
해방과 혁명의 주체로 설정하고 대중을 믿고 대중의 요구를 중심으로 투쟁할 때만
이 승리한다는 자신의 대중노선을 민주주의의 핵심으로 이해하였고, 이를 중국의
정치체제 속에서 관철하고자 했다.

대중주의 좌파 정당에 번번이 패배하고 말 것이다.

물론, 모든 세대가 그렇듯 2030 세대 역시 단일한 가치관과 지향성을 공유하는 집단은 아니다. 특히 정치 성향에 있어서 2030 세대는 기존의 정파적 개념으로 정의하기 어려운 독특한 성향을 보여준다. 그럼에도 다른 세대와 구별되는 2030 세대의 대략적 특징은 다음과 같이 정리할 수 있다.

첫째, 2030 세대는 복잡한 논리나 현학적인 수사보다 직관적으로 이해할 수 있는 간결한 정보와 명료한 메시지를 선호한다. 이러한 성향의 배경에는 디지털 문화의 발달과 SNS의 일상화가 자리하고 있다.

둘째, 이들은 '젠더 갈등', 'PC주의(일명 PC나치)[32] 및 그에 대한 반감', '무지성 팬덤 문화'(주류 매체보다 인플루언서를 신뢰하며 커뮤니티에 소속되려는 문화), "너 뭐 돼?"(권위보다 개인의 주체성과 실질적 역량을 중시하는 태도) 등 서로 충돌하는 다양한 코드들이 공존하는 세대다. 특정 정치

---

32 PC주의에서 PC는 'political correctness'의 약자로서 우리말로 번역하면, 정치적 올바름을 추구하는 운동이라는 뜻이다. 미국의 인종차별 현실을 시정하기 위한 사회적 개혁의 모토로 시작하여 미국 사회 전반의 차별적 현상에 대한 시정운동으로 번졌고 이어서 세계 각국으로 퍼져나갔다. 그런데 절대선으로 여겨지던 PC주의도 시간이 지나고 세력화됨에 따라 많은 부작용을 낳기 시작했다. 미국이라는 특성에서 민주당 정부하에서 강력하게 추진된 DEI(Diversity 다양성, Equity 공평, Inclusion 포용)정책은 PC주의의 대표적 발현이라고 하겠는데, 트럼프 2기 정부는 이를 폐지시키려고 사회 전 분야에 걸쳐 광범한 노력을 하고 있다.
한국에서도 극단적으로 변질된 PC주의가 나타났고 그 중 하나가 급진적 페미니즘이다. 급진적 페미니즘 세력은 남성 혐오적 언어와 미디어 컨텐츠를 생산하고 남성 차별적 복지를 주장하며 그것이 차별이 아닌 여성 인권 회복이라는 식으로 포장해 갔고, 이에 대해 많은 청년 남성들이 반대하는 자세를 취하였다.

세력에 일방적으로 속하지 않고, 상황과 사안에 따라 독립적이고 유동적으로 판단하는 태도를 유지한다.

셋째, 디지털 커뮤니티를 중심으로 특정 서브컬처(subculture)[33]에 몰입하면서도, 개인적 이득에 따라 정치적 입장을 조정하는 실용적 성향을 보인다. 이들은 기회의 평등과 노력·실력에 따른 차등 보상을 중시하며, 단순한 성평등보다는 성과에 기반한 보상이 더 공정하다고 여긴다.

이렇게 기존의 세대 정치나 전통적 이념 구도와는 다르게, 2030 세대는 자신이 속한 디지털 커뮤니티와 개인적 이해관계에 따라 정치적 태도를 형성하는 경향이 강하다. 국가 안보나 PC주의 같은 거대 담론보다 개인적 이익을 우선하며, 필요에 따라 입장을 유연하게 조정하는 실용주의적 사고를 보인다.

또한 성과주의를 강조하면서도 군 가산점, 여성 징병제 등과 같은 특정 이슈에 대한 입장은 개인적 이해관계에 따라 유동적으로 변화한다. 이는 2030 세대가 기존의 보수·진보 프레임으로 설명되기 어려운 이유이기도 하다.

이들은 집단적 이념이나 전통 정치세력의 조직적 행동보다는 실

---

33 한 사회에서 정통적·전통적인 위상을 지닌 문화가 있다면, 그 사회 내부에서 독자적 특질과 정체성을 보여주는 소집단의 문화가 다수 존재하는 것인데, 서브컬처는 후자를 가리킨다

질적 변화를 이끌어낼 수 있는 개인적 선택과 직접적인 효과를 중시한다. 결과의 평등보다 공정한 경쟁 기회를 중요시하며, 정당한 경쟁을 통해 성취한 결과에 가치를 둔다.[34]

2. 남녀 갈등과 정치 성향의 분화

2030 세대의 실용주의적 태도는 기성세대에서는 보기 어려운 '세대 내 젠더 갈등'을 심화시키는 요인으로 작용했다. 전통적 성 역할이 무너지는 과정에서 가부장적 제도를 보정하기 위해 도입된 다양한 페미니즘 정책이 유지되면서 불공정과 역차별 논란이 불거졌기 때문이다. 이러한 현실과 법·제도의 괴리는 성별에 따른 상이한 이해관계를 낳았고, 그 결과 2030 세대 내부에서도 첨예한 정치적 대립이 나타나고 있다.

그 갈등의 중심에는 군 복무 문제가 자리한다. '군대는 남성의 몫'이라는 전통적 개념이 약화된 상황에서 2030 남성들은 군 복무에 대한 공정한 보상을 요구하고 있다. 동일한 조사에서, 군 가산점 부활에 대해 20대 남성의 56.7%, 30대 남성의 51.6%가 찬성한 반면, 20대 여성은 7.3%, 30대 여성은 8.3%만이 찬성 의사를 보였다. 여성

---

34 2024년 4월, 엠브레인이 전국 성인 남녀 1,000명을 대상으로 실시한 여론조사에서도 이러한 실리적·성과주의적 경향이 확인됐다. 25만 원 전 국민 지급과 같은 포퓰리즘 정책에 대한 찬성률은 20.1%에 그쳤고, 이는 40대 이상 기성세대 평균 찬성률 (28.9%)보다 낮았다. 이는 2030 세대가 단순한 보편적 현금 지원보다, 개인의 노력과 성과에 따라 보상이 주어지고 성공의 기회가 제공되는 것이 국가의 역할이라고 인식하고 있음을 보여준다. 이들에게 공정함이란 무조건적인 평등이 아니라, 기회의 균등과 결과에 대한 합당한 보상이다.

징병제에 대한 입장 역시 성별에 따라 극명하게 갈렸다. 20대 남성의 42%가 여성 징병제 도입에 찬성한 반면, 20대 여성의 찬성률은 4.9%에 불과했다.

특히 입영 대상자인 20대 남성의 찬성률이 다른 연령대 남성보다 높게 나타난 점은, 이들이 남성만 군 복무를 해야 하는 현재의 구조를 명백한 역차별로 인식하고 있음을 보여준다. 이들은 과도한 PC주의에 대한 반감과 함께, 남녀평등 원칙과 모순되는 징병제도에 대한 불만을 분명히 표출하고 있다. 군 가산점에 대한 헌법재판소의 위헌 결정 또한 실력주의와 성과주의에 어긋난 판결로 받아들이는 경향이 강하다.

여기에 여성 할당제, 여성가족부 존폐 논란까지 더해지며 2030세대는 그 어느 세대보다 남녀 간 정치 성향이 극명히 갈리는 특성을 보인다. 여론조사 결과에 따르면, 20대 남성의 66.7%, 30대 남성의 64.8%가 여성가족부 폐지에 찬성한 반면, 20대 여성은 20.7%, 30대 여성은 26.2%만이 폐지를 지지했다. 남성들은 여성가족부를 기회의 불평등을 심화시키고 강압적인 PC주의를 강요하는 기구로 인식하는 반면, 여성들은 성평등 정책의 필요성을 이유로 존치를 지지하는 경향이 두드러졌다.

또한 2030 남성의 48.1%는 여성 할당제를 불공정한 기회 배분으로 인식하며 폐지를 주장한 반면, 2030 여성의 7.2%는 여성 할당제를 성별 격차 해소를 위한 필수 정책으로 여겼다. 이러한 수치는 젠

더 이슈가 2030 세대 내부에서도 핵심 분열 요인으로 작동하며 정치적 태도의 양극화를 심화시키고 있음을 시사한다.

3. 반공보다 멸공, 반북보다 반중
– '코리아 퍼스트(Korea First)' 세대

최근 2030 세대의 안보 감성을 한마디로 요약하자면 '반공보다 멸공, 반북보다 반중'으로 설명할 수 있다. 이는 2030 세대를 중심으로 강한 자국 우선주의와 실용적 안보의식이 확산되고 있음을 보여준다. 경제적 양극화와 치열한 경쟁 속에서 자국민 보호를 요구하는 '코리아 퍼스트' 아젠다가 대중화되고 있는 것이다.

중국과의 경제 협력을 통해 성장기를 경험한 4050 세대와 달리, 2030 세대는 대학 캠퍼스와 노동 시장에서 중국인과 직접 경쟁해 온 세대다. 이러한 배경은 강한 반중 정서를 낳았고, 여기에 미세먼지 문제, 코로나19 발원지 논란, 중국의 외교적 강압 행태 등이 더해지며 부정적 인식이 더욱 강화됐다.

이러한 흐름 속에서 2030 세대는 외국인 선거권과 포털사이트 여론 조작 문제에도 예민하게 반응하고 있다. 위에서 언급한 엠브레인 조사에 따르면, 중국인 투표권 제한에 51.4%, 포털사이트 댓글 국적 표시에 38.5%가 찬성했으며, 이는 4050 세대보다 각각 4.1%포인트, 10.0%포인트 높은 수치였다. 특히 댓글 국적 표기 항목에서는 세대 간 차이가 더욱 두드러졌으며, 이는 젊은 층이 외국인 개입 문제를 더 심각하게 인식하고 있음을 보여준다.

이러한 배경 속에서 2030 세대는 자국 우선주의와 강한 안보 의식을 바탕으로 '코리아 퍼스트' 기조를 확산시키며 외교·안보 이슈에서 더욱 보수적인 태도를 강화할 가능성이 높아지고 있다.

북한에 대한 2030 세대의 인식 역시 기성세대와는 분명한 차이를 보인다. 문재인 정권 시절의 시혜적 대북 정책은 남북연락사무소 폭파, 잇따른 미사일 도발 등으로 신뢰 파탄에 이르렀다. 전쟁을 경험한 노년층과 반공 교육을 받은 기성세대에게 북한은 '군사적 공포'의 대상이었지만, 2030 세대에게 북한은 불신과 조롱의 대상으로 전락했다.

K-컬처의 세계적 부상과 대한민국의 국제적 위상 상승은 젊은 세대 사이에서 이른바 '국뽕' 트렌드를 확산시켰다. 이러한 분위기 속에서 북한은 낙후된 체제로 인식됐으며, 반복적인 도발과 비이성적인 행동으로 '귀찮은 존재' 혹은 경제적·외교적 실익이 없는 국가로 여겨지게 됐다. 2030 세대에게 북한은 시대에 뒤처진 체제이자 상대적으로 부차적인 존재로 간주된다.

이러한 이유로 2030 세대는 과거 냉전 시기의 탈북자 지원 및 우대 정책에도 회의적인 시각을 보이는 경향을 보인다. 중국은 미국과 패권을 다투는 거대 강국이자 공산당 체제를 가진 직접적 위협으로 인식되는 반면, 북한은 하찮은 존재로 치부되며 관심조차 멀어지는 세대적 특징이 두드러지고 있다.

4. 콘텐츠 소비자에서 생산자로: 뉴미디어 정치의 확산

뉴미디어를 적극적으로 활용하며 정치적 정체성을 확립한 2030 세대는 기성 정치권과 미디어 권력에 저항하는 독립적 정치 세력으로 자리 잡았다. 이들은 숏폼 콘텐츠, 디지털 네트워크를 통한 정보 검증, 사실에 기반한 밈(meme) 정치를 적극 활용하며 대중적 정치 커뮤니케이션의 새로운 흐름을 주도하고 있다. 반면, 기성 미디어는 이러한 변화를 반영하지 못하면서 점차 외면받는 양상이 두드러졌다.

디지털 미디어 공간에서는 인공지능(AI) 기술을 활용한 정치 콘텐츠도 빠르게 확산된다. '드림통타이거', '오른손' 등 젊은 우파 성향의 뮤지션들은 AI를 활용한 뮤직비디오와 정치적 메시지가 담긴 콘텐츠를 제작해 온라인에서 큰 반향을 일으켰다. 이러한 콘텐츠는 정치적 메시지를 보다 창의적이고 감각적인 방식으로 전달하며, 젊은 세대의 관심과 참여를 적극적으로 유도하는 데 기여했다.

더불어민주당의 미디어 통제 시도는 2030 세대 내부에서 강한 '주적(主敵) 의식'을 불러일으켰다. 유튜버 탄압, 카카오톡 검열, 서부지법의 판결 논란 등으로 인해 정부의 전체주의적 행태에 대한 반감이 커지면서, 2030 세대는 '고난의 서사'를 지닌 투사적 캐릭터로 자리매김하며 강한 정치적 결집력을 형성했다. 이는 기존의 수동적 정치 참여 방식을 넘어, 조직적이고 능동적인 반좌파·반더불어민주당 운동으로 이어졌다.

특히, 탄핵 반대 여론의 중심에 2030 세대가 서면서, 전통적으로 더불어민주당 지지 성향이 강했던 호남, 2030, 여성층에서도 정치적 변화의 조짐이 나타났다. 전직 전교조 교사 출신이자 재테크·경제 유튜버로 활동하던 '하세비'가 아스팔트 연설가로 부상했고, 호남 출신 20대 직장인 여성 유튜버 '효잉'의 콘텐츠는 수십만 조회수를 기록했다. 이러한 젊은 여성 우파 인사들의 등장은 정치 지형의 변화를 상징하는 새로운 흐름으로 평가된다.

또한, 광주에서 열린 탄핵 반대 집회가 성황을 이루었고, 전남대와 조선대 등 호남 지역 대학에서도 탄핵 반대 시국 선언이 이어졌다. 이는 지역과 성별을 초월한 정치적 변화를 보여주며, 2030 세대의 독립성과 정치적 다양성을 뚜렷하게 드러냈다.

결국, 2030 세대는 기존 보수 정치의 단순한 연장이 아니라, 디지털 기반의 새로운 정치 문화와 서사를 만들어 내며 대한민국 정치 지형을 재편하는 핵심 세력으로 부상했다. 기성 586 기득권 세력과의 충돌, 기성 언론의 신뢰 하락 등은 2030 세대의 보수 정치 참여를 더욱 가속화하는 배경이 되었고, 이는 기존 권력 구조의 재편과 새로운 정치 패러다임의 등장을 예고하는 현상으로 평가할 수 있다.

5. 하이힐 우파에서 아스팔트 우파로

이번 계엄-탄핵 정국은 단순한 권력 다툼이 아니라, 보수우파가 나아가야 할 방향을 다시금 확인시키는 신호탄이었다. 기존의 엘리트 중심 '식물성 보수'는 더 이상 설 자리가 없다. 이제는 행동하는 '대중주의 우파'로의 대전환이 필요하다. 방어적 자세에서 벗어나 적극적으로 이념과 가치를 전파하고, 실질적 개혁을 이끌어내는 강한 보수로 거듭나야 한다.

그러기 위해서는 지지층만의 노력만으로는 부족하다. 당연히 정당이 구심점이 돼야 한다. 당장 코 앞으로 닥쳐온 대선과 내년의 지방선거에서 무너진 법치와 헌정 질서, 그리고 흔들리는 진영과 국가에 관해 국민들은 묻고 따질 것이다. 무엇을 위해 헌신했는가, 무엇을 지키기 위해 투쟁했는가. 그러나 지금의 국민의힘은 지지자들로부터 철저히 신뢰를 잃고 있다.

박근혜 전 대통령에 이어 윤석열 전 대통령까지, 두 차례나 자당의 대통령을 지켜내지 못한 경험은 당의 깊은 트라우마가 되었다. 그럼에도 여전히 당내 정치인들은 기회주의적 행보와 정치적 계산에 몰두하며 지지층의 실망을 자초하고 있다. 대통령이 거대 야당의 폭주에 맞서 직을 걸고 투쟁하는 동안에도, 당내 인사들은 "나는 탄핵 책임이 없다."며 자신의 정치적 안전만을 도모했다. 정작 탄핵이 가결되자마자 조기 대선의 잔칫상에 숟가락을 올리려는 기회주의적 모습은 국민의 분노를 사고 있다.

이러한 모습은 지지층에게 심각한 실망감을 안기며, 일부는 패배주의에 빠져 있다. 그들이 두려워하는 것은 과거 민주당이 노무현 전 대통령 사후 겪었던 10년간의 내전과 반복된 선거 패배의 악몽이다. 민주당은 안철수, 박지원, 손학규 등 다양한 세력을 정리하며, 호남 패권을 탈피해 친문 체제로 정비한 후에야 정권 교체에 성공할 수 있었다. 국민의힘 또한 박근혜 탄핵 이후 내부 분열과 갈등 속에서 흔들려 왔다. 탄핵 찬성 정치인들은 정치 무대에서 사라지거나 긴 시간 비난과 조롱을 견디며 돌아올 수밖에 없었다.

역사는 패배의 과정에서 어떤 자세를 보였는지를 기억한다. 영국의 찰스 1세는 참수형을 당하면서도 의연함을 잃지 않았고, 그의 아들 찰스 2세가 왕정을 복원할 수 있었다. 윤석열 전 대통령은 비상계엄을 전후하여 전면에 나서 죽을 힘을 다해 싸웠다. 레거시 미디어들이 '내란수괴' 프레임을 씌우며 인민재판을 벌이는 가운데도 탄핵 반대 여론이 30%를 훌쩍 넘는 것은 기적에 가깝다. 대통령이 최전방에 서 있으니, 전체 진영이 따라 싸울 수밖에 없다.

김용현 전 장관은 옥중 서신을 통해 소신과 신념을 밝혔다. 한덕수 권한대행 또한 협박에 굴복하지 않고 법치와 헌법을 지키겠다는 의지를 드러냈다. 윤 전 대통령이 앞장서 싸우는 상황에서 정치적 이익만을 추구하는 국민의힘 정치인들은 국민의 추궁을 피할 수 없다. 대선과 지방선거를 앞둔 지금, 그들은 탄핵 정국에서 어떤 입장을 취했는지 평가받게 될 것이다.

지금 대한민국은 체제 위기 앞에 서 있다. 법치를 무너뜨리고, 정권 전복을 노리는 세력의 배후에 대한 의심이 커지는 상황이다. 웰빙 정치로 안주하는 귀족 우파는 이제 설 자리가 없다. 국민의힘은 하이힐을 벗고 거친 아스팔트를 맨발로 걸어나가야 한다. 행동으로 보여주지 않는다면, 국민은 기회주의적 정치인을 더는 용납하지 않을 것이다. 결단과 실천, 그 외에는 답이 없다.

비록 탄핵이 인용됐지만 윤석열 전 대통령이 해야 할 일도 명확하다. 본연의 윤석열다운 당당함과 솔직함을 회복하고, 정면 돌파로 사법리스크를 해결하고 명예회복을 위한 투쟁에 나서며 보수우파의 재건을 이끌어야 한다.

윤 전 대통령의 정치 여정은 조국 사태부터 험난했다. 입당, 대선 경선, 본선까지 가는 길은 배신과 조롱, 무수한 공격의 연속이었다. 처음엔 조국과 추미애가 상대였지만, 시간이 지나며 그의 가장 큰 적은 당 내부에서 나타났다.

대선 경선 당시, 그의 앞에는 이준석의 조롱과 흔들기, 당내 마타도어, 잇단 갈등이 펼쳐졌다. 대통령이 되고도 당내 인사들과 언론의 견제는 멈추지 않았다. 용산 이전 결정을 둘러싼 논란과 이준석의 지속적인 반발, 한동훈의 심각한 헤게모니 쟁탈 시도 등은 윤 전 대통령에게 끝없는 시련을 안겼다.

윤 전 대통령은 많은 정적과 끊임없는 논란 속에서도 고비마다 정면 돌파로 버텼다. 고발 사주 사건, 김건희 여사 관련 논란 등 숱한 악재 속에서 오히려 더 강해졌다. "입건하려면 하십시오."라는 그의 발언은 위기마다 그가 보여준 일관된 대응이었다. 수많은 실언과 논란에도 그는 끝까지 버텼고, 그 버팀목은 오로지 그 자신이었다. 여기까지 온 것 자체가 기적이나 다름없다.

탄핵 인용으로 파면된 윤 전 대통령의 길은 고독하고 험난하다. 여전히 그의 주변엔 위기를 기회로 삼으려는 간신과 기회주의자들

만이 가득해 보인다. 보수 언론조차 계엄을 계기로 그에게서 완전
돌아섰다.

정면 돌파로 다시 일어서는 수밖에 없다. 김건희 여사 문제도 예
외는 아니다. 불분명한 사과가 아닌, 지지층에게 진정성을 보여주는
메시지와 행동이 필요하다. 투명하게 지지자와 소통하고 오해가 있
다면 이를 불식시키는 여론전이 필요하다.

마치며-새로운 대한민국을 만들기 위하여

1. 새로운 보수의 핵심: 힘과 대중의 결합

전통 보수는 기득권과 안정을 중시해왔다. 그러나 시대는 바뀌
었다. 오늘날의 보수는 힘을 바탕으로 대중과 결합해야 한다. '조용
한 다수'에 기대는 시대는 이미 끝났다. 이제는 행동하는 다수, 조직
화된 보수가 필요하다. 대중주의 우파는 더 이상 소수 엘리트의 담
론이 아니라, 국민이 주체가 되어 참여하고 변화를 만들어내는 정치
세력이 되어야 한다.

미디어, 법률, 경제, 젠더, 교육, 외교 등 각 분야에서 주도권을 쥐
어야 한다. 공허한 이념 논쟁을 넘어, 실질적 정책 연구와 실행 가능
한 개혁안을 제시하며 국민을 설득해야 한다. 보수는 강한 힘을 필
요로 한다. 국민은 강한 리더를 원한다. 힘 없는 보수는 더 이상 존재
할 수 없다.

2. 행동하는 우파: 법과 정책으로 싸워라

탄핵 정국은 하나의 교훈을 남겼다. 보수가 법과 정책을 소홀히 하면 좌파의 공세에 언제든 무너질 수 있다는 사실이다. 박근혜 탄핵 때 그랬고, 윤석열 탄핵 시도에서도 확인되었다. 단순한 구호나 정치적 레토릭으로는 보수를 지킬 수 없다. 법과 제도를 무기로 보수 가치를 실현해야 한다.

이를 위해 보수 진영은 강력한 시민단체, 싱크탱크, 법률 지원 조직을 구축해야 한다. 민주당과 좌파 진영은 지난 30년간 법조계, 언론, 교육계를 장악하며 지속 가능한 영향력을 확보해왔다. 이제 보수도 같은 전략으로 맞서야 한다.

예컨대 '정정회'[35]와 같은 조직이 우파버전의 '참여연대'처럼 기능했다고 상상해보라. 헌법 소원을 통해 위헌적 입법을 저지하고, 보수적 정책 연구를 통해 지속 가능한 개혁을 추진할 수 있을 것이다. 국회가 좌편향 입법을 강행할 경우 즉각 소송으로 대응하며, 단순 성명이나 시위에 그치지 않고 실질적 법적 저지력을 발휘해야 한다.

3. 미디어 기반 설립: 여론전에서 패배하지 말라

보수가 정치적으로 밀려온 가장 큰 이유 중 하나는 미디어 전쟁에서의 패배였다. 박근혜 탄핵 당시도, 윤석열 전 대통령의 계엄 정국에서도 우리는 언론의 편향성을 목격했다. 주류 미디어가 좌파 내

---

35 이 단체에 관하여는 제1편의 맨 앞부분에 소개되어 있다.

러티브를 일방적으로 확대할 때, 국민은 왜곡된 정보에 노출될 수밖에 없다.

하지만 레거시 미디어 지형이 몰락하고 있는 지금이 우파 진영에게는 기회다. 유튜브, SNS, 독립 언론 플랫폼이 기존 언론의 한계를 뛰어넘는 영향력을 가지게 됐다. MZ세대와 디지털 네이티브 중심의 '디지털 의병'이 탄생했고, 이들은 정치 논평을 넘어 경제·젠더·외교·역사 등 다양한 분야에서 보수 시각을 담은 콘텐츠로 영향력을 넓히고 있다.

대중주의 우파는 이 미디어 전장에서 반드시 승리해야 한다. 보수적 가치를 전달하는 자체 플랫폼을 구축하고, 젊은 세대와 소통하는 전략이 필요하다. 유튜브 채널을 넘어 공정 저널리즘을 지향하는 뉴스 미디어, 온라인 신문, 팟캐스트, 다큐멘터리 등 종합적인 미디어 전략을 수립해야 한다.

4. 젊은 우파를 키워라: 미래 세대 없는 보수는 없다

좌파는 수십 년간 교육과 청년층을 장악하며 장기적 정치 기반을 쌓았다. 반면 보수는 여전히 '기성세대 정당' 이미지에서 벗어나지 못했다. 이는 젊은 층의 지속적 이탈로 이어졌다.

보수도 미래 세대를 키워야 한다. 단순히 청년 정치인을 양성하는 데 그치지 않고, 보수적 가치를 공유하는 젊은 법조인, 경제 전문가, 지식인, 인플루언서를 키워야 한다. 대학가에서 보수 담론이 자리 잡도록 청년 네트워크를 만들고, 세미나·토론회·연구 프로젝트

등을 운영해야 한다.

특히 젠더 이슈, 공정성 논란, 반중 정서, 경제적 자유 등 MZ세대가 민감하게 반응하는 주제를 활용해 보수 논리를 전달해야 한다. 페미니즘과 젠더 갈등에 대한 대안을 제시하고, 공정과 실력주의를 강조하는 메시지를 통해 젊은 세대의 지지를 확보해야 한다.

5. 국민과 함께 싸워라: 국가 정상화를 위한 투쟁은 이제 시작이다

윤석열 대통령의 탄핵이 인용되며, 대한민국 정치사는 새로운 전환점을 맞았다. 그러나 그것은 끝이 아니라 시작이다. 대통령은 무너졌지만, 자유우파의 민심은 살아 있고, 오히려 더 단단하게 뭉치고 있다. 지금 우리에게 남겨진 과제는 분명하다. 누가 이 흐름을 이끌 것이며, 어떻게 이 거대한 에너지를 정치적 구조 개혁으로 전환할 것인가이다.

결국 문제는 공천이다. 민주당은 지지층이 공천권을 쥐고 있다. 김어준 같은 이들이 사실상 공천의 영향력을 행사한다. 그래서 초선 의원들조차 이재명을 지키겠다며 공개적으로 나서고, 지지 기반이 그들을 뒷받침한다. 그러나 국민의힘은 정반대다. 윤석열 대통령을 위해 싸웠던 이들은 대부분 개인 기반이 확실한 원내 중진들이었고, 초선급 의원들은 철저히 침묵했다. 왜인가? 공천 때문이다.

국민의힘은 상향식 공천 구조가 아니다. 정당의 수뇌부가 적절한 '스펙'을 갖춘, 독자적 세력이 없는 인물을 선호한다. 이 과정에서 대중성과 투쟁력을 지닌 인물은 철저히 배제된다. 이 귀족적 정치 체질은 조선 후기의 사대부 정치와 닮았다. 시대는 변하는데, 국민의힘은 여전히 중전 간택하듯 정치인을 고르고 있다. 그러니 누가 싸우겠는가? 누가 민심의 최전선에 나서겠는가?

윤석열 전 대통령이 투쟁하는 이유는 단 하나다. 지지층을 향한 책임감 때문이다. 그는 공천권도, 정치 권력도 없지만, 아직 남은 마지막 하나, 국민의 지지와 진실을 말할 권리를 포기하지 않았다. 그래서 그를 제거하려는 움직임은 단지 법적 탄핵이 아니라, 정치적 숙청이자 사법적 박해다. 지금 윤석열에게 가해지는 것은 단순한 심판이 아니라, 정치적 십자가형이다.

그러나 역사는 그렇게 끝나지 않았다. 김대중은 수차례 사법 탄압을 당하고도 결국 대통령이 되었고, 브라질의 룰라는 수감 생활을 견디고 대권에 복귀했다. 에르도안, 만델라, 심지어 잔다르크도 죽임을 당한 뒤 성인이 되었다. 지도자를 죽이는 것은 탄압이 아니라, 잊힘이다. 윤석열 전 대통령은 지금 그 누구보다도 생생하게 살아 있다. 투쟁으로 살아 있고, 박해로 더 강해지고 있다.

이제 우리가 해야 할 일은 명확하다.
첫째, 공천 시스템을 지지자 중심으로 개혁해야 한다. 공천권이 민심을 따라가지 않는 한, 국민의힘은 몰락한 조선의 사대부가 만든 체제처럼 썩은 체제가 될 것이다.

둘째, 윤석열 전 대통령을 지키는 'YoonAgain' 캠페인은 단순한 한 인물을 수호하고자 함이 아니다. 자유민주주의 체제, 공정과 정의, 글로벌 보수의 정신을 지키는 싸움이며 부당한 헌법재판소의 재판 과정 및 거대 좌파 전체주의 맞서서 싸우는 것을 뜻한다.

셋째, 새로운 리더십, 새로운 정치 세력의 부상을 준비해야 한다. 젊은 기업가 정신, 대중성과 글로벌 감각을 겸비한 디지털 보수의 시대가 이미 오고 있다. 이 에너지를 담아낼 정치 플랫폼이 절실하다.

이제는 윤석열 개인의 싸움이 아니라, 우리 모두의 싸움이다. 지켜야 할 것은 사람만이 아니다. 체제이며 자유이며, 대한민국 그 자체다. 그리고 우리가 이 싸움을 포기하지 않는 한, 역사는 반드시 다시 우리에게 기회를 줄 것이다.

윤석열은 이미 정치적으로 부활했고, 이제는 우리가, 보수우파와 자유 대한민국이 정상화의 길로 부활할 차례다.

이번 계엄-탄핵 정국은 중요한 교훈을 남겼다. 보수는 더 이상 수세적일 수 없다. 좌파는 언제나 새로운 전선을 만들어 보수 진영을 공격한다. 보수도 마찬가지로 대중과 함께 싸우고, 국민의 목소리를 대변하는 적극적 세력이 되어야 한다.

보수는 이제 새로운 국면을 맞이했다. 엘리트 중심의 보수에서 벗어나 국민과 함께하는 강한 보수, 대중주의 우파로 변화해야 한다. 정책 연구, 법적 대응, 미디어 전략, 청년 양성 — 이 모든 것이 하나로 융합될 때 진정한 보수의 부활이 가능하다.

비상계엄과 탄핵의 물결이 휩쓸고 지나간 지금 대한민국 보수의 새로운 시대는 이제부터 시작이다. 새로운 대한민국을 만드는 장정에 나서야 한다.

어느 청년 정치인의 시각에서 본
'보수우파 르네상스'

．
．
．

백지원(정치인)

'보수우파 르네상스'의 시작

윤석열 전 대통령이 당선되었던 날, 그 뜨거운 함성을 또렷이 기억한다. 문재인 정부 당시 극에 달했던 좌익 기득권세력의 패악과 반칙과 특권이 판치는 세상 앞에 국민들은 끝없는 실망과 좌절을 느껴야 했다. 이른바 절망의 시대, 국가 존망의 기로에서, 윤석열 전 대통령의 당선은 좌익 기득권이 무너뜨린 대한민국의 공정과 상식을 바로 잡으라는 국민적 열망의 결과였다.

하지만 사회 곳곳에서 암약하는 반국가 세력, 의회 권력을 차지하고 입법 독재를 일삼아 온 좌익 기득권은 국민이 원하는 변화를 허용하지 않았다. 윤석열 전 대통령의 임기가 시작되기도 전부터 탄핵 선동을 시작했고, 윤석열 정부가 앞으로 나아가지 못하도록 번번이 발목을 잡았다. 그들은 막무가내의 악법을 쉴 새 없이 발의하고, 이를 윤석열 전 대통령이 거부권 수행을 통해 방어하면 뻔한 프레임을 씌워 당위성을 훼손하고 부정적 루머를 이용하여 저급한 인신공격을 해댔다.

민주와 정의라는 이름을 팔아 '자유민주주의'에서 '자유'를 삭제했던 이 세력은, 종중(從中)-종북(從北) 성향의 문재인으로부터 부패 권력의 몸통 이재명으로 숙주를 바꿔가며 국민 위에 군림하는 정치적 폭거를 자행했다. 급기야 스무 명이 넘는 국가보안법 위반 전과자들이 국회의원에 당선되었으며, 주한 미국 대사관저 테러범이 법사위원장에 임명되어 대한민국의 대통령을 협박하고 탄핵을 주도하는 궤변적 장면까지 연출되었다.

2024년 12월 3일, 윤석열 전 대통령이 비상계엄을 선언한 것은 대한민국의 자유민주주의를 지키기 위한 중대한 전환점이었다. 국가 정체성을 흔드는 반국가 세력과 기회주의적 행태로 보수를 사칭하는 내부의 적들에 의해 정치적 혼란과 국론 분열이 극에 달했고, 윤석열 전 대통령의 사생결단은 지금 대한민국이 직면하고 있는 위기를 국민에게 알리기 위한 벼랑 끝의 절박한 외침이었다.

아니나 다를까. 뻔하디 뻔한 여의도 기득권과 부패 카르텔은 한 몸으로 움직이며 기다렸다는 듯 '내란 프레임'으로 선동을 시작했다. 기성 언론은 가짜 뉴스를 쏟아냈고, 오직 그들의 이익을 위해 정치를 주무르며 오만하게 행동했다. 애초에 성립 불가능했던 탄핵 명분을 만들기 위해 곳곳에 숨어있던 반국가 세력들이 때를 맞은 것처럼 활개쳤다. 하지만 그들의 계획은 쉬이 먹혀들지 않았는데, 그 이유는 비상계엄 이후 대한민국의 청년들이 정치적으로 각성했기 때문이다.

윤석열 전 대통령은 지금의 청년 세대와 가치를 공유하고 있는 정치인이다. 우리가 분노했던 불공정의 상징, 조국 일가 입시 비리 사건을 정면으로 돌파하여 단죄하였으며, 좌익 기득권이 무너뜨린 '공정'과 '상식'의 기본 가치를 복구하기 위한 정책들을 추진했다. 윤석열 정부의 3대 개혁 방향성도 노조의 고용 세습 문제, 교육의 공정성 제고, 불공정 연금 구조 개혁 등 우리 세대의 미래에 초점을 맞춘 것이었다.

또한 윤석열 전 대통령이 취임부터 줄곧 강조했던 '자유'의 가치는 자유민주주의와 자유시장경제라는 기본 원칙의 복원을 의미하며, 이는 지금 청년들의 시대 정신과도 연결된다. 윤석열 전 대통령의 상징 공약인 여가부 폐지와 원전산업 복구의 두 공약도 맥을 같이한다. 문재인 암흑기에 좌익 기득권의 세뇌와 억압에 대한 반감이 응축되어 왔고, 여기에 윤석열 전 대통령의 비상계엄이 기폭제가 되어 '자유'에 대한 열망이 분출되기 시작한 것이다.

과거 좌익들은 '진보'라는 라벨을 날조해 젊은이들을 현혹해 왔다. 젊어서 진보가 아니면 심장이 없느니 하는 낡은 멘트 역시 그들에 의해 조작된 허상에 불과하다. 그들의 선동은 본질적으로 갓 스물이 된 앳된 청년들의 심리적 취약점인 낮은 자존감과 높은 두려움, 이를 숨기기 위한 선민의식을 기반으로 한다. 특히 지금 40, 50대들이 이런 선동의 희생양 세대로 노무현-문재인에 대한 반지성적 추종 행태도 정서적 취약성을 이용한 세뇌의 결과다.

하지만 지금의 청년 세대는 다르다. 우리는 '사실'과 '상식'을 중시하며, '위선'과 '거짓'에 분노한다. 우리는 좌익 기득권이 강요하는 모든 세뇌를 거부하며, 그들이 만든 왜곡된 세계관을 깨부수고자 한다. 우리는 그들이 무너뜨린 '원칙'과 '상식'을 바로 세울 것이며, 또한 우리는 나이라는 숫자에 갇혀있지 않다. 우리의 싸움은 이제 시작이다. 우리의 일생 동안 지속해야 할 길고도 어려운 싸움임을 안다. 이미 우리는 그것을 알고 있으며 기꺼이 싸울 준비가 되어 있다.

과거 젊음을 팔아 기회를 구걸했던 자칭 진보 세력이 우리에게 돌을 던진다면, 우리는 나이에 상관없이 당당히 도전장을 내밀겠다. 국민의 사상을 통제하고 자유를 억압하기 위해 날조한 '극우' 프레임은 이미 무효이다. 이탈리아의 멜로니 총리, 미국의 JD 밴스 같은 젊은 정치 리더를 중심으로, 청년이 주도하는 '보수우파의 르네상스'는 거부할 수 없는 세계적, 시대적 흐름이다.

이승만 대통령의 자유 혁명과 박정희 대통령의 산업 혁명은 대한민국을 국력 6위의 강국으로 이끌었으며, 자유민주주의와 자유시장경제의 가치는 국민의 삶을 더욱 번영하게 했다. 우리가 외치는 '자유'의 가치는 이러한 역사적 맥락과 일맥상통한다. 우리는 좌익 기득권이 강요했던 고의적 국론 분열을 거부하며, 윤석열 전 대통령이 이뤄낸 성별, 세대, 지역 통합을 발판으로 변화를 실현할 것이다.

유난히도 추웠던 지난 겨울, 청년들은 '자유'를 지키기 위해 거리로 나와 윤석열 전 대통령 탄핵 반대를 외쳤다. 그리고 윤석열 전 대통령은 본인이 겪어야 할 치욕과 불명예를 감수하고 대한민국에 가장 필요한 변화를 위해 전부를 걸었다. "내가 청년들을 지키겠다."는 진심은 앞으로의 대한민국을 책임질 젊은이들이 기꺼이 주인이 되어 변화를 이끌어달라는 응원이며, 세대를 뛰어넘는 교감이다.

정치의 원칙은 '이념'에 따른 가치 투쟁이다. 이념을 부정하며 중도라는 허상을 팔고 기회주의를 합리화하는 카멜레온 리버럴 세력은 종중–종북 세력만큼이나 해로운 악이다. 이러한 구태의 세력은 반드시 청산되어야 하며, 정당은 온전히 이념 중심, 가치 중심으로 거듭나야 한다. 앞으로의 우리는 원칙의 복원을 최우선 기준으로 삼고 대한민국의 부흥기를 이끌 것이다. 청년이 주도하는 보수우파 르네상스는 이제 시작이다!

계엄과 탄핵, 드러난 반국가 세력의 실체

비상계엄 이후 드러난 반국가세력의 실체는 충격적이었다. 12월 4일 새벽부터 여의도의 기득권과 좌익 세력은 마치 기다렸다는 듯이 '내란몰이'를 시작했고, 심지어 여당의 대표라는 한동훈은 '내란 자백'을 운운하며 탄핵 당론 찬성과 대통령의 출당을 요구하는 막장극까지 연출하였다. 국회의 출입문으로 통행이 가능했음에도 담을 넘던 이재명과 우원식, 가만히 있는 군인의 총구를 억지로 잡아 당겨 피해자 코스프레를 했던 민주당의 어느 당직자, 또 순식간에 국회 앞에 몰려가 '수괴'라는 낯선 말을 외쳤던 새빨간 깃발 부대의 집합은 초현실적인 괴이한 장면이었다.

젊은 보수우파 정치인의 눈으로 나는 이 모든 장면을 목도하면서, 사리사욕을 위해 경박스럽게 오락가락하는 정치꾼들의 모습에 역겨움을 느꼈다. 보수를 사칭하는 기회주의자들의 행태에서는 악취가 풍겼고, 부화뇌동하며 계산기를 두드리는 간자(奸者)들은 분노를 치밀게 했다. 그들은 어떻게든 핑계를 조작하여 본인들이 권력을 장악해 볼 욕심밖에 없는 듯했다. 윤석열 전 대통령의 결단 배경과 이유에 대해 알아보지도 않고, 비난을 위한 비난만을 쏟아내며 보기 흉한 선민의식을 과시했다. 이 비열한 자들의 먹잇감은 입법 폭거로 팔다리가 잘린 대통령이었고, 기성 언론에 세뇌된 국민이었고, 절체절명의 위기를 직면한 대한민국이었다.

문재인과 좌익들이 행했던 국정원의 대공수사권 박탈, 군 기무사 해체, 마약 범죄 무마, 탈원전 선동, 태양광 비리, 새만금 비리, 원전과 조선업을 비롯한 주요 산업 무력화, 사드 기밀 유출, 중공 간첩과 비밀경찰, 검수완박 선동과 공수처 설치, 선관위의 정치적 편향과 조직적 비리 등 직접 목격해 왔던 모든 현상에 대한 불안과 공포감이 나의 뇌리를 스쳤다. 이런 사실을 아직 국민들이 모르고 있는 것이 문제였고, 나는 차근차근 되짚으며 실상을 알리려고 노력했다.

가장 시급했던 것은 간첩법 문제다. 기존 간첩법은 그 대상을 '적국'으로 명시하여 북한 관련만 처벌 가능하다는 한계가 있었고, 이에 윤석열 전 대통령과 여당은 '외국'으로 개정하여 중공 간첩, 무슬림 간첩 등 국적에 관계 없이 처벌 가능하게 하려고 했다. 또한 산업 스파이 등 다각화된 안보 위협에 대응하는 처벌 규정을 마련하고자 간첩법 개정을 추진했던 것이다. 그런데 12월 3일, 이재명과 야당은 돌연 간첩법 개정을 뭉갰고, 국가보안법 폐지 주장까지 등장했다.

1차 탄핵안의 내용은 더욱 이상했다. 한미일 외교 협력에 기여한 것이 대통령 탄핵의 사유이고, 북중러에 부역하지 않았음이 대통령 탄핵의 사유라는 민주당, 조국신당, 개혁신당 등이 발의한 탄핵안은 마치 중공군의 시각에서 작성한 것처럼 이해가 불가한 수준이었다. 그들은 고작 언론 기사 60여 개를 첨부하여 헛된 주장의 당위성을 증명하려 했으나, 이 또한 일방 주장에 불과한 것으로 매우 조악했다. 그들은 본격적인 여론 조작과 내란 선동을 시작했다.

뜬금없는 김어준의 낭설이 국회에서 터져 나왔고, 여당 내부의 기회주의 세력이 음모론 확산에 동조하면서 탄핵의 당위성을 억지로 조작하는 온갖 음해 공작들이 시작됐다. 그들은 박근혜 전 대통령을 축출했던 것과 유사한 시나리오로 움직이며 신변잡기적으로 늘어놓는 비방과 음담패설을 유포해 대통령 부부의 인격을 훼손했고, 허위 선동으로 인해 국민이 혼란에 빠진 찰나에 '내란죄'의 명목으로 2차 탄핵안을 고집스럽게 통과시켰다. 나라가 어찌 되든 그저 사리사욕에 젖어 승리의 웃음을 만끽하던 몇몇 국회의원의 악랄한 웃음이 잊히지 않는다.

헌법상 명시되어 있는 대통령의 고유 권한을 사용한 것을 탄핵의 사유라고 할 수 있는지에 대한 충분한 논의도 없었을 뿐 더러, 또한 비상 계엄권을 사용한 이유와 목적을 알기도 전에 내란이라 확정 짓는 주장들은 납득하기 어려운 것이었다. 그러다 막상 내란죄가 성립되기 어려울 것으로 판단되자, 이미 통과된 탄핵안에서 다시 내란죄를 빼버렸다. 이러한 편법을 용인한 헌법재판소 역시 이미 기대된 역할을 수행할 수 없는 조직임이 드러났다.

폭주하는 반국가 세력의 만행은 끝이 없었다. 반미-종북 이력의 '인민노련' 출신 마은혁과, 우리법 연구회장, 인권법 연구회장 출신으로 남편이 탄핵 찬성 명단에 이름을 올린 정계선을 헌법재판관으로 임명하려 했다. 내란죄에 대한 수사권도 없는 공수처의 장 오동운은 날조된 불법 영장으로 개선장군 행세를 하며 전례 없는 규모의 경찰력을 동원하여 감히 현직 대통령을 불법 체포하려 했다.

탄핵 선동 집회의 양태는 어떠했는가. 폭력적 집회를 일삼은 민노총과 산하조직인 공무원노조, 전교조, 언론노조 등의 실체가 드러났고, 이들이 북한과 직접 소통하고 그 지령문에 따라 윤석열 전 대통령의 임기가 시작되기도 전부터 탄핵 선동을 해왔음이 밝혀졌다. 갑자기 무비자로 대거 입국한 중국인들과 중국 유학생들이 탄핵 선동 집회에 동원된 장면들이 목격되었고, 중국 정부는 공식 메시지로 탄핵 선동에 힘을 실으며 노골적인 내정 간섭을 자행했다.

농민을 참칭하는 남태령의 불법 집회에서는 '대북 제재 해제'와 '주한 미군 철수'라는 사실상 북한의 선전 내용이 울려댔고, 너저분한 깃발들과 함께 하마스 추종자들의 팔레스타인 국기가 나부끼는 장면은 국가 위기 상황임을 증명하는 징조와도 같았다. 매국노와 간첩 세력이 뻔뻔하게 고개 들고 곳곳을 활보하는 장면은 그동안 정치에 무관심했던 국민들 조차 절박한 위기감을 느끼게 했다.

사실상 입법 독재와 이에 부역하는 사법 카르텔에 의한 쿠데타 세력에 의해 국가의 근간이 흔들리는 상황이었다. 그들은 이익 관계로 엮여 있는 기성 언론을 동원하여 내란죄 수사와 탄핵 재판의 두 가지를 교묘하게 섞어대며 착시현상을 유도했고, 성립할 수 없는 탄핵안의 명분을 조작하려 갖은 간계를 부렸다. 그들에게 사실과 원칙이란 중요한 것이 아니었다. 오직 정권 찬탈에 대한 야욕, 조기 대선 망상으로 점입가경의 극한으로 치닫고 있었다. 이런 끔찍한 상황에도 불구하고 대한민국의 중심을 지킨 것은 자유민주주의와 자유시장경제의 가치를 수호하고자 거리로 나선 국민들이었고 그 중심에는 청년들이 자리잡았다.

계몽과 자각, 우리가 알게 된 사실들

윤석열 전 대통령이 어려운 결단을 통해 이룬 최대의 성과는 국론 통합의 달성에 있다. 탄핵 반대를 외치며, 대한민국을 지키기 위해 모였던 전국 각지의 현장은 세대, 성별, 지역 통합의 장이었다. 또한 상식과 원칙에 근거해 국가와 국민을 번영하게 하는 빛나는 정치는, 우파적 가치를 통해 비로소 실현될 수 있음을 명확히 각인시켰다. 이미 미국과 유럽 등 우방국에서 실현되고 있는 우파 르네상스의 포문이 드디어 우리나라에서도 열린 것이다.

문재인 암흑기에 좌익들이 국민을 선동한 방식은 혐오 감정을 이용한 갈등 조장이었다. 이는 인간의 본능 중 배타성을 이용한 것으로, 종국에는 인간성의 말살로 치닫게 하는 매우 위험한 선동 방식이다. 조씨 일가의 입시 비리로 촉발된 청년들의 분노는, 대한민국이 직면한 위기 상황에 대한 가장 예민한 경고 신호였다. 지금의 2030 세대는 좌익세력의 폐해를 직접 겪으며 그들의 실체에 대해 매우 본능적으로, 기민하게 느끼고 있었던 것이다.

그러자 좌익들은 MZ라는 조어를 이용해, 매체를 통한 집중선동으로 2030 세대를 기형아 취급하기 시작했다. 건국 이래 가장 높은 수준의 교육을 받은 세대를 두고 사회부적응자라는 이미지를 만들어 조롱거리로 전락시키려 했다. 또한 가장 선명한 주장들이 빛을 보지 못하도록 끝없이 리버럴 이념을 강요하고 세뇌했다. 마치 화풀이 대상이라는 듯이 비하하며 세대 혐오를 부추겼고, 이는 성별 갈등 조장으로도 이어졌다. 성별 혐오는 인간의 가장 본능적인 불안을 자극하는 것으로, 파멸에 이를 만큼의 감정적 동요와 사회적 악영향을 초래하는 매우 심각한 선동 공작이었다.

'페미니즘'이라는 단어 하나로, 젊은 여성에게는 피해의식을 주입하고 젊은 남성의 남성성을 폭력적으로 억압하였다. 저쪽의 정치꾼들은 외려 여성을 팔아 게걸스럽게 권력을 자기 것으로 삼켰다. 또한 여성이라면 모두 민주당 따위의 좌파 정당 지지자라는 듯이 선전하여 실체를 왜곡하였고, 정치 무관심층으로 하여금 맹목적으로 추종하게 만들었다. 가장 최악인 것은 이들의 선동이 우리 세대의 정치 어젠다를 성별 논쟁이라는 협소한 틀 안에 가두었다는 점에 있다.

어디 그뿐인가. 좌익들은 호남 지역을 그들의 좌파 이념의 사유지로 취급하였다. 정율성이라는 공산주의자를 우상화하기 위해 호남 지역 국민들의 세금을 들이고, 광주 MBC에서는 호남의 아이들이 중공과 공산 사상을 찬양하는 노래를 부르게 했다는 사실이 탄핵 정국 동안 알려졌다. 좌익 기득권들은 호남 출신이면 무조건 민주당을 지지해야 하는 것처럼 세뇌했고, 호남 지역 국민들의 세금을 갈취해 부정부패를 저지르며 호남의 발전을 저해해 왔다.

윤석열 전 대통령의 탄핵 정국에서 공론화된 국민적 위기의식은 국민들 스스로의 의지로 좌익의 지독한 가스라이팅에서 벗어나게 했고, 세대, 성별, 지역 갈등을 조장했던 세뇌 프레임을 정면 돌파하게 했다. 또한 강요된 분열의 희생양이었던 102030 청년들이 주도적으로 반응했는데, 문재인 암흑기를 살았던 피해자 세대이기에 구태여 설명하지 않아도 느껴왔던 문제의식이 분출된 것이다. 그동안 겪었던 이해할 수 없는 불안의 원인이 좌익 세력의 선동과 여의도 기득권의 눈속임 때문이었음을 깨닫게 된 것이다. 심증이 물증으로 굳어지는 것과 같았다. 비상계엄 후 젊은 세대들이 계몽되었다고 말을 하지만 사실상 새삼스럽게 자각한 것에 불과한지 모른다.

상식의 복구에 대한 요구가 거세어지면서, 카멜레온 리버럴과 좌익 기득권에 의해 터부 취급 받던 아젠다의 공론화도 자연스럽게 이루어졌다. 탄핵 반대 운동의 슬로건 'STOP THE STEAL'과 'CCP OUT'은 지금의 현상을 설명하는 가장 상징적인 구호다.

'부정선거'라는 단어는 지금껏 특정 정치 세력의 주도하에 절대 언급해서는 안될 금기어 취급을 받아왔다. 헌법기관이라는 특수 지위를 가지고 있는 선거관리위원회는 철옹성의 무결한 성역처럼, 의문조차 제기해서는 안될 절대적 존재처럼 군림했다.

선거관리위원회의 부패 실상이 만천하에 드러나며 음모론 취급했던 비하적 세뇌로부터 민의가 해방되었고, 이는 나라를 망쳐 온 사법 카르텔과 여의도 기득권에 대한 저항 정신으로 이어졌다. 부패와 무능에 대한 국민적 분노가 거세어지자 그들은 급기야 국민을 협박하기에 이르렀다. 선거관리위원회의 부정행위에 대한 의혹 제기만으로도 처벌할 수 있도록 할 것이라 엄포를 놓던 선거관리위원회의 오만하고 강압적인 태도는, 민주당의 입법 발의로 이어졌다.

민주당과 선거관리위원회가 서로 긴밀한 관계를 맺어왔다는 의혹은, 민주당의 감사원장 탄핵에서 엿볼 수 있다. 감사원은 1200여 건에 달하는 선거관리위원회의 집단적 채용 비리를 밝히고, 사전 선거 투표함 및 투표용지 관리에 있어서의 공직선거법 위반 문제를 지적했다. 2022년 대통령 선거 당시 우한 코로나를 이유로 특이한 형태의 사전 선거가 이루어졌고, 이 과정에서 투표용지를 택배 상자, 쓰레기 봉투, 운동 가방 따위에 담은 장면들이 목격되었다. 또한 이미 투표한 사전 투표용지를 보관하는 과정에서도 공직선거법에 어긋나는 장면이 있었음이 감사원에 의해 밝혀졌다.

선거의 부정이 있었지만, 부정 선거는 아니라는 선관위 관계자의 발언은 언어도단이다. 선거에서 부정을 저질렀다면 그것은 헌법 가치를 기만하는 불법 행위를 저지른 것이고, 이는 O/X의 문제이지, 크고 작음의 문제가 아니다. 단 하나의 잘못이 발생했어도 이것이 결과를 왜곡하기 위한 의도적 행위였다면 이는 부정한 것이다. 고의성의 여부와 이에 따른 피해의 발생 여부가 핵심인 것이고, 규모가 어떻든 사실 관계를 확인하고 책임자를 처벌하는 것은 당연한 상식이다.

또한 반일 선동과 중공의 내정 간섭의 실체가 점차 공론화되었다. 좌파 세력은 주로 인간 본능의 감정적 취약점을 건드려 선동하는 방식을 사용하는데, 특히 반일은 무조건적인 혐오의 대상을 제공하여 정치적 분별력을 흐리기에 용이한 수단이었다. 그들은 친중-반미, 종북-반일 구도 선동으로 한미일 외교 협력 관계를 저해했으며, 종중-종북 행위로 공산화 이념을 합리화하고 확산시켰다. 후쿠시마 오염수 선동 또한 민노총과 간첩단이 북한으로부터 구체적 지령을 받고 윤석열 전 대통령 탄핵과 체제 전복을 목적으로 획책한 것임이 드러났다.

윤석열 전 대통령이 직접 언급했던 중국으로부터의 위협은, 탄핵 정국에서 더욱 가시적으로 드러났다. 12월부터 이어진 일촉즉발의 시간 동안 중공의 내정 간섭이 횡행했다. 중국의 공영 언론은 '서울의 봄' 운운하며 노골적으로 탄핵 선동에 개입했고, 대거 입국한 중국인들은 탄핵 선동 집회 현장에서 자주 발견됐다. 대통령에 대한 탄핵안이 통과된 이후에도 중국인 관광객이 드론으로 국가보안시설을 무단 촬영한 것이 적발됐고, 중공은 대한민국의 영해인 서해에 영역 침탈과 자원 약탈의 의도가 다분한 불법 구조물을 설치했다.

중국인들은 대한민국 국민의 혈세로 만든 건강보험과 실업급여를 부정하게 편취하고, 온갖 외국인 특혜를 이용해 입시와 취업에서의 특권을 누리며 손쉽게 기득권의 지위를 얻었다. 이렇게 그들은 대한민국 국민의 고혈을 짜내고 청년들의 미래를 약탈했다. 중국이 어느 나라인가. 우리의 역사를 거슬러 올라가보면, 수천 년 간 우리의 조상을 핍박하였고, 6.25전쟁에서는 중공군의 무도한 인해전술로 수많은 대한민국 국군이 희생당했고 또 남북통일이 저지된 것이 아닌가.

그런 나라에 굴종하고 씨에씨에(謝謝)하자며 양안(兩岸) 문제 따위

상관없다는 이재명 같은 자, 탄핵 정국에 시진핑을 찾아가 머리를 조아리는 우원식 같은 자, 중국몽을 운운하며 이제는 중국이 운명이라 했던 문재인 같은 자는 어떤 면에서 대한민국의 매국노라고 부를 수도 있으리라. 그들은 중국인에게 참정권을 부여하여 중국의 우리나라에 대한 내정 간섭을 현실화했다.

이런 문제의식이 공론화된 것의 의의는, 그동안 좌익 기득권 세력이 입막음을 강요했던 터부, 그 금기를 깨는 일을 우리 청년들이 주도했다는 것이다. 우리는 그 금기를 깨었을 뿐만 아니라, 한 걸음 더 나아가 정치 논제의 판도를 바꿨다. 지금 우리가 외치는 반공과 반중의 핵심 정서는 과거의 동어 반복이 아니라 지극히 현실적인 현재와 미래의 담론이며, 이는 "자유는 공짜가 아니다(Freedom is not free)"의 구호, 시대를 관통하는 빛나는 자유의 가치와도 연결된다.

The Right is RIGHT, 오른쪽이 옳다

극우는 없다. 극좌만 있을 뿐. 자유민주주의와 자유시장경제의 기본 원칙을 이야기하는 보수우파의 가치는 그간 심각하게 왜곡당하고 억압당해 왔다. 양극단이니 진영논리니 색깔론이니 하는 우파의 이념을 비하하는 고루한 언어는, 정치의 뿌리인 이념에 근거한 모든 토론의 가능성을 삭제하기 위한 뻔한 프레임으로 더 이상 유효하지 않다. 정치가 이 지경으로 훼손된 것은 이념이라는 가치의 원칙을 부정하고, 낮은 자존감과 턱없는 선민의식에서 기인한 기회주의를 보수라고 포장했던 비열한 카멜레온 리버럴 세력의 탓이다.

비상계엄 이후 대한민국은 새로운 전환점을 맞이하게 되었다. 국민들은 혼란 속에서 다시 자유와 정의의 가치를 재확인하고, 강력한 어조로 상식과 원칙의 복구를 주문했다. 입법 독재의 폐단을 만든 87체제 헌법은 수정되어야 할 것이고, 국회해산권 등 입법부 견제 장치 마련, 선거관리위원회와 헌법재판소 등에 대한 수정과 해체, 국민이 직접 선출하는 대통령에 대한 권위 재정립과 정책 권한 강화가 반드시 반영되어야 한다.

정당은 가치 중심으로 기강을 바로 잡아야 할 것이며, 정치인들은 스펙도 배경도 아닌 오로지 정치 실력으로 철저히 평가받게 될 것이다. 국민들은 계몽과 자각을 통해 좌익 카르텔과 여의도 기득권 세력에 의해 왜곡되었던 정치 개념을 바로 잡고, 한국 정치 전반의 쇄신 방향을 명확하게 제시하고 있다. 특히 과거의 강요로부터 자유로운 청년 세대의 주도로 더욱 강렬한 변화를 맞이하게 될 것이다. 앞으로의 대한민국에서 보수우파의 가치는 더없이 자유로울 것이다.

이미 우리는 세계적 보수우파 르네상스라는 새로운 정치적 시대를 맞이하고 있으며, 대한민국 청년 우파의 금기에 도전하는 대담한 용기, 당당한 목소리가 전 세계를 울릴 만큼의 변화를 이룰 것이다. 우리가 주도하는 상식의 복구와 가치의 확장을 통해 비로소 진정한 자유의 시대가 열릴 것이다. 우리의 싸움은 세대, 성별, 지역을 초월하는 상식과 비상식, 공정과 불공정, 과거와 미래의 대결이다. 대한민국의 자유와 번영을 위해 가장 온전한 보수우파의 가치로, 우리는 반드시 승리할 것이다. 오른쪽이 옳다!

제3편

대통령의 최후변론

― '87체제'를 넘어 새로운 대한민국으로

붉은 울음으로
고통이 터져 나올 때
비전(vision)은 흰 새되어
창공을 훨훨 날아가리

윤석열 전 대통령은 2025년 1월 15일 체포된 이래 서울구치소에 구금되었다. 3월 8일 서울중앙지방법원의 지귀연 판사가 구속 취소 청구를 인용하였고, 다음날 석방되었다. 53일 동안 그는 심지어 가족 방문 금지나 서신 수발 금지 등의 혹독하고 예외적인 조치를 당하기도 했다. 그럼에도 그는 의연한 자세로 탄핵심판정에 꼬박꼬박 출석하였다. 구금 기간 중 열린 2월 25일 결심재판에서 그는 컴퓨터 사용이 허락되지 않은 구치소 독방에서 한 자 한 자 육필로 작성한 최후변론문을 낭독하였다.

그는 여기에서 12.3 계엄 선포는 계엄 형식을 빌린 대국민 호소이었음을 누누이 설명하고 있다. 그리고 여기에 그치지 않고, '87체제'의 극복을 통한 새로운 대한민국의 건설을 향한 비전을 제시하였다. 이제 그의 두 어깨 위에 걸린 무거운 줄을 힘겹게 끌어당기며, 그는 우리를 찬란하고 아름다운 미래가 내다보이는 제7공화국으로 인도할 것이다.

최후변론

:

윤석열(대통령)

　존경하는 재판관 여러분, 그리고 사랑하는 국민 여러분, 작년 12월 3일 비상계엄을 선포한 후, 84일이 지났습니다. 제 삶에서 가장 힘든 날들이었지만, 감사와 성찰의 시간이기도 했습니다.

　저 자신을 다시 돌아보면서, 그동안 국민들께 과분한 사랑을 받아왔다는 생각이 들었습니다. 감사한 마음이 들면서도, 국민께서 일하라고 맡겨주신 시간에 제 일을 하지 못하고 있는 현실이 송구스럽고 가슴이 아팠습니다.

　한편으로 많은 국민께서 여전히 믿어주고 계신 모습에, 무거운 책임감도 느꼈습니다. 국민 여러분께 죄송하고 감사하다는 말씀을 먼저 드리고 싶습니다.

　제가 비상계엄을 선포하고 몇 시간 후 해제했을 때 많은 분께서 이해를 못하셨습니다. 지금도 어리둥절해 하시는 분들이 있을 겁니다. 계엄이라는 단어에서 연상되는 과거의 부정적 기억도 있을 것입니다. 거대 야당과 내란 공작 세력들은 이런 트라우마를 악용하여 국민을 선동하고 있습니다.

그러나 12.3 비상계엄은 과거의 계엄과는 완전히 다른 것입니다. 무력으로 국민을 억압하는 계엄이 아니라, 계엄의 형식을 빌린 대국민 호소입니다. 12.3 비상계엄 선포는 이 나라가 지금 망국적 위기 상황에 처해 있음을 선언하는 것이고, 주권자인 국민들께서 상황을 직시하고 이를 극복하는 데 함께 나서 달라는 절박한 호소입니다.

무엇보다, 저 자신, 윤석열 개인을 위한 선택은 결코 아니었다는 사실을 분명히 말씀드립니다. 저는 이미 권력의 정점인 대통령의 자리에 있었습니다. 대통령에게 가장 편하고 쉬운 길은, 힘든 일을 굳이 벌이지 않고 사회 여러 세력과 잘 타협하고 모든 사람에게 듣기 좋은 말을 하면서 임기 5년을 안온하게 보내는 것입니다.

일하겠다는 욕심을 버리면, 치열하게 싸울 일도 없고 어려운 선택을 할 일도 없어집니다. 저 개인의 삶만 생각한다면, 정치적 반대 세력의 거센 공격을 받을 수 있는 이런 비상계엄을 선택할 이유가 전혀 없습니다.

저는 비상계엄을 결심했을 때 제게 많은 어려움이 닥칠 것을 당연히 예감했습니다. 거대 야당은 제가 독재를 하고 집권 연장을 위해 비상계엄을 했다고 주장합니다. 내란죄를 씌우려는 공작 프레임입니다.

정말 그런 생각이었다면, 고작 280명의 실무장도 하지 않은 병력만 투입하도록 했겠습니까? 주말 아닌 평일에 계엄 선포를 하고 계엄을 선포한 후에 병력을 이동시키도록 했겠습니까?

심판정 증거 조사에서 드러난 사실에 의하면, 그나마 계엄 해제 요구 결의 이전에 국회에 들어간 병력은 106명에 불과하고, 본관에 들어간 병력은 15명입니다. 15명이 유리창을 깨고 들어간 이유도, 자신들의 근무 위치가 본관인데 입구를 시민들이 막고 있어서 충돌을 피하기 위해 불 꺼진 창문을 찾아 들어간 것입니다.

또한, 국회의 해제 요구 결의가 이루어진 이후에 즉시 모든 병력을 철수했습니다. 투입된 군의 병력이 워낙 소수이다 보니, 국회 외곽 경비와 질서 유지는 경찰에 요청했습니다.

경찰은 인근 전장연[1] 집회 대응 병력 300명을 국회 외곽에 보냈습니다. 부상당한 군인들은 있었지만, 일반 시민들은 단 한 명의 피해도 없었습니다. 처음부터 저는 국방부 장관에게 이번 비상계엄의 목적이 '대국민 호소용'임을 분명히 밝혔습니다. 또한, 국회의 계엄 해제 요구가 신속히 뒤따를 것이므로, 계엄 상태가 오래 가지 않을 것이라고 했습니다.

하지만, 그런 내용을 사전에 군 지휘관들에게 그대로 알릴 수는 없었습니다. 그래서, 최소한의 병력을 실(實)무장하지 않은 상태로 투입함으로써, 군의 임무를 경비와 질서 유지로 확실하게 제한한 것입니다. 많은 병력이 무장 상태로 투입되면, 아무리 조심하고 자제하라

1　'전국장애인차별철폐연대'를 가리킴

고 해도 군중과 충돌하기 쉽습니다. 그런 일이 발생하지 않도록 원천 차단한 것이고, 실제 결과도 예상대로였습니다. 제가 소수 병력, 비무장, 경험 있는 장병, 이 세 가지를 장관에게 명확히 지시한 이유입니다.

그런데도 거대 야당은 이것을 내란이라고 주장하고 있습니다. 병력 투입 시간이 불과 두 시간도 안 되는데, 두 시간짜리 내란이라는 것이 있습니까? 방송으로 전 세계, 전 국민에게 시작한다고 알리고, 국회가 그만두라고 한다고 바로 병력을 철수하고 그만두는 그런 내란을 보셨습니까? 대통령이 국회를 장악하고 내란을 일으키려 했다는 주장은, 어떻게든 대통령을 끌어내리기 위한 선동 공작입니다.

대통령의 법적 권한인 계엄 선포에 따라 계엄 사무를 하고 질서 유지 업무를 담당한 공직자들이, 이러한 내란 몰이 공작에 의해 지금 고초를 겪고 있는 모습을 보고 있으면, 가슴이 찢어지는 것 같습니다. 이 분들이 대통령의 장기 독재를 위해 일을 했겠습니까? 대한민국의 현실에서 이러한 장기 독재를 상상도 할 수 없다는 사실을 잘 아는 사람들이고, 이미 자기 분야에서 최고의 위치에 올라, 더 바랄 것도 없는 분들입니다. 이 분들은 대통령의 법적 권한 행사에 따라 맡은 바 직무를 수행한 것뿐입니다.

헌법재판관 여러분, 그리고 국민 여러분, 대통령의 자리에서 많은 정보를 가지고 국정을 살피다 보면, 남들에게는 보이지 않는 것들, 겉으로는 잘 드러나지 않는 문제점들이 많이 보이게 됩니다. 당장은 괜찮아 보여도, 얼마 뒤면 큰 위기로 닥칠 일들이 대통령의 시야에는 바로 들어옵니다. 서서히 끓는 솥 안의 개구리처럼 눈앞의 현실을 깨닫지 못한 채, 벼랑 끝으로 가고 있는 이 나라의 현실이 보였습니다. 언제 위기가 아닌 때가 있었냐고 하는 분도 있을 겁니다.

그렇지만, 그동안의 위기가 돌발 현안 수준이었다면, 지금은 국가 존립의 위기, 총체적 시스템의 위기라는 점에서 차원이 완전히 다릅니다.

미국 트럼프 대통령은, 취임 첫날 국가비상사태를 선포하고 군을 투입했습니다. 미국이 국가비상사태인가에 대한 판단은 다를 수 있습니다. 하지만, 불법 체류자와 마약 카르텔 등 당면한 위기에 맞서, 국민들을 지키기 위한 대통령의 결단임은 분명해 보입니다.

그렇다면, 지금 우리나라의 현실은 어떻습니까? 국가비상사태가 아니라고, 단언할 수 있습니까? 북한을 비롯한 외부의 주권 침탈 세력들과 우리 사회 내부의 반국가세력이 연계하여, 국가 안보와 계속성을 심각하게 위협하고 있습니다. 이들은 가짜뉴스, 여론 조작, 선전 선동으로 우리 사회를 갈등과 혼란으로 몰아넣고 있습니다.

당장 2023년 적발된 민주노총 간첩단 사건만 봐도, 반국가세력의 실체를 쉽게 확인할 수 있습니다. 이들은 북한 공작원과 접선하여 직접 지령을 받고, 군사시설 정보 등을 북한에 넘겼습니다. 북의 지령에 따라 총파업을 하고, 미국 대통령 방한 반대, 한미 연합훈련 반대, 이태원 참사 반정부 시위 활동 등을 펼쳤습니다.

심지어, 북한의 지시에 따라 총선과 대선에 개입한 정황도 드러났습니다. 지난 대선 직후에는 "대통령 탄핵의 불씨를 지피라!"면서 구체적인 행동 지령까지 내려왔습니다. 실제로 대통령 당선인이 취임 하기도 전인 2022년 3월 26일 '윤석열 선제 탄핵' 집회가 열렸고, 그때부터 2024년 12월 초까지 무려 178회의 대통령 퇴진, 탄핵 집회가 열렸습니다. 이 집회에는 민노총 산하 건설노조, 언론노조 등이 참여했고, 거대 야당 의원들도 발언대에 올랐습니다. 결국 북한의 지령대로 된 것 아닙니까?

'요즘 세상에 간첩이 어디 있냐'고 말하는 분들도 있습니다. 하지만, 간첩은 없어진 것이 아니라, 대한민국의 자유민주주의를 무너뜨리는 체제 전복 활동으로 더욱 진화한 것입니다. 그런데, 이러한 간첩 활동을 막는 우리 사회의 방어막은 오히려 약해지고 곳곳에 구멍이 난 상태입니다.

지난 민주당 정권의 입법 강행으로 2024년 1월부터 국정원의 대공수사권이 박탈됐습니다. 간첩단 사건은 노하우가 축적된 기관에서 장기간 치밀하게 수사를 해야 합니다. 그런데, 제대로 준비할 시간도 없이 전문성과 경험이 부족한 경찰에 대공수사권이 넘어가 버렸습니다. 간첩이 활개치는 환경이 만들어진 것입니다. 게다가 애써 잡아도 재판이 장기간 방치되는 상황까지 발생하고 있습니다. 현재 재판이 진행 중인 간첩 사건이 민노총 간첩단, 창원 간첩단, 청주 간첩단, 제주 간첩단 등 네 건이나 됩니다.

그런데, 청주 간첩단 사건은 1심 판결까지 29개월이 넘게 걸렸고, 민노총 간첩단 사건도 1심 판결에 1년 6개월이 걸렸습니다. 이들은 구속 기간 만료 후 석방되어, 1심 판결로 법정구속이 될 때까지 버젓이 활보하고 다녔습니다. 현재 창원 간첩단 사건은 2년 가까이 재판이 중단되어 있고, 제주 간첩단 사건도 1년 10개월 째 재판이 파행 중입니다. 모두 석방된 상태입니다.

간첩을 잡지도 못하고, 잡아도 제대로 처벌도 못하는데, 이런 상황이 과연 정상입니까?

그런데도 거대 야당은 민노총을 옹호하기 바쁘고, 국정원 대공수사권 박탈에 이어 국가보안법 폐지까지 주장하고 있습니다. 경찰의 대공수사에 쓰이는 특활비마저 전액 삭감해서 0원으로 만들었습니다.

한마디로 간첩을 잡지 말라는 것입니다. 작년에는 중국인들이 드론을 띄워 우리 군사기지, 국정원, 국제공항과 국내 미군 군사시설을 촬영하다 연이어 적발됐습니다. 이들을 간첩죄로 처벌하기 위해서는 법률을 개정해야 하는데, 거대 야당이 완강히 거부하고 있습니다.

국가 핵심 기술을 유출하는 산업 스파이도 최근 급증하고 있습니다. 반도체, 디스플레이 등 기술 유출 피해가 수십조 원에 달하는데, 그 3분의 2가 중국으로 유출됩니다. 중국은 사진 한 장만 잘못 찍어도 우리 국민을 마음대로 구금하는 강력한 '반간첩법'을 시행하고 있는데, 거대 야당은 산업 스파이를 막기 위한 간첩죄 법률 개정조차 가로막고 있습니다. 또한, 거대 야당은 방산물자를 수출할 때 국회 동의를 받도록 하는 방위사업법 개정안을 당론으로 추진하고 있습니다. 방산 비밀 자료를 국회에 제출해야 하고, 거대 야당이 반대하면 방산물자도 수출할 수 없게 됩니다.

국회에 제출된 방산 비밀 자료들이 제대로 보안 유지가 되며, 적대 세력에 넘어가지 않는다고 누가 보장할 수 있습니까? 방산 기밀 자료가 이렇게 유출되면 상대국에서 우리 방산 물자를 수입하겠습니까? 북한, 중국, 러시아가 원치 않는 자유세계에 방산 수출을 하지 말라는 말과 같습니다. 방산 수출은 단순히 돈을 버는 것만이 아닙니다.

수출 상대국과 전략적 연대를 강화하고, 더 나아가 자유세계 많은 국가와 국방 협력을 이뤄서, 우리의 안보를 튼튼하게 하는 것입니다. 이러한 방산 수출을 권장하기는커녕 이렇게 방해하는 것이 누구에게 도움이 되는 것입니까?

거대 야당은 우리 국방력을 약화시키고 군을 무력화하는 데도 앞장서고 있습니다. 여러분이 다 아시는 바와 같이 북한은 우크라이나에 많은 병력을 파병하며, 러시아와 군사 밀착을 시도하고 있습니다. 우리에게 매우 심각한 안보 위협입니다.

그런데도, 이를 살피기 위해 참관단을 보내려 하자 거대 야당은 당시 신원식 국방 장관 탄핵까지 겁박하며 결사적으로 이를 막았습니다. 심지어 거대 야당은 우크라이나 참관단 파견, 대북 확성기와 오물 풍선 대응 검토 등, 군의 정당한 안보 활동까지 외환죄라고 우기고 있습니다.

국가와 국민의 안전을 지키려는 대통령을 '전쟁광'이라고 비난하고, 북핵 위협에 대응하는 한미일 합동 훈련을 '극단적 친일 행위'라고 매도했습니다. 1차 대통령 탄핵소추안에는 '북·중·러를 적대시한 것이 탄핵 사유'라고 명기했습니다.

190석에 달하는 무소불위의 거대 야당이 우리나라와 우리 국민 편이 아니라, 북·중·러의 편에 서 있는 것입니다. 이러한 상황이 국가 위기 상황이 아니면 뭐란 말입니까?

이뿐이 아닙니다.

거대 야당은 핵심 국방 예산을 삭감하여 우리 군을 무력화하려 하고 있습니다. 거대 야당은 전체 예산 가운데 겨우 0.65%만 깎았을 뿐이라고 주장합니다. 그러나 그 0.65%가 어디냐가 중요한 것입니다. 마치 사람의 두 눈을 빼놓고, 몸 전체에서 겨우 눈알 두 개 뺐다고 말하는 것과 같은 이야기입니다.

거대 야당이 삭감한 국방 예산은 우리 군의 눈알과 같은 예산입니다. 북한 핵과 미사일 기지를 선제 타격하는 '킬 체인'의 핵심인 정찰자산 예산을 대폭 삭감했습니다.

핵심 전력인 지위정찰사업 예산을 2024년 대비 4,852억 원 감액했고, 전술 데이터링크 시스템 성능 개량 사업은 무려 78%를 삭감했습니다. 우리 국민을 향해 날아오는 미사일을 요격하는 KAMD, 즉 한국형 미사일 방어체계 구축도 예산 삭감으로 개발이 중단될 위기입니다.

장거리 함대공 유도탄 사업을 위해 예산 119억 5,900만 원을 책정했지만, 96%를 삭감하고 5억 원만 남겼습니다. 정밀유도포탄 연구개발 사업은 84%를 삭감했습니다.

아무리 주먹이 세도 앞이 보이지 않으면 싸울 수 없듯이, 감시정찰 자산이 없으면 아무리 좋은 무기도 무용지물입니다.

게다가, 최근 북한의 드론 공격이 큰 위협으로 대두되고 있습니다. 드론 방어 예산 100억 원 가운데 무려 99억 5,400만 원을 깎아서,

사업을 아예 중단시켜 버렸습니다.

도대체 누구의 지시를 받아서, 이렇게 핵심 예산만 딱딱 골라 삭감했는지 저도 궁금할 지경입니다.

게다가 지난 민주당 정권은 국군 방첩사령부의 수사요원을 2분의 1가량 대폭 감축하여, 군과 방산에 대한 정보 활동과 방첩 활동에 심각한 타격을 주었습니다.

또, 과거 간첩 사건과 연루된 인물을 국정원의 주요 핵심 간부로 발령 내어, 국정원이 방첩 기관인지 정보 유출 기관인지 모를 조직으로 방치하기도 했습니다.

지난 정부 시절 이런 일을 주도한 인물들이, 여전히 거대 야당의 핵심 세력으로서 우리의 안보를 흔들고 있습니다.

우리 정부 들어, 국가정보원이 국가 안보의 중추기관으로 거듭날 수 있도록 노력하였고, 국군 방첩사의 역량 보강을 위해 힘썼습니다만, 아직 문제의 뿌리를 제대로 다 들어내지 못했습니다. 부수고 깨뜨리기는 쉬워도, 세우고 만들기는 어렵고 시간이 많이 걸리기 때문입니다.

이런 상황이 겉으로는 멀쩡한 것처럼 보이지만, 실질적으로는 전시·사변에 못지않은 국가 위기 상황이라고 저는 판단하고 있습니다.

거대 야당은 야당에 대한 대통령의 인식을 탓하기 전에, 공당으로서 국가에 대한 책임 있는 자세와 신뢰를 보여주는 게 우선이라고 생각합니다. 저는 자유민주주의 헌법 원칙, 국가 안보, 핵심 국익 수호만 함께 한다면, 어떤 정치 세력과도 기꺼이 대화하고 타협할 자세가 되어있는 사람입니다.

나라와 국민을 위한 일에 좌파, 우파가 어디 있습니까?

하지만 자유를 부정하는 공산주의, 공산당 1당 독재, 유물론에 입각한 전체주의가 다양한 속임수로 우리 대한민국에 스며드는 것은 막아야 합니다.

이런 세력과 타협하고 흥정해서는 안 된다고 생각합니다. 우리가 가치를 공유하지 않는 나라와도 교역도 할 수 있고, 국제 협력, 상호 이익을 추구할 수도 있습니다. 하지만 우리 정치 체제에 영향을 미치고 스며드는 것은 막아야 합니다. 그것이 국방 안보만큼 중요한 정치 안보입니다. 바로 자유민주주의를 지키는 길입니다.

자유민주주의 국가의 공당이라면 이런 세력을 옹호하고 이런 세력과 손잡는 일은 절대 해서는 안 되는 것입니다.

재판관 여러분, 그리고 국민 여러분, 거대 야당은 제가 취임하기도 전부터 대통령 선제 탄핵을 주장했고, 줄탄핵, 입법 폭주, 예산 폭거로 정부의 기능을 마비시켜 왔습니다. 거대 야당은 이러한 폭주까지도 국회의 정당한 권한 행사라고 강변합니다. 그러나 국회의 헌법적 권한은 국민을 위해 쓰라고 부여된 것입니다.

자신들의 정치적 목적을 위해 정부 기능을 마비시키는 데 그 권한을 악용한다면, 이는 헌정 질서를 붕괴시키는 국헌 문란에 다름 아닙니다. 또한, 거대 야당은 제가 비상계엄으로 국회의 권능을 마비시키려 했다며 내란 몰이를 계속하고 있습니다.

하지만, 거대 야당은 제가 대통령에 취임한 이후, 아니 취임하기도 전부터 지금까지 지속적으로 끈질기게 정부의 권능을 마비시켜 왔습니다. 마치 정부를 마비시키는 것이 유일한 목표인 것처럼 국회의 권한을 마구마구 휘둘러 왔습니다.

국회의원과 직원들의 출입도 막지 않았고 국회 의결도 전혀 방해하지 않은 두 시간 반짜리 비상계엄과, 정부 출범 이후 2년 반 동안 줄탄핵, 입법 예산 폭거로 정부를 마비시켜 온 거대 야당 가운데, 어느 쪽이 상대의 권능을 마비시키고 침해한 것입니까?

거대 야당은 국무위원은 물론이고, 방통위원장, 검사, 감사원장에 이르기까지 탄핵하고, 탄핵하고, 또 탄핵했습니다. 탄핵 사유가 되는지 여부는 전혀 중요하지 않았습니다. 심지어 거대 야당 대표를 노려봤다고 장관을 탄핵하기도 했습니다. 일단 탄핵해서 직무를 정지시켜 놓고, 정작 헌재 탄핵심판에서는 탄핵 사유를 변경하는 황당한 일도 반복해 왔습니다. 얼마 전 중앙지검장 등 검사들에 대한 탄핵심판을 재판관 여러분께서 직접 진행하시지 않았습니까?

기자회견장에서 거짓말을 했다는데 실제로는 그 기자회견에 나오지도 않았고, 국정감사에서 허위 증언을 했다는데 정작 국정감사에 출석하지도 않았습니다. 기본적인 탄핵사유조차 틀렸는데도, 일단 직무부터 정지시키고 보는 것입니다.

이것이 과연 정상적인 일입니까?

거대 야당의 공직자 줄탄핵은 정부의 기능을 마비시키는 차원을 넘어, 헌정 질서 붕괴로 치닫고 있습니다.

이태원 참사가 발생하자, 거대 야당은 연일 진상 규명을 외치면서, 참사를 정쟁에 이용했습니다. 급기야 행정안전부 장관을 탄핵했습니다. 당시 북한이 민노총 간첩단에게 보낸 지령문에 이런 내용이 있습니다.

"이번 특대형 참사를 계기로 사회 내부에 세월호 참사 진상 규명 투쟁과 같은 정세 국면을 조성하는 데 중점을 두고 각계각층의 분노를 최대한 분출시켜라."

거대 야당이 북한 지령을 받은 간첩단과 사실상 똑같은 일을 벌인 것입니다. 이야말로 사회의 갈등과 혼란을 키우는 '선동 탄핵'이라 할 것입니다.

거대 야당은 자신들의 당 대표를 수사하는 검사들도 줄줄이 탄핵하고, 서울중앙지검장까지 탄핵했습니다. 검사 탄핵은 그 자체로도 수사 방해지만, 검사 탄핵을 지켜보는 판사들에 대한 겁박이 되기 마련입니다. 야당 대표에 대한 검찰 수사를 막고, 야당 대표의 범죄를 심판할 판사들까지 압박하기 위한 '방탄 탄핵'인 것입니다.

급기야 거대 야당은 지난 정부의 이적 행위를 감사하던 감사원장까지 탄핵했습니다. 거대 야당은 감사원장 탄핵소추안에 '사드 정식 배치 고의 지연 의혹' 감사를 탄핵 사유로 포함시켰습니다.

이 사건은 지난 민주당 정부의 안보 라인 고위직 인사 4명이 주한 중국대사관 무관에게 사드 배치, 작전명, 작전 일시, 작전 내용 등 국가 기밀 정보를 넘겨준 간첩 사건입니다. 감사원은 이를 적발하고 검찰에 수사를 의뢰하는 등 감사 조치를 진행하였는데, 이것이 탄핵 사유라는 것입니다. 자신들의 간첩 행위를 무마하기 위한 '이적 탄핵'이 아닐 수 없습니다. 헌법기관인 감사원장에 대한 무차별 탄핵은 그 자체로도 심각한 헌법 파괴 행위지만, 이적 행위까지 탄핵으로 덮는 것을 보며 이야말로 자유민주주의를 무너뜨리는 망국적 위기 상황이라고 판단한 것입니다.

또 한편 정부 각 부처들은 국민의 세금으로 엄청난 규모의 예산을 사용 집행하고 있습니다. 수많은 산하기관도 거느리고 있습니다. 그런데 이런 부처의 수장들을 탄핵소추로 직무정지시켜 그 부처의 기능을 마비시키거나 심각하게 저해한다면, 기회비용과 재정적 측면에서도 국가와 국민에 얼마나 막대한 경제적 피해를 입히는 것이 되겠습니까?

거대 야당은 공직자를 무차별 탄핵소추하고 소추인단 변호사 비용도 국민 세금으로 사용하고 있습니다. 그렇지만 억울하게 탄핵소추된 공직자들은 직무가 정지된 상황에서 자기 개인 자금으로 변호사 비용까지 조달해야 합니다. 정부 공직자들은 거대 야당의 이러한 폭거에 한없이 위축될 수밖에 없습니다.

이처럼 거대 야당은 '선동 탄핵', '방탄 탄핵', '이적 탄핵'으로 대한민국을 무너뜨리고 있습니다.

우리나라 선거 가운데 대통령 선거가 기간도 가장 길고 국민적 관심도 가장 큽니다.

그만큼 직선 대통령의 민주적 정당성은 다른 선출직 공직자에 비해 그 무게가 다릅니다. 과거 우리나라 민주화운동은 한마디로 대통령 직선제 확보였다고 해도 과언이 아닙니다. 그런데, 거대 야당은 대선이 끝나자마자 동조세력과 연대하여, 아직 취임도 하지 않은 대통령 당선인을 상대로 선제 탄핵과 퇴진 운동을 벌이기 시작했고, 지난 2년 반 동안 오로지 대통령 끌어내리기를 목표로 정부 공직자 줄탄핵, 그리고 입법과 예산 폭거를 계속해 왔습니다.

헌법이 정한 정당한 견제와 균형이 아니라, 민주적 정당성의 상징인 직선 대통령 끌어내리기 공작을 그야말로 쉼 없이 해온 것입니다. 이것이 국헌 문란이 아니면 도대체 어떤 것이 국헌 문란 행위이겠습니까?

뿐만 아니라 거대 야당의 이런 지속적인 국헌 문란 행위는, 국가 정체성과 대외 관계에 있어서 자유민주주의 헌법 정신과 동떨어진 인식에 기반하고 있다고 저는 생각합니다.

따라서, 직선 대통령을 끌어내리기 위한 줄탄핵, 입법 예산 폭거는 어느 면으로 보나 자유민주주의 헌정 질서 파괴에 목표로 하고 있다고 하겠습니다.

흔히들 대통령 중심제 권력 구조를 가지고 제왕적 대통령제라고 합니다. 그러나 지금 우리나라는 제왕적 대통령이 아니라 제왕적 거대 야당의 시대입니다. 그리고 제왕적 거대 야당의 폭주가, 그 독재가 대한민국 존립의 위기를 불러오고 있습니다.

계엄 이후 벌어진 일들만 보아도 모두 잘 알 수 있지 않습니까? 제가 정말 제왕적 대통령이라면, 공수처, 경찰, 검찰이 앞다퉈서 저를 수사하겠다고 나서고, 내란죄 수사권도 없는 공수처가 영장 쇼핑, 공문서 위조까지 해가면서 저를 체포할 수 있었겠습니까?

저 역시도 수사 업무에 26년 간 종사한 사람이지만 이렇게 여러 수사 기관들이 무차별적으로 한 사건에 달려드는 꼴은 본 적이 없습니다.

비상계엄에 투입된 군 병력이 총 570명에 불과한데, 불법적으로 대통령 한 사람 체포하겠다고 대통령 관저에 3,000~4,000명이 넘는 경찰력을 동원했습니다. 대통령과 거대 야당 가운데, 어느 쪽이 제왕적 권력을 휘두르며 이 나라의 헌정질서를 무너뜨리고 있습니까?

제가 비상계엄을 결단한 이유는, 이 나라의 절체절명의 위기를 더 이상 방치할 수 없다는 절박함, 그것이었습니다.

저는 주권자인 국민들께 이러한 거대 야당의 반국가적 패악을 알리고, 국민들께서 매서운 감시와 비판으로 이를 제발 멈춰달라고 호소하고자 했습니다.

국정 마비와 자유민주주의 붕괴를 막고, 국가 기능을 정상화하기 위해 절박한 심정으로 계엄을 선포한 것입니다. 12.3 비상계엄의 선포는 국가가 위기 상황과 비상사태에 처해 있음을 선언한 것입니다.

국민을 억압하고 기본권을 제한하려는 것이 아니라, 주권자인 국민께서 비상사태의 극복에 직접 나서주십사 하는 간절한 호소입니다.

그런데 거대 야당은 제가 국회의 요구에 따라 계엄을 해제한 그 날부터 탄핵 시동을 걸었습니다. 하지만 비상계엄은 범죄가 아니고, 국가위기를 극복하기 위한 대통령의 합법적 권한 행사입니다.

저는 긴급 국무회의를 거쳐 방송을 통해 비상계엄을 선포했고, 그 과정에서 거대 야당의 국회 독재가 망국적 위기를 초래하였다고 했기 때문에 많은 사람이 국회로 몰려들 것이었고, 계엄 상황에서 질서 유지를 위해 국회에 최소한의 병력을 투입했으며, 국회가 해제 요구 결의를 하자 즉각 병력을 철수하고 국무회의를 소집해서 계엄을 해제했습니다.

다 알고 계시다시피, 2023년 중앙선관위를 포함한 국가기관들이 북한에 의해 심각한 해킹을 당했습니다. 중앙선관위는 이 같은 사실을 국정원으로부터 통보받고도 다른 국가기관과 달리 점검에 제대로 응하지 않았습니다. 나중에 채용 비리 사건 때문에 울며 겨자 먹기로 응한 일부 소극적 점검 결과 심각한 보안 문제가 드러났기 때문에, 중앙선관위 전산시스템 스크린 차원에서 소규모의 병력을 보낸 것입니다. 선거의 공정과 직결되는 중앙선관위의 전산시스템 보안 문제는 우리 자유민주주의 체제의 핵심 공공재이자 공공 자산을 지키는 일입니다.

더구나 그동안의 선거 소송에서 드러난 다량의 가짜 부정 투표용지, 그리고 투표 결과가 도저히 납득하기 어렵다는 통계학과 수리과학적 논거 등에 비추어, 중앙선관위의 전산 시스템에 대한 투명한 점검 필요성이 꾸준히 제기되어 왔습니다.

이런 조치들의 어떤 부분이 내란이고 범죄라는 것인지 도대체 이해할 수가 없습니다.

비상계엄 자체가 불법이라면 계엄법은 왜 있으며, 합동참모본부에 계엄과는 왜 존재하겠습니까?

재판관 여러분, 그리고 국민 여러분,

저는 2021년 6월 29일 처음으로 정치 참여를 선언했습니다.

대통령이라는 자리가 영광의 길이 아니라 형극의 길이라는 사실은 이미 잘 알고 있었습니다. 또 대통령직을 아주 가까이에서 지켜보신 어떤 분은, 우리나라 대통령직은 저주의 길이라면서 만류하시기도 했습니다.

그러나 자유민주주의라는 헌정 질서가 무너지고 있는 상황에서, 나라를 지키고 싶어 정치를 시작했습니다.

그때 정치 참여를 선언하면서, 국민께 드린 약속이 있습니다. 우리의 미래를 짊어질 청년들, 국가를 위해 희생하신 분들, 산업화에 일생을 바친 분들, 나라의 민주화에 헌신하고도 묵묵히 생업에 종사하며 살아가시는 분들, 성실하게 세금을 내시는 분들, 이런 분들이 분노하지 않는 나라를 만들겠다는 약속이었습니다.

그리고 청년들이 마음껏 뛰는 역동적인 나라, 자유와 창의가 넘치는 혁신의 나라, 약자가 기죽지 않는 따뜻한 나라, 국제 사회와 가치를 공유하고 책임을 다하는 나라를 만들겠다고 국민께 약속드렸습니다.

거대 의석과 이권 카르텔이 나라의 주인 노릇을 하는 데 맞서, 국민들에게 빼앗긴 주권을 되찾아 드리겠다고 약속했습니다.

그날 이후 지금까지 단 한 순간도 이 약속을 잊은 적이 없습니다. 국민의 선택을 받아 대통령이 된 후, 이 약속을 지키기 위해 쉼 없이 노력하고, 또 노력했습니다. 무엇 하나 쉬운 일이 없었습니다.

글로벌 복합 위기로 인한 대외 환경의 어려움이 계속됐습니다.

지난 민주당 정부의 잘못된 소주성 정책[2]과 부동산 정책은, 우리 경제와 민생의 문제를 풀어가는 데 계속 발목을 잡았습니다.

하지만, 어떤 문제라도 노력하면 풀어낼 수 있다고 믿었고, 실제로 우리 기업, 우리 국민과 함께 뛰면서 하나하나 문제를 해결할 수 있었습니다. 기쁘고 보람 있는 일도 많았고, 부족하고 아쉬운 일도 있었습니다.

무엇보다 국가 안보와 국민 안전을 지키는 제복 입은 공직자에 대한 처우 개선 추진이 보람된 일이었습니다.

지난 민주당 정권은 반일 선동에만 열을 올렸지만, 우리 정부에서는 1인당 GDP가 일본을 앞질렀고, 우리 인구의 두 배 반이 넘는 경제강국 일본과 수출액 차이가 작년에는 불과 수십억 불 규모로 좁혀졌습니다. (좁혀진 결과 두 나라간 현재의 수출액 차이를 과거와 비교하자면,)[3] 20년 전에 비해 100분의 1, 지난 민주당 정부에 비해 수십분의 1로 줄어든 것입니다.

또, 작년에 서른 번이나 열었던 전국 순회 민생토론회 기억이 많

---

2 소득주도성장 정책을 말한다. 근로자와 서민가계의 가처분소득과 구매력을 대폭 끌어올림으로써 내수 경제를 발전시켜 새로운 성장 동력으로 삼는다는 이론에 기반한 정책이다. 이 정책의 가장 상징적 조치는 최저임금의 대폭인상이었다. 그러나 이로 인해 비정규직 대량 실직의 사태가 당장 벌어지는 등 이 정책을 줄곧 추진한 문재인 정부 경제운용 전반의 실패에 가장 큰 기여를 한 것이라는 평가를 받았다.
3 이해의 편의를 위해 편집인이 임의로 붙임

이 납니다. 국민의 어려움을 직접 듣고 많은 일을 현장에서 해결해 드리면서, 국민과 같이 웃기도 했고 같이 울기도 했습니다.

수도권, 영남, 호남, 충청, 강원, 제주까지, 전국 모든 지역을 다니면서, 지역 발전 방안을 함께 고민했습니다. 우리 국민들께서 전국 어디에 살든 공정한 기회를 누리며 행복하게 살 수 있도록 만들어서 진정한 국민통합을 이루고 싶었습니다. 다시 그렇게 일할 기회가 있을까, 마음이 아립니다.

1박 4일의 살인적 일정으로 미국에 가서 한미일 캠프데이비드 선언을 발표했을 때는 보람이 컸고 정말 마음이 든든했습니다. 방산 수출의 물꼬를 트고, 팀코리아가 체코 원전 건설 사업의 우선협상 대상자로 선정됐을 때는, 어린아이같이 기뻤습니다.

아쉬웠던 순간도 떠오릅니다.

기업과 국민들에게 꼭 필요한 법안들은 하염없이 뒤로 미뤄놓고, 거부권을 행사할 수밖에 없는 위헌적 법안, 핵심 국익에 반하는 법안들이 야당 단독으로 국회에서 일사천리 통과될 때는 답답했습니다.

국방, 치안, 민생을 위해 꼭 필요한 아킬레스건 예산들이 삭감됐을 때는 막막했습니다.

지금 저는 잠시 멈춰 서 있지만 많은 국민, 특히 우리 청년들이 지금 대한민국이 처한 상황을 직시하고 스스로 주권을 되찾고 나라를 지키기 위해 나서고 있습니다.

비상계엄의 목적이, 망국적 위기 상황을 알리고 헌법제정권력자인 주권자들께서 나서주시기를 호소하는 것이었는데, 이것만으로도 비상계엄의 목적이 상당 부분 이루어졌다고 생각하게 됩니다. 저의 진심을 이해해 주시는 우리 국민과 청년들에게 진심으로 감사 말씀을 드리고 싶습니다.

제가 직무에 복귀하게 되면, 나중에 또다시 계엄을 선포할 것이라는 터무니없는 얘기도 있습니다. 계엄의 형식을 빌린 대국민 호소로 이미 많은 국민과 청년들께서 나라의 상황을 직시하고 나라 지키기에 나서고 계신데, 그런 일을 또한 이유가 있겠습니까. 결코 그런 일은 없을 것입니다.

헌법재판관 여러분, 그동안 심판정에서 다뤄진 쟁점들 가운데, 두 가지에 대해서만 간략히 말씀드리겠습니다. 세세한 사실관계를 언급하기보다 상식선에서 간단히 말씀드리겠습니다.

우선 제가 국회의원을 체포하거나 본회의장에서 끌어내라고 했다는 것입니다.

정말 터무니없는 얘기입니다.

상식적으로 이렇게 해서, 도대체 뭘 어떻게 하겠습니까?

의원들을 체포하고 끌어내서 계엄 해제를 늦추거나 막는다 한들, 방송으로 온 국민과 전 세계가 지켜보고 있는데 그다음에 뭘 어떻게 하겠습니까?

계엄 당일 국회의장의 발언대로, 국회는 어디서든 본회의를 열어 계엄 해제를 의결할 수 있습니다.

영화나 소설에 나오기도 하지만, 현실적으로 이런 일을 하려면 군으로 국가를 완전히 장악하는 계획과 정치 프로그램을 미리 가지고 있어야 합니다.

그런데 실제 상황이 어땠습니까?

계엄 사무를 담당할 주요 지휘관들이 계엄 직전에 어디에 있었는지 이 심판정에서 다 드러났습니다. 장관 재가를 받아 지방 휴가를 가거나, 부부 동반 만찬, 간부 만찬 회식을 하다가 대통령의 계엄 선포 직후에야 국방장관으로부터 업무 지시를 받았습니다.

준비된 치밀한 작전 계획이나 지침이 없었기 때문에, 혼선과 허술함도 있었습니다.

국방장관이나 지휘관들이나 경험이 풍부한 군사 전문가들인데 이들이 왜 이랬겠습니까?

12.3 계엄 선포는 계엄 형식을 빌린 대국민 호소이고 과거 계엄과는 다른 것이었기 때문입니다. 이미 민주주의를 수십 년 경험하고 몸에 밴 우리 50만 군이, 임기 5년 단임 대통령의 사병 노릇을 할 리가 있습니까?

제가 비상계엄을 선포한 이유는 오로지 주권자인 국민들에게 국회의 망국적 독재로 나라가 위기에 빠졌으니, 이를 직시하고 감시와 비판의 견제를 직접 해달라는 것이었습니다.

공화국의 대의제 위기에 헌법 제정 권력인 주권자가 직접 나서야 한다는 호소였습니다.

의원을 체포하거나 끌어내라고 했다는 주장은, 국회에 280명의 질서 유지 병력만 계획한 상태에서, 앞뒤가 맞지 않는 얘기입니다.

국회가 비어 있는 주말도 아니고, 회기 중인 평일에 이런 병력으로 터무니없는 얘기입니다.

의원만 300명이고, 직원들과 보좌진을 합치면 몇천 명이 넘습니다.

TV 생중계를 보더라도, 계엄 선포 후 얼마 지나지 않아 이미 국회의 마당과 본관에는 수천 명의 국회 관계자와 민간인들이 들어왔습니다.

실제로 계엄 선포 후 한 시간 30분이 지나서야 질서 유지 군 병력이 도착하였고, 경내에 진입한 병력이 106명, 그중에서 본관에 들어간 병력이 겨우 15명인데, 이런 극소수 병력을 가지고 국회의원을 체포하고 끌어낸다는 것이 말이 되겠습니까?

게다가 "의결정족수가 차지 않았으니 본회의장에 들어가서 의원들을 끌어내라"고 했다는데, 의결정족수가 차지 않았으면 더 못 들어가게 막아야지 끌어낸다는 것도 상식에 맞지 않는 얘기입니다.

본관에 진입한 군인들은 본회의장이 어디에 있는지도 몰랐다고 합니다.

무엇 하나 말이 되지 않습니다.

단 한 사람도 끌려 나오거나 체포된 일이 없었으며, 군인이 민간인에게 폭행당한 일은 있어도 민간인을 폭행하거나 위해를 가한 일은 한 건도 없었습니다.

실제로 일어나지도 않았고 일어날 수도 없는 불가능한 일에 대해 이런 주장을 하는 것은 지난번에도 말씀드렸지만 그야말로 호수 위에 비친 달빛을 건져내려는 것과 같은 허황된 것입니다.

거대 야당은 대통령의 헌법상 권한에 기해 선포된 계엄을 불법 내란으로 둔갑시켜 탄핵소추를 성공시켰습니다. 그리고는 헌재 심판에서는 탄핵 사유에서 내란을 삭제했습니다.

그야말로 초유의 사기 탄핵이 아닐 수 없습니다.

내란이냐 아니냐는 긴 시간의 복잡한 심리를 통해 가려지는 것이 아닙니다. 내란이냐 아니냐는 판례에서 보듯이 실제 일어난 일과 진행된 과정에서 드러난 결과로 누구나 쉽게 바로 알 수 있어야 내란이 되는 것입니다.

거대 야당과 소추단이 헌재 심판 대상에서 내란을 삭제한 이유는, 심판의 심리 시간을 단축시키려는 것이 아니라 내란의 실체가 없기 때문입니다. 더구나 12.3 계엄은 발령부터 해제까지 역사상 가장 빨리 종결된 계엄입니다. 그러다 보니 계엄사령부 조직도 구성되지 못했고, 예하 수사본부 조직도 전혀 만들어지지 못한 채, 그냥 계엄이 종료됐습니다.

비상계엄 국무회의에 대해 간단히 말씀드리겠습니다.

계엄 당일 국무회의는 국무회의로 보기 어렵다는 주장이 있습니다.

그런데 국무회의를 할 것이 아니었다면, 도대체 12월 3일 밤에 국무위원들이 대통령실에 온 이유를 오히려 제가 묻고 싶습니다.

국무회의가 아니라 간담회 정도였다는 주장도 있습니다만, 그날이 간담회를 할 상황은 아닙니다. 간담회는 의사정족수도 없는데, 국무회의 의사정족수가 찰 때까지 왜 기다렸겠습니까?

당일 저녁 8시 30분부터 국무위원들이 차례로 오기 시작했고, 저는 비상계엄에 대해 설명하고, 국방장관은 계엄의 개요가 기재된 비상계엄선포문을 나눠줬습니다.

국무위원들은 경제적, 외교적으로 어려움이 있다고 우려했고, 저는 대통령으로서 각 부처를 관장하는 국무위원들의 생각과 다른 생각을 가지고 있으며, 국가가 비상상황이고 비상한 조치가 필요함을 설명했습니다.

그리고 각 부처 장관의 우려 사항, 예를 들어 경제부총리의 금융시장 혼란 우려와 외교 장관의 우방국 관계 우려는 제가 걱정하지 말라고 했습니다.

국무위원들이 과거의 계엄을 연상하고 있는 상황에서, 저는 그냥 걱정하지 말라고 할 수밖에 없었습니다.

의사정족수 충족 이후 국무회의 시간은 5분이었지만, 그 이전에 충분히 논의를 한 것입니다.

다음 날 새벽 해제 국무회의는 소요 시간이 단 1분이었습니다. 실제 정례, 주례 국무회의의 경우에도, 모두와 마무리 발언 등을 하고 많은 안건을 다루기 때문에 한 시간가량 걸리지만, 개별 안건의 심의 시간은 극히 짧습니다.

또한 비상계엄을 위한 국무회의를 정례, 주례 국무회의처럼 하기는 어렵습니다. 보안 유지가 중요하고, 그렇게 해야 혼란도 줄이고 질서 유지 병력도 최소화할 수 있기 때문입니다.

이상민 전 행안부 장관은 지난 심판정에서 '그동안 국무회의를 100여 차례 참석했지만, 이번 국무회의처럼 실질적으로 열띤 토론이나 의사 전달이 있었던 것은 처음'이라고 했습니다. 국무회의 배석을 위해 비서실장과 안보실장도 통상처럼 대통령실로 나오도록 했고,

국가 안보의 문제이기도 해서 국정원장도 참석시켰습니다.

1993년 8월 13일 김영삼 대통령께서 긴급재정경제명령으로 금융실명제를 발표했을 때도, 국무위원들은 소집 직전까지 발표한다는 사실 자체를 몰랐고, 국무회의록도 사후에 작성됐습니다. 그때 상황은 이인제 당시 노동부 장관께서 이미 공개적으로 설명한 바 있습니다.

그러나 아무도 이를 두고 국무회의가 없었다고 하지 않았고, 당시 헌법재판소는 긴급명령 발동을 모두 합헌이라고 결정했습니다. 그밖의 여러 쟁점에 대해서는 변호인단의 변론으로 갈음하겠습니다.

헌법재판관 여러분, 그리고 국민 여러분, 저는 언젠가 해야 하고 누군가 해야 하는 일이라면, 지금 제가 하겠다는 마음으로 대통령직을 수행해 왔습니다.

그래서, 임기 전반부 동안 역대 정부들이 표를 잃을까봐 하지 못했던 교육, 노동, 연금의 3대 개혁을 중심으로 국정개혁과제를 과감하게 추진했습니다. 30년 동안 지지부진했던 유보통합[4]의 첫걸음을 떼었고, 늘봄학교[5]와 융복합 고등교육,[6] 그리고 지역 산업과의 연계 강화를 위한 과감한 권한 이전 등 교육개혁의 기틀을 마련했습니다. 노사법치의 틀을 새롭게 세우고 4차 산업혁명 시대에 적응하기 위한

---

4 유보통합은 유치원과 어린이집으로 나뉜 0∼5살 영유아 교육·보육 체계를 통합하는 정책이다. 유치원과 어린이집은 교육부와 보건복지부가 따로 담당했는데, 그 교사 자격도 다르고 돌봄시간과 지원금 등도 차이가 난다. 국민의 입장에서는, 이런 차이가 없이 영유아가 어느 곳에 가도 일정 수준의 교육과 보육의 환경을 보장받아야 마땅한 일이나, 유보통합은 역대 정부에서 해결하지 못한 난제로 꼽힌다. '남북통일보다 어려운 유보통합'이라는 말이 나왔을 정도다.

노동 유연화와 노동 보호의 개혁 물꼬도 텄습니다.

국가적 난제였던 연금개혁도, 역대 정부 최초로 방대한 수리 분석과 심층 여론 조사를 진행하였고, 수용성이 높은 방안을 만들어 국회에 제출했습니다. 대통령 임기 초반에는 국민과 유권자에게 약속한 공약과 국정 과제의 실천, 민생에 영향이 큰 사회개혁의 추진이 우선이기 때문에, 이러한 스케줄에 맞춰 일해 온 것입니다.

어느 정권이나 임기 초기에는 선거 공약과 국정 과제 이행이 우선이므로, 정치 개혁에는 신경 쓸 여력이 없습니다. 그러다가 전직 대통령들의 5년 임기가 금방 다 지나갔고, 변화된 시대에 맞지 않는 '87체제'가 여전히 유지되고 있습니다. 정치가 국민을 불편하게 만들고 국가의 발전을 가로막고 있습니다.

또, 국가의 미래를 결정하는 일에, 미래의 주역인 청년들이 참여할 수 있도록 정치와 행정의 문턱을 더 낮춰야 합니다.

제가 직무에 복귀하게 된다면, 먼저 '87체제'를 우리 몸에 맞추고 미래 세대에게 제대로 된 나라를 물려주기 위한 개헌과 정치 개혁의 추진에 후반부를 집중하려고 합니다.

---

5 늘봄학교는 기존의 '초등학교 방과후 교실'과 '돌봄교실'을 통합하여 개선한 것이다. 정규수업 외에 학교와 지역사회의 다양한 교육자원을 연계하여 학생 성장 및 발달을 위해 제공하는 종합교육프로그램이라고 할 수 있다. '늘 봄처럼 따뜻한 학교'라는 의미를 담고 있다.

6 이를 구현하기 위한 대표적인 예로, 융복합 교육과 연구를 통한 우수 인재양성을 목표로 2024년 기준으로 7개 고등교육기관(고려대·공주대·서울대·충남대·충북대·KDI·한밭대)이 참여하는 새로운 모델인 세종공동캠퍼스의 조성을 들 수 있다. 국가정책 및 국제통상 등과 IT·ET·BT에 관한 최첨단의 교육과 연구를 이끌어갈 세계적 학문의 메카로 발전하는 것을 목표로 하고 있다.

저는 이미 대통령직을 시작할 때부터, 임기 중반 이후에는 개헌과 선거제 등 정치 개혁을 추진하겠다는 계획을 가지고 있었습니다. 현직 대통령의 희생과 결단 없이는 개헌과 정치 개혁을 할 수 없습니다. 그래서 내가 이것을 해내자고 생각했던 것입니다.

저는 여러 전직 대통령이 후보 시절 공약하고도 이행하지 못한 청와대 국민 반환도 당선 직후 즉시 추진하고 이행한 바 있습니다.

잔여 임기에 연연해하지 않고, 개헌과 정치 개혁을 마지막 사명으로 생각하여, '87체제' 개선에 최선을 다하고 싶습니다.

개헌과 정치 개혁 과정에서 국민 통합을 이루는 데도 노력을 다할 것입니다. 결국 국민 통합은 헌법과 헌법 가치를 통해 이루어지는 만큼 개헌과 정치 개혁이 올바르게 추진된다면 그 과정에서 갈라지고 분열된 국민들이 통합될 것이라고 믿습니다.

그렇게 되면 현행 헌법상 잔여 임기에 연연해할 이유가 없고, 오히려 제게는 크나큰 영광이라고 생각합니다.

그리고 국정 업무에 대해서는 급변하는 국제 정세와 글로벌 복합위기 상황을 감안하여, 대통령은 대외 관계에 치중하고 국내 문제는 총리에게 대폭 위임할 생각입니다.

우리 경제는 다른 어느 나라보다 대외의존도가 높습니다. 특히 미국의 트럼프 행정부 출범 이후 국제 질서의 급변과 글로벌 경제 안보의 불확실성에 크게 영향을 받을 수밖에 없습니다.

지금 우리가 국가 노선을 어떻게 선택하느냐에 따라, 이 위기가 기회가 될 수도 있고 돌이킬 수 없는 재앙을 맞을 수도 있습니다.

글로벌 중추 외교 기조로 역대 가장 강력한 한미동맹을 구축하고, 한미일 협력을 이끌어낸 경험으로, 대외 관계에서 국익을 지키는 일에 매진하고 싶습니다.

임기 전반기에도 지방시대위원회와 국민통합위원회를 통해 지역별, 세대별, 계층별 통합을 위해 노력해 왔지만 앞으로도 국민을 하나로 묶고 국가 전체 시너지를 올리는 국민 통합에 더욱 노력할 것입니다.

존경하는 헌법재판관 여러분,

먼저 촉박한 일정의 탄핵 심판이었지만 충실한 심리에 애써주신 재판관님들께 깊이 감사드립니다. 이번 심리는 내란 탄핵으로 소추한 후 심판 대상에서 내란을 삭제한, 소추단 측이 제시한 쟁점 위주로 이루어지게 됐습니다. 그러다 보니 제가 12.3 비상계엄을 선포한 이유와 그 불가피성에 대해서는 충분히 설명드릴 기회가 부족했다고 생각합니다. 서면으로 성실하게 관련 자료를 제출하였으니 대통령으로서 고뇌의 결단을 한 이유를 깊이 생각해 주시기 바랍니다.

또, 많은 국가 기밀정보를 다루는 대통령으로서 재판관님들께 모두 설명드릴 수 없는 부분까지 재판관님들의 지혜와 혜안이 미칠 것이라 믿습니다. 다시 한번 재판관님들의 노고에 감사드립니다.

그리고 사랑하는 대한민국 국민 여러분, 국가와 국민을 위한 계엄이었지만, 그 과정에서 소중한 국민 여러분께 혼란과 불편을 끼쳐드린 점, 진심으로 죄송스럽게 생각합니다.

저의 구속 과정에서 벌어진 일들로 어려운 상황에 처한 청년들도 있습니다. 옳고 그름에 앞서서 너무나 마음이 아프고 미안합니다.
정말 미안한 생각을 가지고 있습니다.

저는 대통령에 출마할 때, 나라를 위해 목숨을 바치겠다고 결심
했습니다.

지난 12.3 계엄과 탄핵 소추 이후 엄동설한에 저를 지키겠다고 거
리로 나선 국민들을 보았습니다.

저를 비판하고 질책하는 국민들의 목소리도 들었습니다.

서로 다른 주장을 하고 있지만, 모두 대한민국을 사랑하는 마음
이라고 생각합니다.

부족한 저를 지금까지 믿어주시고 응원을 보내주고 계신 국민 여
러분께 진심으로 감사드립니다.

저의 잘못을 꾸짖는 국민의 질책도 가슴에 깊이 새기겠습니다.

그리고 이 모든 과정이 새로운 대한민국으로 도약하는 디딤돌이
될 수 있도록 최선을 다하겠습니다.

감사합니다.

'87체제'를 넘어 새로운 대한민국

초판 1쇄 발행일 2025년 4월 25일

저자 | 김기현, 나경원, 도태우, 백지원, 복거일, 신평, 심규진,
        윤상현, 윤석열, 이인호, 전한길, 조정훈
펴낸이 | 김현중
책임 편집 | 황인희
관리 | 위영희

펴낸 곳 | ㈜양문
주소 | 01405 서울 도봉구 노해로 341, 902호(창동 신원베르텔)
전화 | 02-742-2563
팩스 | 02-742-2566
이메일 | ymbook@nate.com
출판 등록 | 1996년 8월 7일(제1-1975호)

ISBN 979-11-986702-6-7   03300